Cassiano Cordi > Antônio Raimundo dos Santos
Anita Helena Schlesener > Avelino Antônio Correa
Neusa Vendramin Volpe > Ana Maria Laporte
Sílvia Maria de Araújo > Luiz Carlos Ribeiro
Dimas Floriani > Maria José Justino

Para filosofar

• EDIÇÃO REFORMULADA •

Prêmio Jabuti – CBL
Categoria Livro Didático de Ensino Fundamental e Médio

editora scipione

editora scipione

Gerência editorial
Maria Teresa Porto
Responsabilidade editorial
Heloisa Pimentel
Projeto editorial
Avelino A. Correa
Edição de texto
Margaret Presser
Assistência editorial
Veridiana Maenaka, Beatriz de Almeida Francisco, Jaqueline Paiva Cesar
Supervisão de revisão
Miriam de Carvalho Abões
Revisão
Fernanda Marcelino e Sirlaine Cabrine
Supervisão de arte
Sérgio Yutaka Suwaki
Edição de arte
Didier D. C. Dias de Moraes
Coordenação de arte
Yong Lee Kim
Programação visual de capa e miolo
Camila Mesquita
Ilustrações
Luiz Maia
Pesquisa iconográfica
Cristiane Marques
Editoração eletrônica
Wander Camargo da Silva e Elen Coppini Camioto
Impressão e acabamento
Eskenazi Indústria Gráfica Ltda.

Av. Otaviano Alves de Lima, 4 400
6° andar e andar intermediário ala B
Freguesia do ó
CEP 02909-900 - São Paulo - SP
Caixa Postal 007
DIVULGAÇÃO
Tel. (11) 3990-1810
VENDAS
Tel. (11) 3990-1788
www.scipione.com.br
e-mail:scipione@scipione.com.br

2013

ISBN 978-852626704-6 – AL
ISBN 978-852626705-3 – PR

5.ª EDIÇÃO
(7.ª impressão)

Agradecemos a leitura crítica dos professores:
Daniel Lobato Brito (São Paulo, SP) e
Presilina Brandão de Souza Rihan (Itabuna, BA).

Dados Internacionais de Catalogação na Publicação (CIP)
(Câmara Brasileira do Livro, SP, Brasil)

Para filosofar. – Ed. reform. – São Paulo: Scipione, 2007.

Vários autores.

1. Filosofia (Ensino médio).

07-4152 CDD-107.12

Índice para catálogo sistemático:
1. Filosofia: Ensino médio 107.12

"Não se ensina filosofia, ensina-se a filosofar."

Kant

Prefácio

Filosofia: da política à arte

"Duas coisas me enchem a alma de admiração e respeito:
o céu estrelado acima de minha cabeça e a máxima moral dentro de meu peito."
KANT, *Crítica da razão prática*

"A *polis* grega continuará presente em nossa existência todas as vezes que pronunciarmos a palavra **política**." Com isso, Hannah Arendt indica as implicações entre filosofia e cidade, filosofia e sociedade. Os gregos não se enganaram: é preciso pensar bem – filosofar – para viver melhor, e a cidade é o espaço do encontro dos homens pelos laços da amizade – a *phylia* clássica; é, também, a esfera da **fraternidade** – ideário das revoluções modernas.

Guia preferencial deste livro, a filosofia política reúne filosofia, ciência e arte, fazendo-nos refletir sobre as ambivalências da contemporaneidade: enriquecimento material e crescimento das desigualdades; desenvolvimentos da tecnologia para fins humanos e destrutividade, entre outras circunstâncias, nas guerras; avanços do utilitarismo pragmático e exaurimento espiritual da humanidade. Não por acaso, o Brasil pode ser tomado, nos vários capítulos temáticos, como emblema da modernidade tardia que não conheceu o Estado do bem-estar social, como outros países dependentes e de capitalismo periférico.

Politizar a filosofia não significa, neste trabalho, tomá-la como estratégia militante; ao contrário, trata-se de fortalecer o exercício da crítica, começando por interrogar o que se expressa na palavra **filosofia**. Se ela nasce da **admiração** diante de tudo o que existe, filosofar coincide com o próprio pensamento. Desejo de descoberta, vontade de **verdade**, todas as questões acerca da natureza exterior, do homem, da natureza interior ao homem requerem **crítica**. Crítica: esforço de rompimento com o torpor dos hábitos intelectuais, fonte de dogmatismo e intolerância. "Não se pode ensinar filosofia, mas apenas a filosofar" – os autores explicitam esse pensamento problematizando a sociedade industrial, o fetichismo científico.

Nesse aspecto em particular, a ciência mostra-se inconsciente de seus fins, pois ignora se tende para a emancipação ou destruição da humanidade. Ideológica, a ciência condensa o mundo na ideia acrítica de progresso, identificando avanços tecnocientíficos com progresso da própria humanidade, silenciando suas vítimas e as regressões da sociedade.

Que se pense nas usinas nucleares, genocídio chamado progresso. Este termo encontra-se, portanto, sob suspeita filosófica, e a crítica procura o que essa crença pode encobrir. No esforço de afastar-se do senso comum – cujo elemento natural é a passividade intelectual –, os autores indicam os mecanismos da ilusão – sobretudo na astúcia dos sofismas que constituem o fenômeno ideológico: deduções supostamente claras manipulam conclusões, exorbitando premissas, mesclando, de maneira ilegítima, preconceitos com verdades, opiniões com realidade.

Do mito à razão, o propósito da ciência foi o de conduzir o desconhecido à dimensão do conhecido, a fim de evitar adversidades ou suportá-las, de maneira a atribuir sentido a pensamentos e ações. Se a Grécia democrática – de Sócrates a Aristóteles – educou o homem para a **cidade**, a Idade Média procurou a **santidade** e a Renascença sintetizou a ideia de **dignidade humana**. Já a modernidade pós-industrial – a do "homem tecnológico" –, hipertrofiando a importância do cálculo, utilitário e pragmático, resulta em um poderoso redutor da atitude crítica.

O nascimento da filosofia na *polis* não foi um acontecimento fortuito. Lugar privilegiado do *agon*, do debate, da discussão, vale dizer, do diálogo, a palavra raciocinada constituiu uma barreira contra a violência. Eis também por que encontramos em *Para filosofar* temas como a amizade e o amor. Convergem, aqui, filosofia, arte e crítica da sociedade, já que a ciência construiu o mito da imparcialidade e da objetividade no conhecimento. Nos vários capítulos que compõem este livro, somos levados a repensar até que ponto tal neutralidade não estaria dissimulando uma indiferença com respeito a seus objetos – o que, do ponto de vista das relações da ciência com a vida de cada um, pode resultar na desumanização do homem, na banalização do Mal, em justificativa de catástrofes individuais e coletivas.

Ao considerar a riqueza material, os temas aqui apresentados dão maior relevo à necessidade de desenvolvimento espiritual do homem e da sociedade. Parte orgânica desse patrimônio é a arte. Não se discutem apenas noções como entretenimento, belo, prazer; considera-se, também, a contingência dos valores éticos e estéticos, fazendo reconhecer as mutações pelas quais passa o gosto nos diferentes períodos da história. De maneira ainda mais essencial, somos requisitados pela função da arte na sociedade. É assim que a dimensão estética se alia àquela ética da "inutilidade" ou "necessidade" da filosofia para a vida.

Os autores adotam o ponto de vista segundo o qual não pode haver progresso se aos desenvolvimentos da ciência e da técnica não corresponder desenvolvimento humano, solidariedade, qualidade de vida, incluindo-se, aqui, o desejo da felicidade sensual – aquela que diz respeito à educação da sensibilidade. Nem capitalismo nem socialismo como ideologia podem responder, em definitivo, à necessidade de apurá-la e tornar os homens felizes. A totalidade dos bens do homem não se resume a bens materiais e ao consumo como forma por excelência da realização de desejos.

A filosofia é entendida, em *Para filosofar*, como aquela atividade intelectual que nos dispõe à mudança de consciência e de sensibilidade segundo as quais a pessoa, o indivíduo, o cidadão podem criar novas razões de coexistência, de tal forma que o homem seja, além de cidadão do mundo, cidadão do espírito. As máximas filosóficas encontram-se em tensão com a realidade, pois, como afirmava Kant nos seus escritos sobre moral e política, "se nem todos os homens são felizes, todos têm direito a sê-lo".

Este livro ajuda a explicitar o significado "vago" da expressão "a filosofia é uma ciência sem objeto". Não se sabe exatamente o que a filosofia é, mas conhecem-se seu valor e as razões pelas quais ela está viva.

A um só tempo ciência lúdica e de rigor, a filosofia acaba se revelando na experiência da beleza moral e do sentimento ético e estético, como quando dizemos "este foi um belo gesto". E, agora, retornemos à epígrafe deste prefácio. Podemos compreendê-la, confirmando a exemplaridade da lei moral, ampliando o sentido kantiano a toda a filosofia, reunindo o belo ao sublime como nos versos da poeta Orides Fontella: "Duas coisas me enchem a alma de admiração e respeito: a máxima moral acima de minha cabeça, e o céu estrelado dentro de meu peito".

Olgária Matos
Professora titular de Filosofia da Faculdade de Filosofia, Ciências e Letras da Universidade de São Paulo

Apresentação

Num curso de filosofia para iniciantes, sabemos ser impossível e ineficaz discutir os 26 séculos de produção filosófica com apenas uma ou duas aulas semanais. Por isso, neste livro, desenvolvemos 11 temas que resumem e atualizam as reflexões recorrentes nas principais tendências filosóficas.

Cada tema é mais do que um capítulo no sentido tradicional; é, antes, um breve ensaio que oferece ao estudante uma visão abrangente e didática sobre o assunto. Alguns temas, para serem expostos com clareza, exigiram mais espaço que outros. Em filosofia, assim como na vida, é preciso fugir do leito de Procusto*.

O nosso projeto está em conformidade com as orientações da atual Lei de Diretrizes e Bases da Educação Nacional (LDB), assim como com as Orientações Curriculares Nacionais para o Ensino Médio e os Parâmetros Curriculares Nacionais do Ensino Médio. Para tanto, basta examinar o sumário de *Para filosofar* e as finalidades do Ensino Médio expostas no artigo 35 da LDB:

> Art. 35. O ensino médio, etapa final da educação básica, com duração mínima de três anos, terá como finalidades:
>
> [...]
>
> II — a preparação básica para o trabalho e a cidadania do educando, para continuar aprendendo, de modo a ser capaz de se adaptar com flexibilidade a novas condições de ocupação ou aperfeiçoamento posteriores;
>
> III — o aprimoramento do educando como pessoa humana, incluindo a formação ética e o desenvolvimento da autonomia intelectual e do pensamento crítico.
>
> [...]

No artigo 36, inciso III, a LDB fala, ainda, que ao final do curso o aluno deverá demonstrar, entre outros, "domínio dos conhecimentos de Filosofia e de Sociologia necessários ao exercício da cidadania".

Fundamentalmente, os 11 miniensaios deste livro convergem para a vivência da ética contextualizada, para o exercício da cidadania e para a compreensão do trabalho como fator de realização pessoal e base para a formação social. Ainda de acordo com a nova LDB, trabalhamos a necessária conciliação entre humanismo e tecnologia, tendo em vista a busca da verdade, que é a finalidade da filosofia. Daí o capítulo sobre ideologia, que questiona as "verdades" que entravam o desenvolvimento da autonomia intelectual e do pensamento crítico. Há que mencionar, ainda, as reflexões sobre as distorções do conhecimento feitas no capítulo 2 ("Conhecer ou não conhecer, eis a diferença").

Quanto à convivência em sociedade, lembramos a importância do capítulo 6 ("Indivíduo e sociedade"), que trata do senso comunitário e da dialética entre indiví-

* Segundo a mitologia grega, leito em que o criminoso Procusto deitava suas vítimas, cortando os pés daquelas que fossem altas e estirando os membros das de menor estatura para que se adequassem ao tamanho do móvel.

duo e sociedade. A relevância do tema cidadania e política é vista particularmente no capítulo 8, que vai da reflexão sobre o poder à necessidade da participação política, além de permear os demais capítulos.

Vale comentar, ainda, que a nossa preocupação em fazer um livro que estimule o pensamento filosófico crítico se reflete não só nos capítulos propriamente ditos, mas também nas atividades propostas. Elas envolvem análise, reflexão e expressão, seja por escrito, seja oralmente, e proporcionam o contato com textos variados para leitura, extraídos de obras de filósofos, da literatura e da imprensa.

No prefácio, a professora Olgária Matos, citando Hannah Arendt, ressalta a importância da filosofia para a *pólis* grega. De fato, sem a filosofia, a Grécia não teria sido um dos pilares da formação da civilização ocidental. Foi sobretudo por meio da filosofia que a civilização grega influenciou nossa forma de pensar e de questionar tanto a natureza quanto o ser humano e as divindades. Com a filosofia, surgiu a noção de cidadania, de Estado, de ciência.

Na história da humanidade, sempre apareceram, e vão aparecer, pessoas que temem as mudanças. O exemplo dos filósofos gregos deixou-nos uma grande lição: nunca se conformar com as estruturas existentes como se fossem as únicas possíveis. Sempre pode ser exercida a crítica cultural para estabelecer novas bases de renovação para uma maior humanização. Quem quer ser criativo no seu momento histórico deve refletir atenta e criticamente: é preciso filosofar.

Esta reformulação sai com as seguintes alterações:

- A apresentação gráfica foi totalmente refeita, com ilustrações e fotos novas.
- Os capítulos 3 e 10 foram reescritos.
- Os demais capítulos foram revistos, atualizados e acrescidos de novas informações e textos de filósofos, além de mais sugestões de leitura e filmes.
- Os termos do glossário foram remanejados do fim do livro para a página do capítulo, para facilitar o estudo.

Os autores de *Para filosofar* colocam-se à disposição dos professores e alunos para esclarecer pontos de vista e receber sugestões e críticas. Aos que nos escreverem, nossos agradecimentos antecipados.

Os autores

Sumário

1 **O que é filosofar? Do mito à razão** 11

Roteiro de estudo 25
Para refletir 25
Para ler e debater 26
Sugestões 30
Referências bibliográficas 30

2 **Conhecer ou não conhecer, eis a diferença** 31

Roteiro de estudo 54
Para refletir 55
Para ler e debater 56
Sugestões 58
Referências bibliográficas 58

3 **Ética e política** 59

Roteiro de estudo 73
Para refletir 74
Para ler e debater 74
Sugestões 78
Referências bibliográficas 78

4 **O desafio da liberdade** 79

Roteiro de estudo 94
Para refletir 95
Para ler e debater 96
Sugestões 99
Referências bibliográficas 100

5 **Amar, o verbo da vida** 101

Roteiro de estudo 118
Para refletir 119
Para ler e debater 120
Sugestões 125
Referências bibliográficas 126

Cassiano Cordi
Licenciatura em Filosofia pela PUC-PR. Mestrado em Filosofia da Educação pela PUC-SP e em Teologia pela PUC-RJ. Doutorado em Filosofia pela Universidade Gama Filho e pós-doutorado em Ética pela Universidade de Filosofia de Trieste, na Itália. Membro da Academia Brasileira de Filosofia. Desde 1970 leciona na UFPR.

Antônio Raimundo dos Santos
Doutorado em Engenharia de Produção pela UFSC. Mestrado em Filosofia das Ciências Humanas pela PUC-SP. Especialização em História do Pensamento Contemporâneo pela PUC-PR. Graduação em Filosofia pela PUC-PR. Professor de Ética, Epistemologia e Metodologia da Pesquisa Científica na PUC-PR e na FGV. Autor de *Metodologia científica: a construção do conhecimento* e *Ética: caminhos da realização humana*, entre outras obras.

Anita Helena Schlesener
Graduação em Filosofia pela UFPR. Mestrado em Filosofia da Educação pela PUC-SP e doutorado em História pela UFPR, com um ano de pesquisa na Università degli Studi di Milano e Fondazione Feltrinelli. É professora titular da Universidade Tuiuti (PR).

Avelino Antônio Correa
Licenciatura em Filosofia e bacharelado em Teologia. Professor de Filosofia no Ensino Médio. Autor de livros didáticos.

Neusa Vendramin Volpe
Graduação em Filosofia e Estudos Sociais e mestra em Educação. Foi professora de Antropologia Filosófica e Filosofia na PUC-PR.
Anna Maria Laporte
Graduação em Filosofia e Pedagogia, com especialização em Metodologia do Ensino Superior e Filosofia do Direito. Foi professora da PUC-PR e da Faculdade de Administração e Economia de Curitiba.

6 **Indivíduo e sociedade** 127
Roteiro de estudo 146
Para refletir 147
Para ler e debater 147
Sugestões 151
Referências bibliográficas 152

Sílvia Maria de Araújo
Mestrado em História Social pela UFPR. Doutorado em Ciências da Comunicação pela ECA/USP. Pós-doutorado em Sociologia do Trabalho pela Universidade de Milão. É professora do Departamento de Ciências Sociais (Programa de Pós-Graduação em Sociologia) e diretora do Setor de Ciências Humanas, Letras e Artes da UFPR. Autora de livros e artigos publicados em revistas especializadas.

7 **As várias faces da ideologia** 153
Roteiro de estudo 174
Para refletir 175
Para ler e debater 176
Sugestões 180
Referências bibliográficas 180

Sílvia Maria de Araújo
Mestrado em História Social pela UFPR. Doutorado em Ciências da Comunicação pela ECA/USP. Pós-doutorado em Sociologia do Trabalho pela Universidade de Milão. É professora do Departamento de Ciências Sociais (Programa de Pós-Graduação em Sociologia) e diretora do Setor de Ciências Humanas, Letras e Artes da UFPR. Autora de livros e artigos publicados em revistas especializadas.

8 **Cidadania e política** 181
Roteiro de estudo 197
Para refletir 198
Para ler e debater 198
Sugestões 203
Referências bibliográficas 204

Anita Helena Schlesener
Graduação em Filosofia pela UFPR. Mestrado em Filosofia da Educação pela PUC-SP e doutorado em História pela UFPR, com um ano de pesquisa na Università degli Studi di Milano e Fondazione Feltrinelli. É professora titular da Universidade Tuiuti (PR).

9 **Trabalho e realização** 205
Roteiro de estudo 225
Para refletir 225
Para ler e debater 228
Sugestões 235
Referências bibliográficas 236

Luiz Carlos Ribeiro
Graduação em História pela UFPR. Mestrado pela Universidade de São Paulo e doutorado pela Université de la Nouvelle Sorbonne – Paris III. Ministra cursos de atualização para professores da rede de Ensino Fundamental e Médio. É professor de História na UFPR e autor de diversos artigos em revistas nacionais e estrangeiras.

10 **Tecnologia: caminhos e descaminhos** 237
Roteiro de estudo 253
Para refletir 254
Para ler e debater 256
Sugestões 261
Referências bibliográficas 263

Dimas Floriani
Doutorado em Sociologia pela Universidade Católica de Louvain, na Bélgica. Pós-doutorado pelo El Colégio de México. Professor titular de Teoria Sociológica (UFPR), atuando nos cursos de graduação e pós-graduação de Ciências Sociais e de doutorado interdisciplinar de Meio Ambiente e Desenvolvimento. Seu livro mais recente é *Conhecimento, meio ambiente e globalização*. É pesquisador pelo CNPq.

11 **A admirável complexidade da arte** 265
Roteiro de estudo 296
Para refletir 297
Para ler, ver e debater 298
Sugestões 305
Referências bibliográficas 306
> Encarte — A admirável complexidade da arte 307

Maria José Justino
Mestrado em Filosofia da Educação (PUC-SP) e doutorado em Estética e Ciências das Artes (Universidade Paris VIII). Graduação em Filosofia pela UFPR e em Pintura pela Escola de Música e Belas Artes do Paraná – Embap. Professora de História da Arte na Embap. Curadora independente e crítica de arte, membro da Associação Brasileira de Críticos de Arte (ABCA) e Associação Internacional de Críticos de Arte (Aica). Autora de artigos, ensaios e livros, entre os quais *Guido Viaro, um visionário da arte*, *Frans Krajcberg: a tragicidade da natureza pelo olhar da arte*, entre outros.

> ***Comentários adicionais*** 323

Para o leitor:
sugestões de como usar este livro

As informações seguintes podem ajudá-lo a tirar melhor proveito dos recursos do livro:

- Filosofar é refletir, é buscar novos caminhos, é ser capaz de renunciar a preconceitos e dogmatismos, é repensar "verdades" consagradas e indiscutíveis. Por isso, é necessário estudar este livro "desarmado", disposto a mudar de opinião e até de atitudes.
- O livro está dividido em 11 capítulos, cada um dedicado a um tema filosófico. No final de cada capítulo, atividades e sugestões de leituras complementam o estudo. Na seção "Comentários adicionais", há uma minibiografia dos pensadores citados nos textos, acompanhada da indicação de suas principais obras.
- Independentemente da forma como o professor organiza o curso, dedique um tempo à leitura silenciosa do capítulo, antes ou depois da aula expositiva. A leitura em voz alta seguida de comentários também é válida nos grupos de estudo, auxiliando a compreensão dos pontos mais difíceis.
- As atividades dividem-se em três partes. A primeira, **Roteiro de estudo**, avalia principalmente a informação, a compreensão do exposto. É recomendável que esse exercício seja feito individualmente e por escrito. Seu objetivo é auxiliá-lo na organização do estudo, revendo os conceitos e tópicos principais do capítulo. A segunda parte, **Para refletir**, pretende aprofundar a reflexão sobre os assuntos vistos no capítulo. Inclui atividades variadas, que vão exigir de você uma atitude mais crítica. A terceira parte, **Para ler e debater**, amplia a abordagem do tema do capítulo ao trazer textos variados para leitura. Eles vão ajudá-lo a tomar contato com diferentes pontos de vista sobre um mesmo assunto e a perceber que a filosofia está mais presente em nossa vida do que imaginamos. Esta parte vai ajudá-lo também a praticar a arte de argumentar, de debater em público um determinado assunto. Isso será útil para o seu desempenho futuro, na vida profissional ou no prosseguimento de seus estudos.
- As **Sugestões** ao final do capítulo trazem indicações de livros e filmes para os interessados em aprender um pouco mais sobre os temas.
- A discussão em grupo, para ser eficaz, supõe algumas regras:
  - escolher um membro da equipe para coordenar o andamento da discussão, controlando o tempo, evitando os desvios do assunto principal e garantindo a participação de cada um;
  - dar oportunidade de fala a todos; ninguém deve ser o dono da palavra e do tempo;
  - evitar conversas paralelas; é fundamental saber ouvir;
  - participar, não se omitir; as dúvidas e opiniões de cada um ajudam todo o grupo;
  - respeitar a opinião dos outros, discordando com cortesia;
  - finalizar o debate com a apresentação da conclusão a que o grupo chegou ou, pelo menos, com o resumo das principais ideias debatidas.

Essas regras valem para qualquer tipo de discussão, seja no debate geral da classe, seja em polêmicas despertadas durante a exposição dos temas.

Bom proveito!

1

O que é filosofar?

Do mito à razão

"Chegamos ao sentido do termo *pensar* quando nós próprios pensamos. Para que tal esforço seja bem-sucedido, devemos estar preparados para aprender a pensar."

M. Heidegger

O que vamos estudar neste capítulo

Os conceitos de filosofar
Mito × filosofia
O novo conceito de verdade
O novo conceito de natureza
O novo conceito de responsabilidade
Filosofar é preciso
Visão panorâmica do início da filosofia – de Tales a Aristóteles

O golfo de Marselha visto do Estaque (1885), de Paul Cezanne.

Os conceitos de filosofar

O verbo **filosofar** pode ser usado com três significados distintos:

- Como simples sinônimo de "pensar". Às vezes, doenças ou morte de pessoas próximas, decepções, perdas irreparáveis e outros problemas existenciais nos fazem pensar ("filosofar") sobre o sentido de nossa vida. Mas esse significado é por demais vago e amplo para caracterizar o verdadeiro sentido do filosofar.
- Como sinônimo de "saber viver" virtuosamente. Aqui, filosofar é viver com sabedoria. O sábio é aquele que se torna um exemplo vivo das virtudes apreciadas em uma sociedade e é tomado como ponto de referência para fortalecer o valor das tradições vigentes. É nesse sentido que as sabedorias orientais são também chamadas de "filosofias".
- Como "o filosofar ocidental", que teve início na Grécia, em torno dos séculos VI e V a.C. Por essa época, começou-se a repensar a natureza, o ser humano e as divindades com um olhar crítico. Procurava-se saber a validade dos próprios conhecimentos. Até que ponto a cultura era fruto de fantasias e crenças dos antepassados? O que garantia que as tradições recebidas dos anciãos eram verdadeiras? A filosofia, portanto, questiona os fundamentos da cultura. É o que veremos em seguida.

Bill Watterson. *O melhor de Calvin*. Intercontinental Press.

Mito × filosofia

A civilização grega desenvolveu-se na Península Balcânica, a mais oriental do sul da Europa, rodeada de numerosas ilhas. Seu relevo montanhoso facilitou a formação de grupos humanos isolados e autônomos, como de fato foram as cidades-Estados (as pólis).

A pouca fertilidade do solo acidentado foi compensada pela presença de ótimos portos naturais. Assim, os gregos puderam desenvolver com segurança a navegação, que possibilitou o crescimento do comércio e, consequentemente, a riqueza crescente das cidades-Estados.

O aumento populacional levou à procura de terras férteis e à criação de muitas colônias nas regiões mediterrâneas. A fiscalização e a proteção dessas colônias eram tarefa da frota grega.

Nos séculos VI e V a.C., as pólis conheceram o apogeu econômico, político e cultural. Foi exatamente nesse período glorioso que surgiu na cultura grega o confronto entre **mito e filosofia**.

Tanto o mito quanto a filosofia são formas que o homem utiliza para explicar o mundo. São explicações que visam responder aos questionamentos sobre o sentido da vida, o surgimento do universo e do homem, assim como justificar as normas que garantem a vida em comunidade. Ao buscar essas explicações, seja pela linguagem do mito, seja pela linguagem filosófica, o homem está tentando organizar sua cultura.

Autoridade do mito

O mito é uma história religiosa revelada com autoridade supostamente indiscutível. O passado é descrito como as tradições que não admitem nenhuma crítica: "É assim, porque foi dito que é assim". O texto a seguir nos fala um pouco sobre isso.

Museu do Louvre, Paris/RMN/Other Images

Vaso grego de VI a.C. com pintura representando disputa entre Hércules e Apolo.

"O mito conta uma história sagrada, quer dizer, um acontecimento primordial que teve lugar no começo do Tempo, ab initio *('desde o início'). Mas contar uma história sagrada equivale a revelar um Mistério, porque as personagens do mito não são seres humanos: são Deuses ou Heróis civilizadores, e por esta razão as suas* gesta *('ações memoráveis') constituem Mistérios: o homem não poderia conhecê-los se lhos não revelassem. O mito é, pois, a história do que se passou* in illo tempore *('naquele tempo'), a narração daquilo que os Deuses ou os Seres divinos fizeram no começo do Tempo. 'Dizer' um mito é proclamar o que se passou* ab origine *('desde a origem'). Uma vez 'dito', quer dizer, revelado, o mito torna-se verdade apodítica: funda a verdade absoluta. 'É assim, porque foi dito que é assim', declaram os* Eskimo netsilik *('tribo de esquimós') a fim de justificarem a validade da sua história sagrada e de suas tradições religiosas."*

ELIADE, Mircea. *O sagrado e o profano: a essência das religiões*. Lisboa: Livros do Brasil, s.d. p. 107-8.

Apodítico: diz-se de uma verdade ou argumento evidentes por si, não necessitando de provas para serem compreendidos e aceitos.

Durante um longo período da história grega, a mitologia constituiu a fonte exclusiva de explicação para a existência do homem e a organização do mundo. As interpretações imaginárias criadas por ela foram adquirindo autoridade pelo fato de serem antigas. As divindades constituíam os personagens que, pelas divergências, intrigas, amizades e desejo de justiça, explicavam tanto a natureza humana como os resultados das guerras e os valores culturais. Nesse sentido, a linguagem do mito esconde interesses de classes e pode ser manipulada por aqueles que detêm o poder. Ela impõe comportamentos morais à comunidade e uma hierarquia de punições para aqueles que não os seguem.

Em virtude do desenvolvimento e dos contatos culturais com outros povos, decorrentes do comércio e da navegação, os gregos cultos sentiram necessidade de encontrar uma linguagem mais universal e rigorosa para justificar o universo e as próprias instituições. O mito parecia-lhes, cada vez mais, uma forma de expressão regional, particular, uma cristalização de interesses locais. Em síntese, o mito já não satisfazia às necessidades culturais da época.

Surgiu, então, a linguagem filosófica, trazendo novos conceitos culturais, baseados na **razão**, para tentar substituir as criações míticas.

A tensão estava estabelecida. De um lado, os conservadores queriam manter o sistema explicativo do mito, muito mais popular e eficaz para preservar seus privilégios. De outro, os filósofos, desejosos de mudança, rejeitavam as explicações míticas e eram favoráveis às reivindicações dos membros das classes emergentes (os artesãos e os comerciantes), democratizando assim o sistema político.

A tensão entre mito e filosofia começa mas não termina na Grécia antiga. Ela perpassa a história ocidental e continua de alguma forma até hoje.

O novo conceito de verdade

O que é verdade? Na época do surgimento da filosofia, aceitava-se como verdade o que a tradição, as autoridades e os deuses determinavam.

Ora, os primeiros filósofos buscaram um novo conceito de verdade – uma verdade tão bem fundamentada que ninguém pudesse refutá-la. Ela deveria libertar o povo da autoridade arbitrária dos deuses, reis, oligarcas e tiranos, assim como das profecias enigmáticas dos sacerdotes.

A verdade procurada teria de ser um conhecimento definitivo, necessário e absoluto. Para um conhecimento ter tais características, deveria abranger **tudo** o que existe no universo. Logo, seria um conhecimento **universal**. A verdade precisaria ser universal, válida para todos. Uma verdade acima das particularidades, das raças, das nações, dos mitos regionais. Tomava-se consciência de que o homem almeja um conhecimento válido em todo lugar.

Christophe Boisvieux, Paris/Corbis/LatinStock

Metrodorus de Chios, filósofo grego (século IV a.C.). Fragmento de mosaico (século II).

A mentalidade mítica imaginava que a qualquer momento poderiam surgir novos deuses, novos heróis e, o que é pior, novos monstros com poderes sobre-humanos. O homem vivia, pois, inseguro e temeroso da vida e da morte.

Ora, a filosofia, naquele momento, veio libertar o homem da insegurança e do temor: quem descobre a ordem universal não tem medo de nada, pois tudo está previsto. Nem os deuses podem contrariar a verdade total.

Pela primeira vez em toda a história da humanidade, o ser humano formula interpretações da realidade cuja fundamentação não está na tradição ou na conformidade com os dizeres míticos, mas na verdade argumentada da razão. É a filosofia.

Até então, em todas as culturas, o homem submetia seu pensar aos mitos. O filósofo grego, diferentemente, acreditava que tinha a capacidade para formular interpretações próprias da realidade. Estariam erradas as afirmações tradicionais que as negassem.

A filosofia nasce, assim, com a convicção de que existem verdades humanas e universais que estão acima das críticas tradicionais. A busca da verdade filosófica significa, portanto, libertar-se do despotismo da classe dominante.

Pode-se perceber que, para criar um espaço na cultura grega, os filósofos buscam a verdade racional absoluta. Mas a história da filosofia ocidental irá demonstrar que essa verdade absoluta não existe. De fato, existem várias filosofias ligadas aos eventos históricos e aos diferentes interesses sociais.

O novo conceito de natureza

Os primeiros filósofos gregos criaram um novo conceito de natureza. A natureza é o conjunto de tudo o que existe. A existência das coisas faz com que elas sejam cognoscíveis. A natureza como um todo também é cognoscível por si mesma. Não precisamos de intermediários para contemplar sua existência. Ela se manifesta com uma evidência incontestável. É fonte de conhecimento irrefutável. Qualquer pessoa que se disponha a isso pode conhecê-la.

(**Cognoscível**: aquilo que pode ser conhecido.)

Filosofar é, basicamente, admirar a realidade tal qual ela existe; é saber contemplá-la sem projetar nela temores míticos e crenças fantasiosas.

Enfim, filosofar é ver o relâmpago como fenômeno natural, não como vingança ou ameaça divina; é ver o mar simplesmente como mar, a montanha como montanha, as estrelas como estrelas, a seca como seca, os fatos sociais e políticos como resultado das relações humanas.

Durante o período mítico, a natureza era vista pelas lentes das crenças. Com a filosofia, a natureza é despida de interpretações culturais, podendo manifestar-se com autonomia e por suas próprias leis. O filósofo deixa a natureza falar por si mesma.

Museu Nacional, Tóquio.

A grande onda, gravura de Hokusai (1760-1849). Filosofar é, basicamente, admirar a realidade, livre de crenças fantasiosas.

Por isso, a filosofia não é privilégio de uma casta, não depende de livros sagrados, não é uma doutrina oculta e dispensa ritos de iniciação ou penitências rigorosas.

Essa nova maneira de lidar com a realidade foi o início da filosofia, que até hoje, 26 séculos depois, procura libertar o homem das crenças e temores desumanizantes.

Com a evolução da filosofia, o modo de conhecer diretamente o mundo tornou-se um enorme problema, muito mais complexo do que os primeiros filósofos podiam imaginar.

O novo conceito de responsabilidade

Graças à filosofia, os valores fundados na razão passam a orientar a vida das pessoas, individualmente e em comunidade.

Nos séculos VI e V a.C., os pensadores gregos começam a tomar consciência de que os bons e maus resultados da organização da cidade dependem das relações sociais. A política, a economia e a moral são construções humanas.

Descobre-se aos poucos que a verdade liberta o homem. Por isso, a busca e o estudo da verdade passam a ser a ocupação importante da época. Tudo é discutido, avaliado e comparado sob a luz de critérios racionais e argumentações lógicas. Tradições milenares que sustentavam as monarquias começam a ser questionadas e desmontadas em poucas palavras; autoridades religiosas veneradas durante séculos são colocadas em xeque com poucos argumentos; com rápidas análises, demonstram-se a fragilidade e a improcedência das narrativas míticas.

Enfim, o filosofar desestabiliza, mexe com as estruturas sociais e políticas vigentes e convida o cidadão a construir uma nova sociedade.

A nova sociedade só poderia vingar com a democratização da verdade. A verdade filosófica deveria ser socialmente cultivada. Assim, a praça torna-se o lugar público das discussões, onde os mestres se defrontam e os cidadãos participam, onde todos procuram aprimorar o conhecimento do universo. Para divulgar a verdade, surgem os primeiros livros colocados à venda na praça da cidade.

A verdade implica ter de orientar a própria vida e a da cidade não mais pelo mito, que é algo de regional e limitado, mas pela verdade universal. Logo, ao filósofo urge modificar as leis míticas, conformando-as à verdade. O filósofo é o cidadão mais ativo na promoção das mudanças sociais e políticas.

Qual foi o fundamento de todas as conquistas sociais no Ocidente senão essa verdade responsável?

Filosofar é preciso

A civilização ocidental não pode ser compreendida sem a filosofia. Com efeito, foi com a filosofia que a cultura grega influenciou nossa forma de pensar e de questionar tanto a natureza quanto o ser humano e as divindades. Com a filosofia, surgiu a noção de cidadania, de Estado, de ciência.

O exemplo dos filósofos gregos nos deixou uma grande lição: nunca se conformar com as estruturas existentes como se fossem as únicas possíveis. De fato, não houve época em que não tivéssemos filósofos buscando a verdade e combatendo a ignorância, o obscurantismo, a dominação do homem pelo homem, as guerras e outros atos irracionais que infelicitam a humanidade. Filosofar é preciso para participar criativamente da luta pela humanização.

Nos capítulos seguintes deste livro, você vai discutir questões filosóficas e libertadoras.

Cameron/Corbis/LatinStock

Visão panorâmica do início da filosofia – de Tales a Aristóteles

Os pré-socráticos

A partir do século VI a.C., surgem as primeiras escolas filosóficas nos principais centros da civilização helênica – Grécia e colônias gregas das ilhas do Mar Egeu, da Ásia Menor, da Sicília e Itália meridional. Essas escolas são denominadas "pré-socráticas" por precederem a Sócrates, filósofo que abre uma nova era da filosofia.

Dessas escolas, as mais importantes são:

- **Escola jônica**: recebe esse nome por causa da Jônia, colônia grega da costa ocidental da Ásia Menor. Seus representantes mais ilustres são: Tales de Mileto (624-546 a.C.), Anaximandro (611-546 a.C.), Anaxímenes (586-525 a.C.) e Heráclito (535-470 a.C.). Esses quatro pensadores são os fundadores da filosofia no sentido específico, pois lançaram as bases dos problemas filosóficos discutidos até hoje no Ocidente: a verdade, a totalidade, a ética e a política.

O berço da filosofia

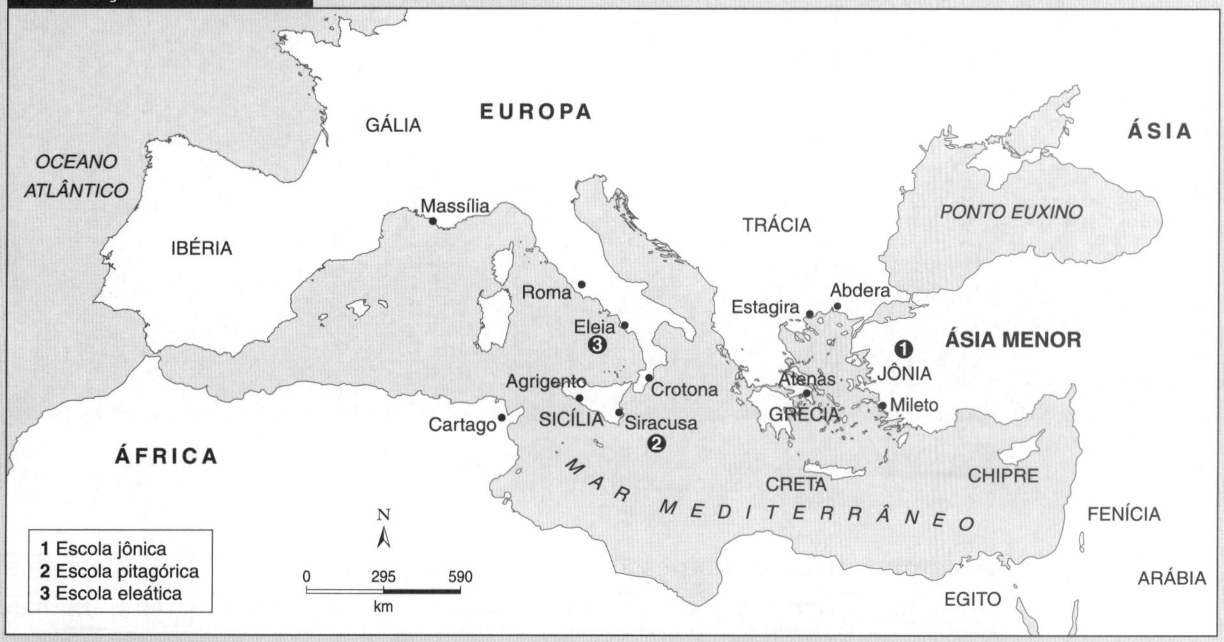

No mapa aparecem, entre outras, as cidades-Estado de Abdera (onde nasceram Protágoras e Demócrito); Eleia (cidade natal de Parmênides); Crotona (onde viveu por muitos anos Pitágoras); Agrigento (colônia grega onde nasceu Empédocles); Estagira (cidade natal de Aristóteles); e Atenas (onde nasceram Sócrates e Platão).

Escola pitagórica: deve o nome a seu fundador, Pitágoras (580-500 a.C.). Outros pensadores importantes dessa escola: Filolau (século V a.C.), Arquitas (século IV a.C.) e Alcmeón (século VI a.C.). Esses pensadores manifestam ao mesmo tempo tendências místico-religiosas e tendências científico-racionais. Sua influência estende-se até nossos dias.

Escola eleática: recebe esse nome de Eleia, cidade situada no sul da Itália e local de seu florescimento. Nessa escola encontramos os grandes nomes de Xenófanes (570-480 a.C.), Parmênides (540-470 a.C.), Zenão (510-? a.C.) e Melisso (490-? a.C.). Nesse grupo famoso de pensadores, as questões filosóficas concentram-se na comparação entre o valor do conhecimento sensível e o do conhecimento racional. De suas reflexões resulta que o único conhecimento válido é aquele fornecido pela razão.

Alamy/Other Images

Vista atual de Eleia, hoje chamada Vélia, na Itália.

Escola pluralista: é composta por Anaxágoras (499-428 a.C.), Empédocles (492-432 a.C.) e Demócrito (460-370 a.C.). O denominador comum nas posturas filosóficas desses pensadores consiste em admitir que não há um princípio único que explique todo o universo. Existem vários princípios que, misturando-se, formam a multiplicidade das coisas existentes – daí a denominação "pluralista".

Os sofistas

Os sofistas eram professores ambulantes, sem cidade fixa, pagos pelos próprios alunos. Atuaram em meados do século V a.C. Os mais importantes foram Protágoras (490-410 a.C.), Górgias (485-380 a.C.) e Pródicos (460-? a.C.).

Os sofistas captaram as mudanças causadas pelo exercício da democracia e passaram a preparar os líderes políticos para os novos tempos. Era preciso aprender a dialogar com os cidadãos, de cujos votos dependia a organização da sociedade.

Rejeitaram o respeito reverencial às hierarquias vigentes e tudo o que nas tradições resiste à verificação racional da verdade.

Os conservadores, porém, difamaram os sofistas, culpando-os de todas as mudanças sociais que não deram certo. Até hoje o termo **sofista** tem conotação negativa.

Felizmente, a filosofia contemporânea está fazendo justiça àqueles pensadores que tentaram formar uma nova ordem política.

Sócrates (470-399 a.C.)

Busto de Sócrates. Cópia romana de escultura de Lisipo.

Sócrates, considerado o "patrono da filosofia", dividiu a filosofia em antes e depois dele: os filósofos anteriores são chamados de pré-socráticos; os posteriores, pós-socráticos.

As divergências inerentes à democracia demandavam um novo enfoque filosófico. Sócrates buscou-o em seu interior. Refletindo sobre si mesmo, descobriu que, apesar da variedade das coisas, somos capazes de formar conceitos universais. Por exemplo: apesar de existirem muitas árvores diferentes, temos um conceito de árvore que se aplica a todas elas.

Ora, pensou Sócrates, também podemos encontrar um conceito universal de justiça que, por ser igual para todos, será capaz de resolver as divergências e discórdias na assembleia dos cidadãos. Compete aos filósofos convencer os cidadãos a procurar dentro de si as soluções, com disciplina e austeridade.

As praças públicas eram sua sala de aula. Sua metodologia baseava-se no conhecimento próprio. Tomando como lema o "conhece-te a ti mesmo" (inscrito no templo de Apolo), ajudava os interlocutores a encontrar a verdade das coisas e conceitos. Por meio de um diálogo de sucessivas perguntas e respostas, o "aluno" acabava reconhecendo que seu conceito de justiça, por exemplo, não estava correto. Essa primeira parte do processo é chamada de **ironia** ("interrogação", em grego).

A partir daí, Sócrates começava a segunda parte do processo, que consistia em estimular o interlocutor a procurar em seu interior os conceitos verdadeiros. É o que denominou **maiêutica** (a arte de dar à luz), em homenagem à mãe, que era parteira. Ela intermediava o nascimento de um novo ser; ele, o nascimento da verdade.

Esse extraordinário sábio, porém, contrariou interesses dos poderosos, que o condenaram a tomar cicuta (veneno). Há mais de 2 mil anos já se matava quem tinha a coragem de denunciar o erro e a corrupção.

Gianni Dagli/Corbis/LatinStock

Busto de Platão.

Platão (427–347 a.C.)

Platão foi um dos maiores pensadores da história da filosofia. Suas obras, que nos chegaram completas, ao contrário da obra de outros filósofos da época, atravessaram os séculos e continuam a ser estudadas e a influenciar o pensamento ocidental. Suas contribuições foram originais e vastas.

Discípulo e amigo de Sócrates, retoma os conceitos e valores universais do mestre, introduzindo uma modificação: eles são apenas representações de outro mundo, que denominou **mundo das ideias**. Esse mundo constitui a verdadeira realidade, só alcançável pelos filósofos, amigos da sabedoria.

Segundo Platão, o mundo em que vivemos é apenas uma sombra do mundo das ideias. Ele explica isso por meio da alegoria do **mito da caverna**. Numa caverna, homens amarrados diante de uma tela só veem a sombra das coisas e pessoas que são projetadas pela luminosidade de uma fogueira posta atrás deles, como uma sessão de cinema.

A política foi outro campo de investigação de Platão. Decepcionado com a política vigente, não aceitou a democracia. Em seu famoso livro *A República*, descreve um Estado ideal, governado por reis-filósofos, os únicos capacitados a realizar a verdadeira política.

Aristóteles (384–322 a.C.)

Aristóteles foi discípulo de Platão, que por sua vez foi discípulo de Sócrates. Deles herdamos, em grande parte, o modo de pensar, agir, organizar os conhecimentos e a compreensão da realidade.

Dos três, Aristóteles foi o que exerceu a maior influência. Ele liderou a história da filosofia até o século XVIII, e ainda hoje suas obras servem de base para novos desdobramentos do saber. Os estudos de Aristóteles abrangem os mais variados campos: teoria do conhecimento, ética, política, biologia, cosmologia e outros.

A Escola de Atenas, afresco do pintor Rafael (1483-1520) representando os grandes pensadores da Antiguidade. Platão (à esquerda) e Aristóteles são as figuras centrais. A postura filosófica de cada um é simbolizada pelo gesto: Platão é representado com a mão elevada, numa referência ao mundo das ideias, e Aristóteles, com a mão voltada para baixo, apontando para o mundo concreto e sensível.

Ted Spiegel/Corbis/LatinStock

Aristóteles discordou de seu mestre Platão em relação à teoria do conhecimento. Para ele, as ideias, os conceitos, não são eternos nem habitam um mundo à parte. O conceito universal é formado a partir dos conhecimentos dos sentidos. Por um processo de abstração, o intelecto elimina os aspectos particulares dos seres e fica apenas com a essência. Por exemplo, a ideia que temos de cavalo não tem cor, raça nem tamanho.

O conhecimento é adquirido por dois processos: a dedução e a indução, ambos essenciais para a formação das ciências. A dedução parte do geral para o particular. Por exemplo: todos os homens são mortais. Ora, Paulo é homem. Logo, Paulo é mortal. A indução, ao contrário, parte do particular para o geral: o ferro, o alumínio e o cobre transmitem eletricidade. Logo, todos os metais transmitem eletricidade. É pela indução que os cientistas testam os medicamentos. Funcionando em um número razoável de pessoas, é estendido para todos. Como se sabe, a eficácia da indução não é 100% garantida. Poderá, por exemplo, haver um metal que não transmita eletricidade ou um medicamento que não produza a eficácia esperada.

A lógica foi outra grande contribuição de Aristóteles. Ela desenvolve as regras do bom uso do raciocínio.

Alinari/The Bridgeman Art Library/Keystone

Platão conversa com seus pupilos. Mosaico romano do século I a.C.

Roteiro de estudo

As perguntas a seguir referem-se aos principais tópicos deste capítulo. Elas podem ajudá-lo a estudar e rever todo o conteúdo apresentado. Ao respondê-las, você estará analisando e sintetizando as ideias expostas.

1. Sintetize a noção de filosofia que você adquiriu pela leitura deste capítulo.
2. Consulte um dicionário de sua preferência e verifique os significados da palavra **mito**. Depois compare-os com o que você estudou neste capítulo.
3. Descreva em poucas linhas o que existe de semelhante e de diferente entre mito e filosofia.
4. Por que o novo conceito de verdade criado pelos filósofos gregos não precisava da aprovação das autoridades?
5. Ver a seca como seca e o raio como raio é um avanço ou um recuo do conhecimento? Perde-se a dimensão poética da realidade? O homem se priva dos sentimentos e das paixões?
6. Quem é o culpado quando a política e a economia de um país vão mal? São castigos divinos?
7. Como os filósofos gregos filosofariam em nossa época?
8. Se você fosse professor, usaria o pensamento dos filósofos gregos, como retratado neste capítulo, para tornar os alunos mais críticos?
9. No Brasil, país de enormes desigualdades econômicas, que relação existe entre filosofia e cidadania?

Para refletir

1. As narrativas gregas, apesar de fantasiosas, são impregnadas de sabedoria e conhecimento das paixões humanas, dos problemas existenciais e da necessidade de leis que possibilitem a vida em comum. Analise o texto a seguir com a respectiva ilustração e responda: ele ainda é válido para a nossa época?

   Assim como os homens, o herói Ulisses deve vencer as tentações que aparecem em seu caminho. Neste trecho que você vai ler, a deusa Circe alerta-o sobre elas.

"Primeiro, encontrarás as duas Sereias; elas fascinam todos os homens que se aproximam. Se alguém, por ignorância, se avizinha e escuta a voz das Sereias, adeus regresso! Não tornará a ver a esposa e os filhos inocentes sentados alegres a seu lado, porque, com seu canto melodioso, elas o fascinam, sentadas na campina, em meio a montões de ossos de corpos em decomposição, cobertos de peles amarfanhadas."

HOMERO. *Odisseia*. Tradução do grego de Jaime Bruna. 2. ed. São Paulo: Cultrix, 1976. p. 142.

Para fugir à tentação do canto das sereias, representadas como mulheres-pássaro na Antiguidade, os tripulantes estão com os ouvidos tapados com cera, e Ulisses está amarrado ao mastro da galé. Detalhe de pintura de vaso grego.

2. Como você imagina um filósofo atual? Qual seria sua maneira de agir e de se vestir? Como seria sua vida social? As descrições devem ser feitas por escrito (quem quiser pode ilustrar) e expostas em classe em forma de painel para leitura de todos e discussão.

3. Em grupo, discuta e responda à pergunta: a fé pode conviver com a liberdade do filosofar? (Pesquisar a vida de alguns filósofos pode ajudá-lo na elaboração da resposta.)

Para ler e debater

Prepare-se para os debates lendo atentamente os textos. Reflita sobre as perguntas e anote seus argumentos para cada uma delas.

1. A maravilha como início do filosofar

"A maravilha sempre foi, antes como agora, a causa pela qual os homens começaram a filosofar: a princípio, surpreendiam-se com as dificuldades mais comuns; depois, avançando passo a passo, tentavam explicar fenômenos maiores, como, por exemplo, as fases da lua, o curso do sol e dos astros e, finalmente, a formação do universo. Procurar uma explicação e admirar-se é reconhecer-se ignorante. Por isso, pode-se dizer que sob um certo aspecto o filósofo é também amante do mito, uma vez que o mito se compõe de maravilhas."

ARISTÓTELES. In: REALE, Giovanni (Ed.). *Metafísica*. São Paulo: Loyola, 2002. v. I.

1. Comente a afirmação de Aristóteles: "O filósofo é também amante do mito".
2. Segundo Aristóteles, o problema mais importante para o homem refere-se à formação do universo. Por quê?
3. Qual é a diferença entre saber-se ignorante e ser simplesmente ignorante?
4. Cada aluno ou grupo deve mencionar duas coisas na vida que o "maravilharam" no sentido explicado no texto. As respostas devem ser anotadas na lousa para serem comparadas e comentadas.

2. Febre jônica

"Quando a Babilônia e o Egito declinaram chegou a vez da Grécia. No começo, desenvolveu-se a cosmologia grega quase no mesmo sentido: o mundo de Homero é outra ostra, mais colorida, um disco flutuante rodeado pelo oceano. Porém, pela época em que os textos da *Odisseia* e da *Ilíada* se consolidaram na versão definitiva, verificou-se na Jônia, nas costas do Mar Egeu, um novo desenvolvimento. O sexto século antes de Cristo – o milagroso século de Buda, Confúcio e Lao-Tsé, dos filósofos jônicos e de Pitágoras – constituiu o ponto crítico da espécie humana. Foi como se uma aragem de março soprasse através deste planeta, da China a Samos, despertando a consciência do homem, como o sopro nas narinas de Adão. Na escola jônica de filosofia, o pensamento racional ia emergindo do mundo de sonho mitológico. Era o início da grande aventura: a indagação prometiana das explicações naturais e causas racionais, que, nos 2 mil anos seguintes, transformaria a espécie mais radicalmente do que haviam feito os 200 mil anos anteriores."

KOESTLER, Arthur. *Os sonâmbulos*. São Paulo: Ibrasa, 1961. p. 5.

Prometiano: próprio de Prometeu, personagem da mitologia grega que roubou o fogo aos deuses e o entregou aos homens, dando-lhes a possibilidade do conhecimento e do progresso. Zeus o puniu, acorrentando-o numa rocha para que uma águia lhe devorasse o fígado eternamente.

1. O que há de comum entre a atitude de Prometeu e a dos primeiros filósofos, que iniciam "a grande aventura" ("a indagação prometiana")?
2. Quais os motivos da profunda irritação de Zeus, que puniu tão violentamente aquele que roubou o fogo?
3. Em nosso mundo, o que pode nos impedir de exercer a crítica?

3. A filosofia como procura da verdade

"Em seu pequeno e brilhante livro *Introdução à filosofia*, o filósofo e psiquiatra alemão **Karl Jaspers** insiste na ideia de que a essência da filosofia é a procura do saber e não a sua posse. Todavia, ela 'se trai a si mesma quando degenera em dogmatismo, isto é, num saber posto em fórmula, definitivo, completo. Fazer filosofia é estar a caminho; as perguntas em filosofia são mais essenciais que as respostas, e cada resposta transforma-se numa nova pergunta'. Há, então, na pesquisa filosófica uma humildade autêntica que se opõe ao orgulhoso dogmatismo do fanático: o fanático está certo de possuir a verdade. Assim sendo, ele não tem mais necessidade de pesquisar e sucumbe à tentação de impor sua verdade a outrem. Acreditando estar com a verdade, ele não tem mais o cuidado de se tornar verdadeiro; a verdade é seu bem, sua propriedade, enquanto para o filósofo é uma exigência. No caso do fanático, a busca da verdade degradou-se na ilusão da posse de uma certeza. Ele se acredita o proprietário da certeza, ao passo que o filósofo esforça-se por ser peregrino da verdade. A humildade filosófica consiste em dizer que a verdade não pertence mais a mim que a ti, mas que ela está diante de nós. Assim, a consciência filosófica não é uma consciência feliz, satisfeita com a posse de um saber absoluto, nem uma consciência infeliz, presa das torturas de um ceticismo irremediável. Ela é uma consciência inquieta, insatisfeita com o que possui, mas à procura de uma verdade para a qual se sente talhada."

HUISMAN, Denis; VERGEZ, A. *A ação*. 2. ed. São Paulo: Freitas Bastos, 1966. v. 1, p. 24.

Leia mais sobre Jaspers na seção *Comentários adicionais*.

1. Por que o filósofo é chamado de "peregrino da verdade"?
2. Em que consiste uma consciência em constante tensão?
3. Em que sentido um professor fanático é um desastre educacional?

4. O que o verdadeiro filósofo quer dos seus discípulos

"Sozinho vou agora, meus discípulos! Também vós, ide embora, e sozinhos! Assim quero eu.

[...]

O homem do conhecimento não precisa somente amar seus inimigos, precisa também odiar seus amigos.

Paga-se mal a um mestre, quando se continua sempre a ser apenas o aluno. E por que não quereis arrancar minha coroa de louros? Vós me venerais, mas, e se um dia vossa veneração *desmoronar*? Guardai-vos que não vos esmague uma estátua!

[...]

Ainda não vos havíeis procurado: então me encontrastes. Assim fazem todos os crentes, por isso importa tão pouco toda crença. Agora vos mando me perderdes e vos encontrardes; e somente quando me tiverdes todo renegado eu retornarei a vós..."

NIETZSCHE, Friedrich. *Obras incompletas*. São Paulo: Abril, 1974. p. 375. (Os pensadores, 32).

1. Por que **Nietzsche**, depois da fase de ensino, retira-se sozinho e aconselha os alunos a também ficarem sozinhos?
2. O que é mais importante: os laços de amizade ou a procura da verdade?
3. Por que a maior frustração de Nietzsche é ter alunos que nunca pensam em superá-lo?
4. Em que sentido o aluno pode ser esmagado pela "estátua" do filósofo que ele venera?
5. Qual é a condição para que os ex-alunos retomem o diálogo com o filósofo?

Leia mais sobre Nietzsche na seção *Comentários adicionais*.

Sugestões

Livros

Abbagnano, Nicola. *Dicionário de filosofia*. 5. ed. rev. e ampl. São Paulo: Martins Fontes, 2007.

Brandão, Junito de S. *Mitologia grega*. 18. ed. Petrópolis: Vozes, 2005.

Fougeyrollas, Pierre. *A filosofia em questão*. 2. ed. Rio de Janeiro: Paz e Terra, 1972.

Giles, Thomas. *Introdução à filosofia*. São Paulo: EPU/Edusp, 1979.

Japiassu, Hilton; Marcondes, Danilo. *Dicionário básico de filosofia*. Rio de Janeiro: Zahar, 1996.

Lalande, André. *Vocabulário técnico e crítico da filosofia*. São Paulo: Martins Fontes, 1993.

Referências bibliográficas

Bréhier, Émile. *História da filosofia*. São Paulo: Mestre Jou, 1981.

Châtelet, François. *História da filosofia: ideias, doutrinas*. Rio de Janeiro: Zahar, 1974. 8 v.

Eliade, Mircea. *Mito e realidade*. São Paulo: Perspectiva, 1970.

______. *O sagrado e o profano: a essência das religiões*. Lisboa: Livros do Brasil, s.d.

García Morente, Manuel. *Fundamentos da filosofia: lições preliminares*. São Paulo: Mestre Jou, 1967.

Gusdorf, Georges. *Mito e metafísica*. São Paulo: Convívio, 1979.

Homero. *Odisseia*. Tradução do grego de Jaime Bruna. 2. ed. São Paulo: Cultrix, 1976.

Huisman, Denis; Vergez, A. *História dos filósofos ilustrada pelos textos*. Rio de Janeiro: Freitas Bastos, 1966.

Marías, Julián. *Introdução à filosofia*. São Paulo: Duas Cidades, 1960.

Mondolfo, Rodolfo. *O pensamento antigo: história da filosofia greco-romana*. São Paulo: Mestre Jou, 1964.

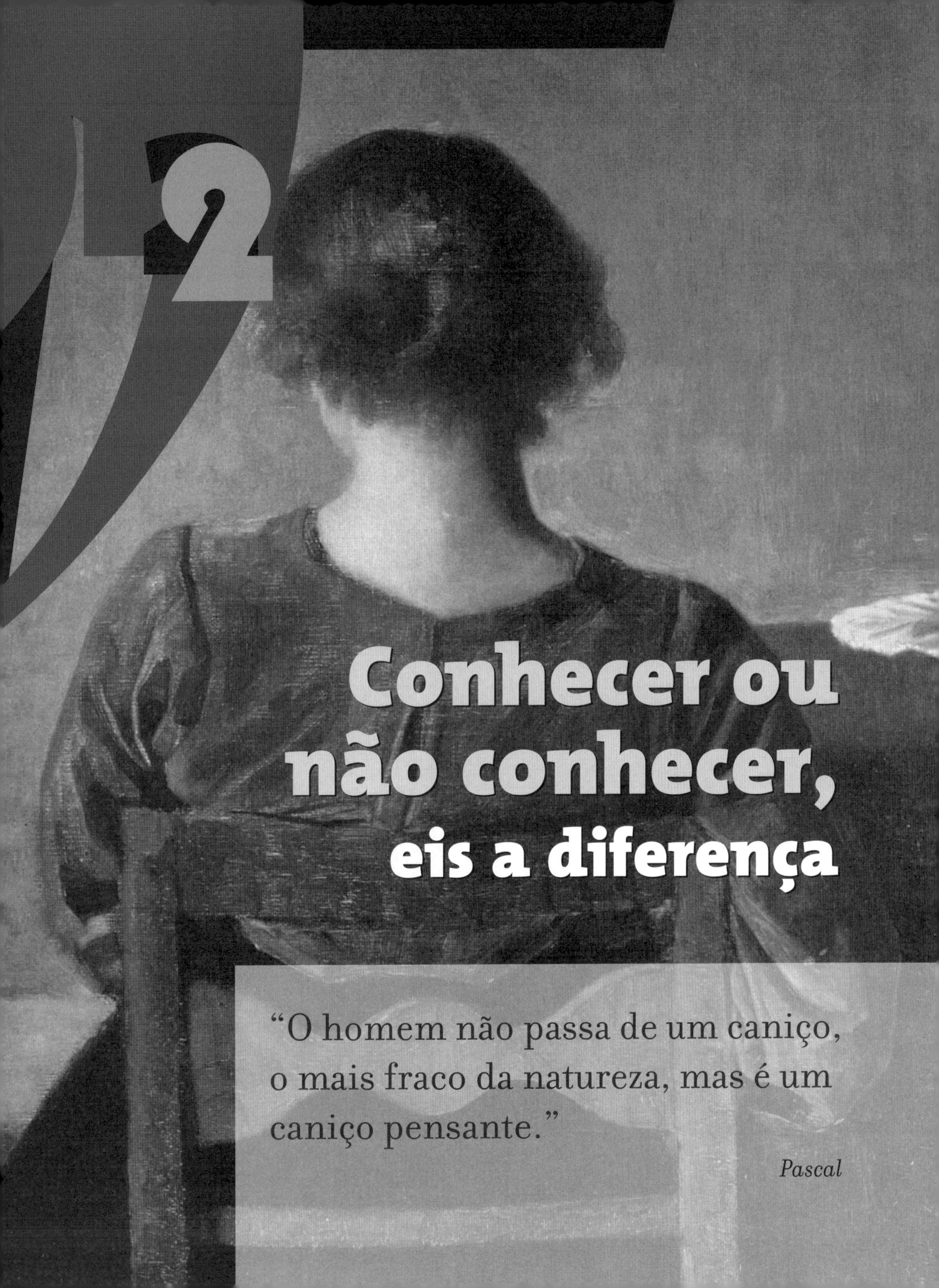

2

Conhecer ou não conhecer, eis a diferença

"O homem não passa de um caniço, o mais fraco da natureza, mas é um caniço pensante."

Pascal

O que vamos estudar neste capítulo

Sujeito e objeto do conhecimento
Principais teorias do conhecimento
Tipos de conhecimento
O alcance do conhecimento
Distorções do conhecimento
A grandeza do conhecimento
Nossa marca no mundo

Mulher jovem, também conhecido como *O descanso* (1905), de Vilhelm Hammershøi.

Sujeito e objeto do conhecimento

Os seres vivos têm potencialidades que se desenvolvem segundo suas necessidades de sobrevivência. Assim, a planta colocada no canto da sala, em lugar de crescer em linha reta, para cima, cresce em ângulo inclinado, à procura da luz vinda da janela. Ela se adapta à condição do meio. As minhocas não têm olhos, mas são dotadas de tato e olfato muito apurados, necessários no ambiente onde vivem. As aves em geral não precisam de tato e olfato no ambiente aéreo; possuem, em compensação, uma visão muito aguda, com um mecanismo de filtragem das cores que lhes permite distinguir a uma longa distância um inseto na relva verde. O cego, por exemplo, tem o tato e a audição muito mais desenvolvidos que qualquer homem de visão normal.

Em todos esses exemplos, percebe-se uma adaptação de organismos vivos às condições do meio em que vivem.

Além das características comuns aos seres vivos, o homem tem a capacidade especial de pensar, o que lhe possibilita não apenas conviver com a realidade, mas também conhecê-la. Conhecer a realidade significa compreendê-la e explicá-la.

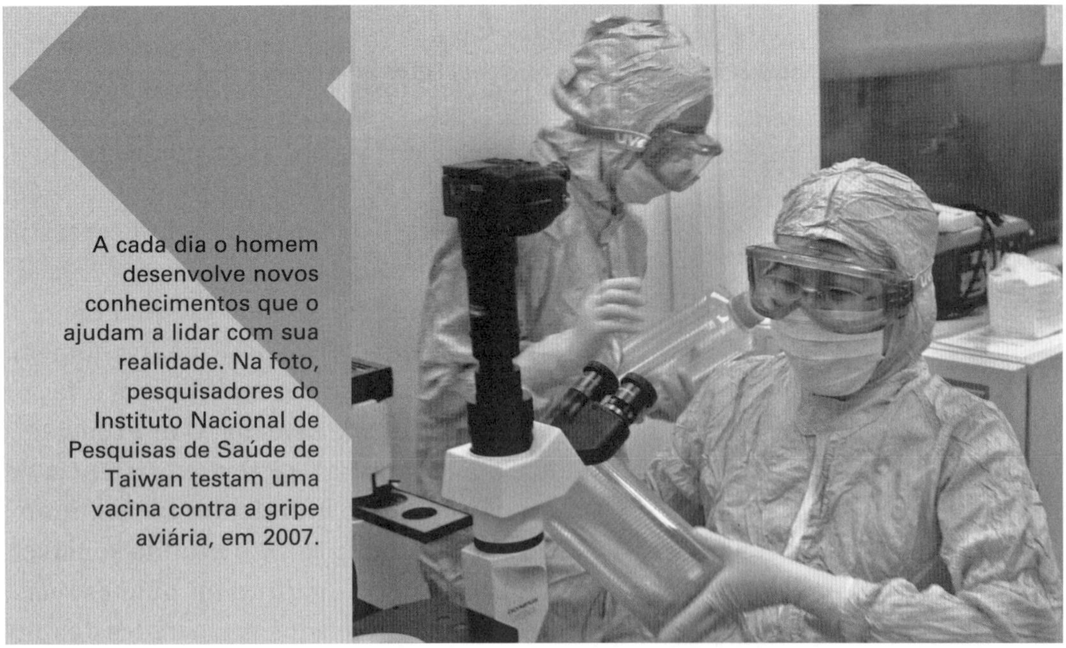

Sam Yeh/AFP

A cada dia o homem desenvolve novos conhecimentos que o ajudam a lidar com sua realidade. Na foto, pesquisadores do Instituto Nacional de Pesquisas de Saúde de Taiwan testam uma vacina contra a gripe aviária, em 2007.

O conhecimento humano tem dois elementos básicos: um **sujeito** e um **objeto**. O sujeito é o homem, o ser racional que quer conhecer (sujeito cognoscente). O objeto é a realidade (as coisas, os fatos, os fenômenos, os processos) com que coexistimos. O homem só se torna sujeito do conhecimento quando está diante do objeto a ser conhecido. A realidade só se torna objeto do conhecimento perante um sujeito que queira conhecê-la. O próprio homem pode ser objeto do conhecimento.

Principais teorias do conhecimento

Ao longo da história, deram-se várias explicações para a construção do conhecimento a partir do encontro sujeito-objeto. Algumas privilegiaram a ação do sujeito sobre o objeto; outras, a ação do objeto sobre o sujeito; outras, ainda, a ação conjunta do sujeito e do objeto.

Quase todos os filósofos reconhecem ao menos duas formas de conhecimento: o **sensível**, em que predomina a atividade dos sentidos, e o **intelectivo**, em que predomina a atividade do intelecto. Resulta, então, que as três explicações anteriores devem ser multiplicadas por dois. Assim, podemos explicar o processo do conhecimento de seis maneiras diferentes, pelo menos.

A seguir, apresentamos um breve apanhado de como alguns filósofos, ao longo do tempo, explicaram o processo do conhecimento.

PLATÃO: O MUNDO DAS IDEIAS

Na Antiguidade, destacam-se as teorias de **Platão** e **Aristóteles**. Ambos descrevem o homem como um conjunto corpo-alma, no qual o corpo é o exterior, o sensível, e a alma é o interior, o não sensível.

Leia mais sobre Platão e Aristóteles na seção *Comentários adicionais*.

Platão e Aristóteles representados num relevo da Catedral de Florença, executado por Luca della Robbia (1400-1482).

Segundo Platão, para conhecer algo, para buscar a verdade, é preciso ir além das sensações imediatas. É necessário atingir a essência do objeto a ser conhecido, é mister conhecê-lo **tal qual ele é**. E isso só pode ser feito pela alma do homem, pelo seu interior. Ele explica sua teoria por meio do **mito da caverna**. O mito ou a alegoria da caverna descreve a existência de dois mundos: o **mundo das ideias**, inundado pela luz do sol, e o **mundo sensível**, formado pelas sombras dos objetos reais, como que projetados nas paredes de uma caverna escura. O mundo das ideias é habitado pelos objetos reais, do qual o mundo sensível é mera aparência. O conhecimento sensível, produzido pelos sentidos, é dado pelos objetos que povoam o mundo material e que aparentam ser reais. Por isso, o conhecimento sensível é enganoso.

Nele habitam os preconceitos, o senso comum, as tradições. O conhecimento intelectivo (verdades absolutas), produzido pela alma, é dado pelas essências puras, os objetos reais, habitantes do mundo das ideias.

Esses dois mundos criados por Platão simbolizam as maneiras como o homem pode adquirir o conhecimento: contentando-se em manter-se dentro da caverna observando as sombras refletidas nas paredes, isto é, aceitando o mundo sensível cuja verdade é aparente, ou saindo da caverna em busca da luz, dos objetos reais, da verdade.

ARISTÓTELES: A ESSÊNCIA DO OBJETO

Para Aristóteles, os dados iniciais do conhecimento são originários dos objetos sensíveis. Estes são captados pela capacidade sensitiva da alma, exercida pelos cinco sentidos externos (visão, audição, olfato, tato e paladar) e pelos três sentidos internos (senso comum, memória e fantasia). A alma é dotada também de capacidade intelectiva, exercida por meio da abstração, do juízo e da argumentação.

É a capacidade abstrativa do intelecto que, a partir das características essenciais dos objetos sensíveis, constrói na alma os conceitos universais, que constituem a ciência, o conhecimento.

Portanto, para Aristóteles, o conhecimento inicia-se no objeto, com suas características sensíveis, apreendidas pela alma sensitiva. O que, porém, elabora o conhecimento verdadeiro – a ciência – é a alma, que capta a essência dos objetos. Diferentemente de Platão, Aristóteles considera que as essências estão no próprio objeto, e não em um mundo à parte, como no mundo das ideias.

OCKHAM: CONHECIMENTO IMEDIATO DOS OBJETOS

No final do período medieval, **Guilherme de Ockham** opõe-se a Aristóteles ao afirmar que o conhecimento humano é intuitivo, imediato, e se dá exclusivamente a partir do contato do sujeito com objetos singulares, individuais. Os objetos, na sua individualidade, são "notados" de forma imediata pelo sujeito. O conhecimento imediato dos objetos é um conhecimento intuitivo-sensitivo, produzido pelo objeto no sujeito. O intelecto, contudo, é capaz de construir um conceito universal, que em si mesmo é um singular, mas que, por função e por definição, representa muitos singulares. Por exemplo, meu intelecto pode construir o conceito de "homem", que, embora sendo singular (o gênero humano), pode acolher em si cada indivíduo do gênero humano. O conhecimento intelectivo é construído pelo intelecto do sujeito, até mesmo independentemente do contato ou existência dos objetos sensíveis, como o demonstram a imaginação e a fantasia.

Leia mais sobre Guilherme de Ockham na seção *Comentários adicionais*.

BERKELEY: SEM INTERFERÊNCIA DE OBJETOS

George Berkeley, já no período moderno, rejeita qualquer ação efetiva do objeto sobre o sujeito na construção do conhecimento humano. Afirma que existir é ser conhecido. Ou seja, as coisas que existem não podem provocar o conhecimento, pois são passivas e inertes. É o intelecto do sujeito que, em contato com os objetos, produz o conhecimento. Berkeley admite, no entanto, que nem tudo o que conhecemos é produto puro do intelecto, pois características dos objetos às vezes se impõem. Esse conhecimento, porém, não é gerado pelo objeto. É provocado por Deus, criador de todas as coisas e autor da extensão, figura e movimento que os objetos carregam.

Leia mais sobre George Berkeley na seção *Comentários adicionais*.

KANT: FORMA E MATÉRIA

Immanuel Kant diz que o conhecimento é composto de forma e matéria. A forma é um elemento *a priori*, isto é, já existente no sujeito (homem) antes de seu contato com o objeto. Para o conhecimento sensível, os elementos formais, sempre presentes à consciência do homem, são o espaço e o tempo. O conhecimento intelectivo se dá pelas 12 categorias, isto é, pelas 12 "formas de aparição" da realidade, a saber: unidade, multiplicidade e totalidade (indicativas da **quantidade**); ser, não ser e limitação (indicativas da **qualidade**); substância-inerência, causalidade-dependência e comunhão-reciprocidade (indicativas da **relação**); possibilidade-impossibilidade, realidade-irrealidade e necessidade-contingência (indicativas da **modalidade**).

A matéria é o elemento *a posteriori*, isto é, baseado na experiência, e é provido pelos objetos. Desse modo, o conhecimento sensível acontece quando o objeto na sua materialidade é percebido por nossa consciência como temporal e espacial. O conhecimento intelectivo ocorre quando o objeto é percebido como quantidade, qualidade, relação e modalidade.

Leia mais sobre Immanuel Kant na seção *Comentários adicionais*.

A priori: (latim) anterior à experiência; na teoria do conhecimento de Kant, é o elemento existente antes do contato do sujeito com o objeto e é fornecido pelo sujeito.

A posteriori: (latim) conhecimento adquirido pela experiência; na teoria do conhecimento de Kant, é o elemento baseado na experiência e é fornecido pelos objetos.

HEGEL: TESE, ANTÍTESE E SÍNTESE

Georg Wilhelm Friedrich Hegel afirma que o racional é real e que o real é racional. Ou seja, realidade e pensamento são a mesma coisa. O conhecimento da realidade é construído pelo sujeito, capaz de, pelo pensamento, perceber o eterno devir (vir a ser) da realidade-pensamento. O método adequado para a percepção da realidade-pensamento é a **dialética**, que se desenvolve em três momentos: tese, antítese e síntese. Consideremos que a realidade-pensada "transporte por carroças puxadas por cavalos" era uma tese, um conhecimento válido para o transporte, que excluía, por exemplo, a possibilidade de "transporte por veículo automotor". Quando se propôs "transporte por veículo não puxado por cavalos", lançou-se uma antítese, uma contraposição. Dali poderia ter surgido qualquer nova realidade--pensada. Surgiu "transporte por veículo automotor", uma síntese, que por sua vez será uma tese (uma realidade pensada como válida), até que a ela se oponha outra antítese. Dessa forma, a tese é o momento da realidade-pensamento em si mesma, isto é, a afirmação da validade de uma parte da realidade-pensamento, e a consequente negação de outras partes. A antítese é o momento em que qualquer parte da realidade-pensamento, excluída pelo momento anterior, é também afirmada. A síntese é o momento de união entre as duas possibilidades de realidade-pensamento anteriores. O processo tese-antítese visa eliminar as imperfeições das duas possibilidades anteriores e conservar, agora juntos, os elementos positivos ali encontrados. A nova posição se colocará então como tese... e o ciclo novamente se fará, aumentando gradativamente o conhecimento do sujeito a respeito da realidade. Esse ciclo é otimista, pois sugere que novos conhecimentos melhoram sempre a ação.

Leia mais sobre Georg Wilhelm Hegel na seção *Comentários adicionais*.

PIAGET: EXPERIÊNCIA PESSOAL

No século XX, duas teorias chamam a atenção para a relação integrada entre sujeito e objeto, na produção do conhecimento: a teoria psicogenética, de **Piaget**, e a teoria fenomenológica, de **Husserl**.

Leia mais sobre Edmund Husserl e Jean Piaget na seção *Comentários adicionais*.

Segundo Jean Piaget, o contato inicial com o objeto se dá por meio da percepção do sujeito. A percepção é uma experiência dupla: de um lado, depende das características do estímulo que vêm do objeto e que ativam os sentidos; de outro, depende das experiências sensoriais, afetivas, racionais, sociais etc., já vivenciadas pelo sujeito. Tais experiências constroem no sujeito a capacidade para dar significação a objetos que, por si mesmos, são fixos, estáveis e ordenados segundo leis físicas próprias.

Farrell Grehan/Corbis/LatinStock

Jean Piaget em foto de 1975.

Um exemplo que pode ajudar a entender isso é o que ocorre com o bebê, acostumado a mamar no peito da mãe, ao receber a primeira mamadeira: ele é estimulado pelo contato físico com o novo objeto – a mamadeira – e age sobre ele para se adaptar (uma vez que não é possível lhe dar uma explicação técnica sobre o ato de mamar). Ao fazer isso, o bebê está reorganizando os conhecimentos já adquiridos sobre o ato de sugar (talvez seja necessário fazer mais força, abrir mais a boca) e incorporando novos dados referentes à experiência.

O conhecimento constrói-se, então, pela atividade do sujeito sobre o objeto, dando-lhe propriedades e relações novas. Ainda que estimulada a partir do contato sensível com o objeto, a percepção inclui elementos intelectuais anteriores, pertencentes ao sujeito, pois transita do nível sensorial para o nível das significações, por meio da atividade intelectual do sujeito cognoscente. O conhecimento é, portanto, uma experiência pessoal, uma vez que, diante do mesmo objeto, sujeitos distintos se apresentariam com experiências distintas, que ensejariam a construção de conhecimentos diferenciados.

HUSSERL: OS FENÔMENOS

Edmund Husserl, por sua vez, afirma que há diferenças entre o objeto e "aquilo que aparece do objeto" para o sujeito. O objeto (real ou ideal) que aparece à consciência de um sujeito é o **fenômeno**. Fenomenologia é o método pelo qual podemos descrever os fenômenos.

Em sua teoria fenomenológica, Husserl explica que o conhecimento resulta de três momentos:

1. o sujeito sai de si e entra na esfera do objeto;
2. o sujeito capta as características apresentadas pelo objeto (o fenômeno) como algo fora do sujeito e, por conseguinte, desprovido ainda de qualquer interpretação que o sujeito lhe possa dar;
3. o sujeito retorna a si, trazendo as características captadas do objeto, reproduzindo-as em si na forma de **imagem**. O objeto permanece aquilo que era. O sujeito, entretanto, mostra-se agora modificado pela imagem do objeto que nele nasceu.

Nesse primeiro contato, todavia, o sujeito tem apenas a imagem do objeto, chamada **consciência direta** ou **de primeiro grau**. Não tem ainda consciência do próprio conhecimento. É necessária uma segunda atividade, a **atividade reflexa** ou **de segundo grau**. Nela, a imagem do objeto é inserida no conjunto significativo já possuído pelo sujeito e recebe um sentido, um significado. O segundo grau de atividade, a consciência reflexa, prepara o sujeito para agir em relação ao objeto.

Conhecer é, portanto, atividade **de um sujeito para um objeto**. Resume-se no ato pelo qual o sujeito capta um fenômeno, faz dele uma imagem e dá a essa imagem uma significação.

Tipos de conhecimento

O sujeito (o homem) dispõe de três maneiras básicas de conhecer o objeto. Elas se diferenciam pela forma como o sujeito tem acesso às propriedades do objeto: se pelos sentidos (conhecimento sensorial ou empírico), pelo raciocínio (conhecimento lógico ou intelectual) ou pela crença (conhecimento de fé). Afinal, o conhecimento é a porção de realidade que o sujeito consegue perceber, utilizando-se das ferramentas que possui no momento.

CONHECIMENTO SENSORIAL OU EMPÍRICO

Como ocorre com qualquer outro animal, o primeiro contato do homem com a realidade se dá pelos cinco sentidos. Na verdade, as cores dos objetos por nós percebidos resultam do bombardeio que partículas do objeto, "viajando" em ondas, fazem sobre nossa retina. O som que ouvimos são ondas que deslocam o ar e impressionam nossos tímpanos. O calor e o frio dependem de movimentos mais ou menos acelerados de moléculas em contato com a superfície de nosso corpo. Isso equivale a dizer que visão, olfato, audição, tato e paladar "sentem" as propriedades dos objetos. Sentindo os objetos, conhecemos o verde da árvore, o ruído do avião, o cheiro da pipoca, o gosto do café, a maciez do algodão.

O universo dos objetos físicos é, pois, conhecido pela sensação de suas características. O sujeito cognoscente estabelece com eles uma relação física, apoderando-se de suas propriedades sensíveis.

"Sou um guardador de rebanhos.
O rebanho é os meus pensamentos
E os meus pensamentos são todos sensações.
Penso com os olhos e com os ouvidos
E com as mãos e os pés
E com o nariz e a boca.

Pensar uma flor é vê-la e cheirá-la
E comer um fruto é saber-lhe o sentido.

Por isso quando num dia de calor
Me sinto triste de gozá-lo tanto,
E me deito ao comprido na erva,
E fecho os olhos quentes,
Sinto todo o meu corpo deitado na realidade,
Sei a verdade e sou feliz."

Alberto Caeiro (heterônimo). In: PESSOA, Fernando. *O guardador de rebanhos e outros poemas*. São Paulo: Landy, 2006.

CONHECIMENTO LÓGICO OU INTELECTUAL

Diferentemente de outros animais, o homem consegue ultrapassar os dados captados pelos sentidos. Se for oferecido um mesmo bife em formato triangular a um cachorro e a um homem, ambos "perceberão" a carne, mas só o homem prestará atenção a sua forma triangular. Em outras palavras, o homem tem a capacidade de abstrair, de conservar imagens dos objetos que apreendeu, mesmo sem tê-los mais presentes. E mais: dos objetos o homem pode captar apenas as características essenciais, não considerando as qualidades secundárias próprias de cada ser. Por exemplo: a imagem ou conceito que temos de cavalo não traz as cores nem as peculiaridades de cada indivíduo da espécie equina. A partir de imagens, o homem raciocina, combinando-as e tirando conclusões.

A combinação dos dados possibilita analisar, comparar, articular e unir, gerando conceitos, definições e leis indispensáveis ao entendimento (e consequente utilização) da realidade. É pelo raciocínio que percebemos o conjunto dos objetos formais, como as figuras geométricas, os números, a relação causa-efeito, a gravitação dos corpos etc.

Coleção particular

Solidão (1944), de Edward Hopper. O conhecimento permite ao homem expressar suas ideias por meio de diferentes linguagens. Este quadro é formado por elementos que, isolados e sem a ação do raciocínio, não nos dariam a ideia de solidão.

Combinando dados, descobrimos que "a soma dos quadrados dos catetos é igual ao quadrado da hipotenusa", que "$E = mc^2$", ou seja, energia é igual à massa vezes a velocidade da luz ao quadrado, e que "dois pontos materiais se atraem à distância com forças cuja intensidade é diretamente proporcional ao produto de suas massas e inversamente proporcional ao quadrado da distância que os separa".

Ao conhecimento que vai além do que nossos sentidos percebem chamamos lógico, ou intelectual.

CONHECIMENTO DE FÉ

Há objetos da realidade cujas propriedades escapam tanto a nossos sentidos quanto a nosso raciocínio, impedindo que deles tenhamos dados empíricos ou dados intelectuais mais seguros. Não podemos, por exemplo, saber o que se passa exatamente na cabeça do outro, o que ele realmente está pensando, nem o que está sentindo. Também não sabemos com certeza o que acontece conosco após nossa morte biológica.

Como lidamos com essas realidades? Acreditando na opinião de terceiros. A crença consiste na aceitação dos dados na forma como outras pessoas os propõem.

Crer é aceitar informações da forma como o outro as propõe.

Quando pergunto a alguém: "O que você pensa sobre mim?", nunca terei certeza daquilo que a pessoa realmente pensa: só posso acreditar no que ela me diz. Quando digo que "após a morte, vou para o céu", estou aceitando um dado que me foi transmitido por uma religião, na qual eu acredito.

O conhecimento de fé baseia-se, pois, na autoridade de terceiros. Constitui um voto de confiança no que os outros afirmam. Por isso, os conteúdos de fé não são objeto nem da filosofia nem das ciências, uma vez que ambas se fundamentam apenas em dados racionais.

O alcance do conhecimento

Conhecemos pelos sentidos, pelo raciocínio e pela crença. Qual desses conhecimentos julgamos mais verdadeiro? Qual deles é o mais objetivo? Qual deles nos dá maior certeza? **René Descartes**, importante filósofo francês do século XVII, pôs em dúvida as certezas de todos os conhecimentos.

Leia mais sobre René Descartes na seção *Comentários adicionais*.

Museu do Louvre, Paris.

René Descartes retratado por Frans Hals.

Na obra *Discurso do método*, Descartes relata a sua experiência:

> "[...] porque os nossos sentidos nos enganam às vezes, quis supor que não havia coisa alguma que fosse tal como eles nos fazem imaginar. E, porque há homens que se equivocam ao raciocinar, mesmo no tocante às mais simples matérias de Geometria, e cometem aí paralogismos, rejeitei como falsas, julgando que estava sujeito a falhar como qualquer outro, todas as razões que eu tomara até então por demonstrações. E enfim, considerando que todos os mesmos pensamentos que temos quando despertos nos podem também ocorrer quando dormimos, sem que haja nenhum, nesse caso, que seja verdadeiro, resolvi fazer de conta que todas as coisas que até então haviam entrado no meu espírito não eram mais verdadeiras que as ilusões de meus sonhos. Mas, logo em seguida, adverti que, enquanto eu queria assim pensar que tudo era falso, cumpria necessariamente que eu, que pensava, fosse alguma coisa. E, notando que esta verdade: *eu penso, logo existo* era tão firme e tão certa que todas as mais extravagantes suposições dos céticos não seriam capazes de a abalar, julguei que podia aceitá-la, sem escrúpulo, como o primeiro princípio da Filosofia que procurava."
>
> DESCARTES, R. *Discurso do método*. São Paulo: Nova Cultural, 1987. p. 25-62. (Os pensadores).

Todos os tipos de conhecimento nos deixam muitas dúvidas, ao lado de algumas certezas. Mesmo sendo bem-aparelhado, o homem é limitado em sua capacidade de captar as reais propriedades dos objetos.

Inúmeras vezes, filósofos e cientistas proclamaram "Eis a verdade!", para logo em seguida serem contestados por novas descobertas e conclusões.

A objetividade do conhecimento depende da capacidade de percepção do sujeito, dos meios de que dispõe para ter acesso ao dado objetivo. Isso equivale a dizer que o conhecimento é limitado pelo "ponto de vista" do sujeito, pela maneira como os dados são vistos do ponto a partir do qual o sujeito o enxerga. Esse "ponto" pode ser geográfico, histórico, cultural, técnico, psicológico etc. Imagine as diferentes descrições "verdadeiras" que seriam dadas de uma onda do mar vista:

- por um homem a cinco metros dela;
- por um homem a dois mil metros dela;
- por um surfista sobre ela;
- por um homem deitado na areia da praia.

Qual dessas descrições mostraria a verdadeira onda? E note que só estamos questionando a verdade de uma simples descrição baseada nos sentidos...

Nosso entendimento da realidade, e sua consequente utilização, é lento e gradativo. São nossas limitações de conhecimento que um dia nos fizeram pensar que a Terra era o centro imóvel do Universo, que nossas neuroses e psicoses eram demônios e que o trovão era deus.

A história da ciência e da filosofia é testemunho fiel de nossas limitações. Não obstante, testemunham também todas as tentativas de superá-las. Percebemos, ao longo dos séculos, que a capacidade de entender a realidade e de bem utilizá-la a nosso favor aprimora-se à medida que melhoramos os meios de conhecer suas propriedades. Por isso, a ciência dedica grande parte de seu esforço à melhoria técnica dos instrumentos que auxiliam o alcance e a precisão com que captamos as propriedades dos objetos físicos. Isso nos possibilita entender mais objetivamente o funcionamento e o consequente uso adequado do universo físico.

Galileu Galilei em gravura (1860) de H. Wyatt.

Coleção particular

Galileu Galilei foi o físico e astrônomo italiano que no século XVII provocou a celeuma com a Igreja católica sobre a movimentação dos corpos celestes. Ao tentar justificar matematicamente a teoria heliocêntrica de Copérnico – o Sol como o centro do Universo e a Terra girando em torno dele –, Galileu colocou frente a frente a religião e a ciência.

A questão levantada, que culminou com o processo da Inquisição contra Galileu, ia além do sistema heliocêntrico. O que estava em discussão era o método, o caminho para a verdade, para o conhecimento absoluto do mundo.

Na Bíblia, várias passagens afirmavam o movimento do Sol e a imobilidade da Terra, que seria o centro do universo. Mas, diante da pergunta "Como se conhecem os movimentos dos corpos celestes?", Galileu tinha uma resposta certeira: observando-os pelo telescópio. Na sua opinião, o caminho intelectual da verdade não era prerrogativa de teólogos. A Bíblia ensinava como chegar ao céu, mas não como os céus se moviam.

Galileu é o criador da ideia de experiência científica tal como existe em nossos dias. O seu processo de raciocínio combina a indução experimental e o cálculo dedutivo. Ser filósofo, para Galileu, significava não se limitar a construir sistemas rigorosos, mas puramente hipotéticos; ser filósofo significava procurar descrever a existência das coisas e como se desenvolvem os fenômenos naturais.

É assim que, nos últimos 350 anos de história da humanidade, constatamos que a Terra é um planeta; que o Sol é uma estrela média; que o Universo é bem mais abrangente que a Terra e o Sol; que os corpos biológicos são compostos de células; que todos os corpos físicos se formam e se sustentam em várias cadeias de átomos; que a luz é um fenômeno físico mensurável e controlável; que massa e energia são lados opostos da mesma moeda; que o homem não é só um animal racional, previsível e mensurável: dele também são as emoções e sentimentos que habitam seu subconsciente.

Entendendo certas leis do Universo, criamos auxiliares ou substitutos mecânicos e eletrônicos, como os telescópios, os microscópios, os raios X e o ultrassom, que ampliam consideravelmente nossa capacidade de ver. O computador que criamos é muito mais rápido e preciso que nosso cérebro para juntar e analisar certas informações; o poder de força, tração e resistência dos motores que inventamos é muito superior ao de nossa força muscular; veículos que produzimos nos levam por terra, ar e água, aonde jamais nossas pernas nos levariam.

Em todos os exemplos citados, nota-se maior entendimento dos mecanismos da realidade, a ponto de podermos modificá-los e até melhorá-los. Esse é o mundo diante do homem.

E o homem, que age no mundo e sobre o mundo? Dotado de consciência, ele também precisa saber como a realidade o afeta, o que o auxilia e o que o impede de realizar-se. Essa é a função da filosofia.

Um dos mais sofisticados microscópios inventados pelo homem chama-se microscópio de varredura por efeito túnel (*scanning tunneling microscope – STM*). Capaz de aumentar uma amostra em até 100 milhões de vezes, esse aparelho inaugura a ciência do infinitamente pequeno – a nanotecnologia (nanômetro = medida 1 milhão de vezes menor que 1 milímetro). Graças a ele é possível não só "enxergar" os átomos, como também manipulá-los. As pesquisas com o microscópio de efeito túnel permitirão aos cientistas construir supercomputadores de bolso e microssondas para percorrer o interior do corpo humano, além de gravar bibliotecas inteiras em superfícies da ordem de centímetros quadrados.

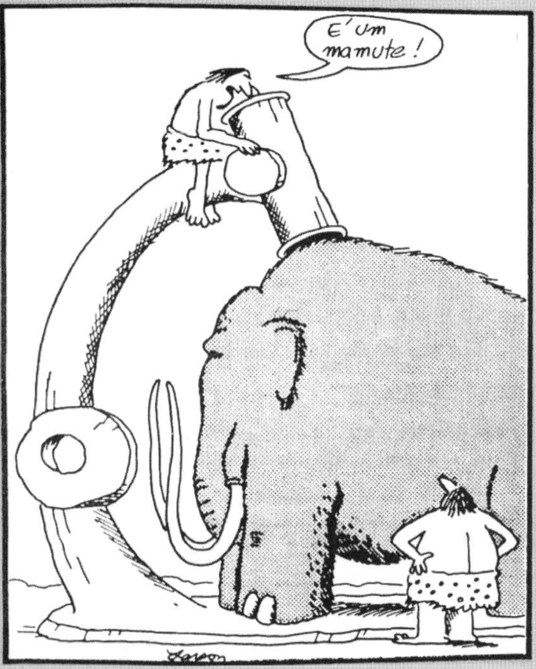

LARSON, Gary. *À procura do far side*. São Paulo: Cedibra, s/d.

Os primeiros microscópios.

A reflexão filosófica nos mostra a realidade não como um conjunto de mistérios que nos determinam, mas como uma série de ocorrências que podemos analisar, criticar, alterar, acolher ou rejeitar.

Se é fundamental possuirmos muitos dados sobre a realidade, mais importante ainda é saber o que fazer com eles. Essa é a diferença entre o **conhecimento** e a **sabedoria**.

Distorções do conhecimento

A validade de nossos conhecimentos é garantida pela correção do raciocínio. É correto o raciocínio cujas proposições expressam juízos (afirmações ou negações) válidos, **racionalmente fundamentados**.

São dois os modos de raciocínio: o **indutivo** e o **dedutivo**. O raciocínio indutivo parte de casos particulares para concluir uma verdade geral, ou universal. Veja este exemplo em que quatro proposições ou premissas particulares levam a uma conclusão geral:

O ferro conduz eletricidade.
O ouro conduz eletricidade.
O cobre conduz eletricidade.
A prata conduz eletricidade.
Logo, todos os metais conduzem eletricidade.

O raciocínio indutivo é amplamente utilizado pelas ciências experimentais. As leis científicas são generalizações feitas a partir da observação de casos particulares, visto ser impossível ao cientista realizar experiências concretas em todos os casos. Por essa razão, as leis das ciências são muito mais probabilidades lógicas do que certezas empíricas. A certeza dada pelo raciocínio indutivo aumenta à medida que o maior número possível de casos particulares seja empiricamente verificado.

O raciocínio dedutivo parte de uma lei universal, considerada válida para determinado conjunto, aplicando-a aos casos particulares desse conjunto. O que é verdade para determinado todo é igualmente verdade para as partes que o compõem. É o que se pode observar no exemplo seguinte.

Todos os homens são falíveis.
Einstein é homem.
Logo, Einstein é falível.

A verdade da conclusão do raciocínio dedutivo baseia-se na verdade contida nas proposições ou premissas. Se as premissas forem verdadeiras, a conclusão será forçosamente verdadeira.

O raciocínio, indutivo ou dedutivo, torna-se inválido ou ilegítimo quando sua argumentação é capaz de persuadir pelo efeito psicológico que causa, e não por sua correção lógica. A esse tipo de raciocínio chamamos **sofisma** ou **falácia**. Veja alguns exemplos:

- Já vimos Pelé na televisão, dizendo: "Tome Vitasay, a vitamina dos campeões de saúde".
  Ora, o que pretende esse comercial? Quem está tentando nos convencer? Pelé é médico ou bioquímico autorizado a recomendar vitaminas? Essa é uma falácia chamada **apelo à autoridade**. Usa-se o prestígio ou autoridade de alguém sobre determinada área (futebol, no caso) para afirmar ou sustentar uma posição em outra área (área da saúde). Convence-se pelo peso psicológico do prestígio ou da autoridade, e não pelo valor racional da argumentação.
- Certo ministro da Fazenda pretendia persuadir a nação da necessidade de arrocho salarial para controlar a inflação: "Como bem sabemos, a inflação (aumento geral dos preços) é o que corrói o poder de compra dos salários. Temos então que aumentar os salários. Mas, se aumentarmos os salários, teremos que aumentar os preços para pagá-los, o que aumentará a inflação".
  Ora, será que já foi demonstrado que a inflação tem como causa o aumento de salários?! Esse sofisma chama-se **círculo vicioso**. É usado na tentativa de provar uma conclusão com base num ponto de partida não demonstrado. Tanto um como outro são racionalmente improváveis.

- "A qualidade do ensino é ruim porque os professores são despreparados."
  Será que o despreparo do professor é realmente a causa da baixa qualidade do ensino? Será que tanto a baixa qualidade do ensino quanto o despreparo do professor não dependem de uma política educacional eficiente? Afirma-se que um fato é causa de outro, sem considerar que há um terceiro fato que causa os dois primeiros. Essa é a chamada falácia da **causa comum**.
- "A medicina é inútil. Meu pai gastou um rio de dinheiro com médicos e morreu doente."
  Observe que o caso do "meu pai" é um caso isolado, quase uma exceção. Racionalmente, não posso tomá-lo como base para qualificar toda a medicina. Essa falácia chama-se **generalização apressada** ou **indução viciosa**, porque conclui uma lei geral de um caso particular apenas.

- "Esse prisioneiro não agiu contra a lei. Afinal, prisioneiro não tem liberdade. Alguém sem liberdade está impedido de agir..."
  Para confundir o interlocutor, são utilizadas palavras que têm várias concepções, tais como "liberdade" e "agir". Mesmo estando preso, um homem pode agir contra a lei. Esse tipo de falácia chama-se **equívoco**, pois utiliza palavras equívocas (com vários sentidos).
- Parecida com a falácia anterior, temos a **anfibologia**. Um exemplo famoso é o caso do general que consultou o oráculo sobre sua próxima batalha. Eis como se interpretou a resposta do oráculo:
  "Irás. Voltarás. Não morrerás ali."
  Mas o general morreu na batalha, e conta-se que a previsão do oráculo realmente era:
  "Irás. Voltarás? Não. Morrerás ali!"
  Essa falácia consiste em utilizar frases ambíguas que podem levar a uma interpretação falsa.

Oráculo: resposta que os deuses davam às perguntas que lhes eram dirigidas, segundo crença da Antiguidade. O termo também designava o local em que a consulta se realizava. O mais famoso era o Oráculo de Delfos, da Grécia Antiga. Também se designava oráculo a divindade consultada ou sacerdote que transmitia a resposta dos deuses.

- Outra falácia comum ocorre quando se considera como causa de um acontecimento um fato ou fenômeno que apenas o antecedeu, sem relação constatada de causa e efeito entre eles. Chama-se falácia da **falsa causa**. Veja:
  "Bom, ele só tinha que bater o carro. Ainda hoje de manhã, ao sair de casa, cruzou com o gato preto da vizinha e passou duas vezes debaixo da escada..."
  Ora, alguma vez alguém já demonstrou que encontrar um gato preto ou passar debaixo de escada realmente dá azar?

- "Você jamais será feliz. Felicidade não existe."
Essa falácia chama-se **petição de princípio**. Quem já demonstrou ou pode demonstrar a inexistência da felicidade? Estaríamos dando como certo algo que na verdade é duvidoso e que deveria ser demonstrado.
- "Não há nenhum registro oficial de transmissão de Aids em consultório dentário. Por isso, não existe perigo de contaminação."
Aqui está sendo afirmado que ninguém corre o risco de contrair Aids no consultório dentário, com base no fato de que ninguém ainda a contraiu, oficialmente, dessa maneira. Na verdade, o argumento não esclarece racionalmente se esse contato é perigoso. Apenas considera que não é perigoso porque ignora se é ou não. Por isso, essa falácia chama-se **apelo à ignorância**.
- Durante uma negociação salarial, diz sutilmente o patrão: "Bem, a proposta de salário até pode não ser alta. Mas há muitas pessoas desempregadas que trabalhariam por este salário".
Aqui tenta-se convencer não por argumentos racionais, mas pela ameaça (ou pela força). Esse sofisma chama-se justamente **recurso à força**.

- **Contra o homem** é o nome da falácia pela qual se ataca diretamente a pessoa, ou uma circunstância especial em que ela se encontra, com a finalidade de rebater sua posição ou afirmação. Veja:
"O que ele lhe contou sobre mim é mentira. O cara é um bêbado..."
Ora, o fato de o "cara" ser bêbado não invalida necessariamente o que ele disse.

- Um homem é acusado de roubo. O repórter policial pergunta: "Você está arrependido?". O cidadão desprevenido responde: "Bem, estou". E o repórter completa: "Então você confessa que roubou?".
Essa é a falácia da **pergunta complexa**, em que se utiliza a combinação de duas ou mais perguntas para confundir o interlocutor e levá-lo a responder o que dele se espera.

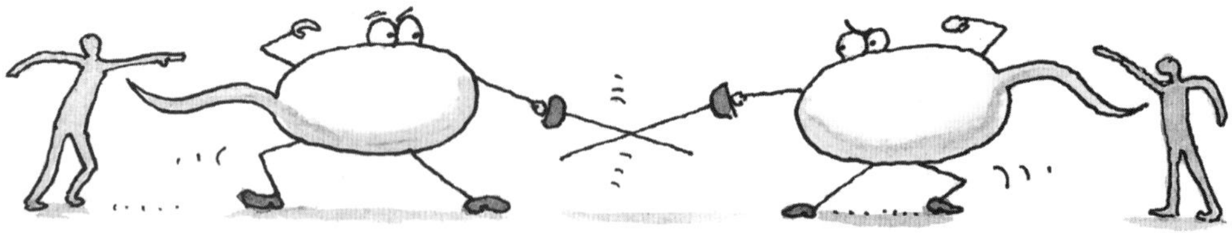

Como vimos nesses exemplos, a falácia constitui uma armadilha intelectual: mesmo corretos em sua forma de expressão (indutiva ou dedutiva), os dados utilizados nesse tipo de argumento são racionalmente duvidosos.

Falácias são comuns em nosso meio. Na convivência social, muitas são as armadilhas arquitetadas pelos que acreditam que "o que importa não são os fatos, mas sua versão". Para evitá-las, só mesmo o espírito crítico, preparado para distinguir os dados verdadeiros (porque racionalmente seguros) dos duvidosos ou falseados mas apresentados numa bela e colorida embalagem.

A grandeza do conhecimento

A racionalidade nos torna humanos e superiores aos outros seres. **Pascal** afirma que o homem é frágil, um grão de matéria no universo, mas esse "quase nada" pensa, raciocina, conhece.

> "O pensamento faz a grandeza do homem. [...] O homem não passa de um caniço, o mais fraco da natureza, mas é um caniço pensante. Não é preciso que o universo inteiro se arme para esmagá-lo: um vapor, uma gota de água, bastam para matá-lo. Mas, mesmo que o universo o esmagasse, o homem seria ainda mais nobre do que quem o mata, porque sabe que morre e a vantagem que o universo tem sobre ele; o universo desconhece tudo isso."
>
> PASCAL, Blaise. *Pensamentos*. São Paulo: Nova Cultural, 1988. p. 123-124. (Os pensadores).

Leia mais sobre Pascal na seção *Comentários adicionais*.

A importância do conhecimento é incomensurável. Vamos discorrer mais um pouco sobre ele.

CONHECER PARA SATISFAZER A CURIOSIDADE

É o espanto, a surpresa perante o novo que desencadeia nossa atividade intelectual. Começamos a pensar quando estamos diante do não familiar, do estranho. Como seres racionais, impõe-se a nós a necessidade de entender, de ter uma explicação.

Essa necessidade já se faz sentir na conhecida curiosidade infantil. Desde cedo, a criança quer saber o "quê", o "como" e o "porquê" das coisas. E carregamos essa curiosidade conosco a vida toda.

Negar respostas aos homens é desrespeitá-los em sua própria natureza. A ignorância é talvez a raiz de todos os outros males, porque fere o homem no que lhe é mais específico: a racionalidade. Daí a gravidade social do descaso pela educação: ele impede a democratização do conhecimento, o acesso à consciência das condições de vida dos indivíduos e de como melhorá-las. Daí também a grande injustiça social representada pela manipulação das informações, pela massificação dos meios de comunicação, que tiram do indivíduo o direito de livre escolha, já que ele fica sem condições de optar corretamente.

Como seres racionais, cabe-nos o direito de possuir dados objetivos para analisar. Nosso comportamento não pode ser a simples manifestação do que nos condicionam a responder, como acontece com o cachorrinho usado nos experimentos de Pavlov.

Ivan Pavlov (1849-1936), fisiologista russo, ficou famoso por seus estudos sobre reflexo condicionado, em que a experiência típica consiste em tocar uma campainha (estímulo) no momento em que se dá alimento ao cachorro. Isso se repete por várias vezes (pelo menos trinta), até que o simples toque da campainha – sem a presença do alimento – é suficiente para provocar a secreção salivar (reflexo) no cachorro. Pavlov provou também que o reflexo ocorre mesmo quando o estímulo é doloroso.

CONHECER PARA SE SENTIR SEGURO

O espanto perante o novo gera angústia, por não sabermos como nos afeta a realidade desconhecida. Observe como nos sentimos num ambiente estranho; como nos sentimos durante um primeiro encontro; como se sentem pessoas com "doenças incuráveis"; ou como nos sentimos em relação ao pós-morte. Nossa segurança psicológica baseia-se na posse de informações objetivas que nos permitam dominar a realidade à nossa volta.

A desinformação e a falta de incentivo ao conhecimento, à reflexão e à análise constituem a forma mais cruel de manter o homem e sociedades inteiras assustados e angustiados em sua ignorância.

Nessas condições, não há crescimento humano possível, pois o homem está encurralado e o papel de sujeito está vago! Infelizmente, há os que preferem manter o povo assim, acreditando que "gado assustado segue o chicote...".

CONHECER PARA TRANSFORMAR

Conhecer é, para o homem, uma questão de sobrevivência. Como vimos, os seres vivos, para sobreviver, em geral adaptam-se ao meio. Conhecendo o meio, o homem **adapta-se** a ele e o **transforma**.

Observe, por exemplo, a arte de morar. Nossos ancestrais, ao procurar uma proteção segura contra o vento, o sol, a chuva e o frio, começaram a fazer abrigos simples, à semelhança das casas do joão-de-barro.

Hoje, as casas humanas têm iluminação elétrica, água corrente (quente e fria), dezenas de andares, escadas e elevadores, paredes de aço e concreto, calefação central e ar refrigerado. A casa do joão-de-barro, porém, nem sequer tem portas! Tem permanecido inalterada ao longo das eras! O joão-de-barro não entende, não explica, não transforma: apenas adapta-se.

Fabio Colombini

O homem está sempre transformando seu meio, construindo obras cada vez mais arrojadas. Os animais, por sua vez, apenas se adaptam ao meio. Nas fotos, ninhos de joão-de-barro e vista frontal do Edifício Niemayer, em Belo Horizonte (MG).

Emídio Bastos/Opção Brasil Images

Maravilhosa racionalidade a nossa! Mas frustrada existência humana! Sim, pois a qualidade de vida dos homens melhora com as transformações que fazemos, invenções e recursos técnicos facilitam nossa vida, porém a maior parte da humanidade ainda não tem acesso aos bens mínimos necessários à vida.

Nossa marca no mundo

Visando à satisfação da curiosidade racional, à segurança psicológica e à necessidade de transformar o meio, as várias gerações de homens coletaram características e propriedades dos objetos que compõem nossa realidade, deixando sua marca interpretativa do mundo. Foram **técnicos**, **operários** e **artesãos** que ousaram improvisar e utilizar novas formas de colocar a realidade do universo a serviço do homem, criando, testando e aperfeiçoando instrumentos que facilitam a vida da humanidade. Foram **cientistas** que se debruçaram sobre a realidade para descobrir como ela funciona. Os cientistas nos ensinaram que a possibilidade de conhecer e utilizar a realidade é concreta, requerendo esforço e métodos apropriados. Foram **filósofos** que tentaram ir além de nossa experiência imediata de mundo, para descobrir o que é, de fato, a realidade e qual é o sentido da existência do ser humano. Os filósofos nos ensinaram o poder do conhecimento e das ideias e a importância do pensamento coerente e produtivo.

Como resultado dessa marca interpretativa, temos sociedades organizadas em diferentes instituições, leis e normas morais estabelecidas, programas de ensino e produção já implantados, religiões e credos estruturados. Enfim, um mundo pronto para uso e consumo. Mas será que isso nos dispensa de pensar e conhecer, entendendo e transformando a realidade?

Não. Se apenas usamos o já pensado e definido, estamos aceitando um mundo de "segunda mão", o mundo dos outros.

> *Quando aceitamos o já pensado e definido, estamos na verdade aceitando um mundo de "segunda mão".*

São inúmeras as pessoas que jamais se preocuparam com um fato terrível: suas vidas consistem na aceitação passiva de explicações já prontas, ofertadas pelas várias ideologias do meio social. Se apenas aceitamos as fórmulas prontas, estamos nos alienando e dando a outros o direito de pensar por nós. Ao nos acomodarmos e reproduzirmos o que nos mandam, estamos nos adaptando, admitindo o já pronto como melhor possível e renunciando à nossa capacidade de transformação.

Ideologia: conjunto fechado de ideias próprias de um grupo ou época e que traduzem uma situação histórica particular (leia mais no capítulo 7).

A indiferença perante o processo do mundo equivale à ignorância. Do ignorante e do indiferente, os "senhores da verdade" esperam apenas que sejam como o porco, a hiena e o canguru: um come, bebe e dorme; o outro sorri afavelmente na sociedade; e o terceiro junta as mãos em súplica...

Perspicácia (1936), de René Magritte. O pintor não se limita a reproduzir na tela aquilo que vê (o ovo). Vai além do que seus sentidos captam e faz um registro inusitado dessa realidade, superando-a.

"Quem julga que conhecemos tudo e que o conhecemos perfeitamente e que somos capazes de comunicar tudo o que conhecemos comete um exagero não menor e não menos falso que o dos céticos.

A verdade é que nas questões filosóficas nada é simples. Toda solução simples é uma solução falsa. E em geral é uma solução preguiçosa – como é o ceticismo que nos livra de todo o dever de investigação longa e árdua, porque para ele nada há para investigar.

A realidade é terrivelmente complexa, e a verdade sobre ela também deve ser terrivelmente complexa. Só por um trabalho longo e árduo pode o homem apropriar-se de uma parte dela, não muito, mas sempre alguma coisa."

BOCHENSKI, J. M. *Diretrizes do pensamento filosófico.* 6. ed. São Paulo: EPU, 1977. p. 25.

Roteiro de estudo

As perguntas a seguir referem-se aos principais tópicos deste capítulo. Elas podem ajudá-lo a estudar e rever todo o conteúdo apresentado. Ao respondê-las, você estará analisando e sintetizando as ideias expostas.

1. De acordo com o capítulo, qual é a tendência primeira dos organismos vivos em relação ao meio ambiente?
2. Quando podemos dizer que "possuímos" a realidade?
3. Quando o homem se torna o sujeito do conhecimento, e a realidade se torna o objeto?
4. Como você diferenciaria a explicação de Aristóteles e de Ockham para o conhecimento humano?
5. Por que se pode dizer que tanto a teoria psicogenética de Piaget quanto a teoria fenomenológica de Husserl consideram a relação integrada entre o sujeito e o objeto, na produção do conhecimento?
6. Como se diferenciam as três maneiras de conhecer?
7. O que é conhecimento sensorial ou empírico? Cite um exemplo.
8. O que é conhecimento lógico ou intelectual? Cite um exemplo.
9. O que é conhecimento de fé? Cite um exemplo.
10. Por que o conhecimento de fé não é objeto nem da filosofia nem das ciências?
11. Por que a ciência se dedica à melhoria técnica de instrumentos?
12. Qual é o papel da filosofia no processo de conhecimento?
13. O que diferencia conhecimento de sabedoria?
14. O que caracteriza o raciocínio correto?
15. Como se diferencia raciocínio indutivo de raciocínio dedutivo?
16. Em que se baseia a verdade dos raciocínios indutivo e dedutivo?
17. Por que o sofisma é uma armadilha?
18. A que necessidades o conhecimento satisfaz?
19. Por que numa sociedade é grave o descaso pela educação?
20. Qual é a forma mais cruel de manter uma sociedade assustada e angustiada?
21. Como o conhecimento favorece o crescimento existencial do homem?
22. Por que não devemos aceitar um mundo de "segunda mão"?

Para refletir

1. Releia o texto de Descartes na página 42. As perguntas abaixo vão ajudá-lo a seguir passo a passo o raciocínio do filósofo.

   a) O que Descartes está procurando?

   b) Por que Descartes rejeita os sentidos?

   c) O que Descartes rejeita a seguir e por quê?

   d) Por que os pensamentos até então tidos por Descartes como verdadeiros são também rejeitados por ele?

   e) Qual é a certeza a que Descartes chega nesse exercício de análise e rejeição?

2. Descartes fez seu exercício no século XVII. Com sua equipe, faça um exercício semelhante ao dele, avaliando sobre o que o homem pode ter certeza hoje, com base nos sentidos ou no raciocínio. Mudou alguma coisa?

3. Na sua opinião, a comparação de Pascal entre o homem e um caniço é válida? Responda e depois faça um desenho ou uma charge para ilustrar o pensamento de Pascal (não se preocupe com a qualidade do desenho; o que vale aqui é expressar a ideia).

4. Reflita sobre esta frase do filósofo **Hobbes**: "Conhecer é poder". Ela pode ter uma dupla interpretação, ou seja, um sentido positivo e outro nem tanto. Explique essas duas interpretações possíveis.

5. A filosofia e as ciências em geral resultam do esforço humano para desvendar a realidade. Você acha possível falar em verdade absoluta? Ou será que existe uma distância considerável entre o real e o conhecido?

6. "O pobre passa fome porque não trabalha."

   "O pobre não trabalha porque passa fome."

   Como você interpreta as duas afirmações?

Leia mais sobre Hobbes na seção *Comentários adicionais*.

Para ler e debater

Prepare-se para os debates lendo atentamente os textos. Reflita sobre as perguntas e anote seus argumentos para cada uma delas.

1. Como seres racionais, cabe-nos o direito de dispor de dados objetivos para analisar. Sabemos, por outro lado, que o conhecimento é limitado pelo "ponto de vista" do sujeito. Os dados que nos são passados pelo meio social (família, escola, Igreja, meios de comunicação etc.) são discutíveis?

2. "O que importa não são os fatos, mas sua versão."

Otto Lara Resende

1. Qual é a opinião de vocês sobre essa frase? Ela é válida?
2. A afirmação dessa frase é praticada em nosso meio? Traga um exemplo para o debate.

3. Muitas pessoas conduzem suas vidas pela aceitação passiva de explicações já prontas, renunciando ao direito de pensar por si mesmas. Outras não conseguem pensar por conta própria porque lhes faltam informações. Que consequências essas atitudes podem acarretar?

4. "A pressão psicológica é uma das formas mais interessantes de controle. Atua diretamente sobre os receptores, afetando sua capacidade de análise, para que recebam as mensagens da propaganda dentro de uma postura passiva e submissa.

As pessoas, em condições normais, ao receberem uma informação ou assistirem a um fato, procuram compreender a situação, analisar os prós e os contras, verificar se se trata de algo que lhes diga respeito diretamente e assim por diante. É o que se chama senso crítico. Todavia, em determinadas situações de envolvimento emocional, tensão nervosa, temor, cansaço físico e mental, os indivíduos tendem a ter o seu senso crítico diminuído. Nesses momentos, ouvem as afirmações ou assistem aos fatos sem avaliá-los, aceitando passivamente o que se lhes apresenta."

Garcia, N. J. *O que é propaganda ideológica.* 6. ed. São Paulo: Brasiliense, 1986. p. 57 (Primeiros Passos, 77).

1. "Vencer pelo cansaço" é uma forma válida de convencimento?
2. Compare uma situação em que você venceu pelo cansaço com outra em que você é que foi vencido pelo cansaço. Em que as sensações se diferenciam? Traga sua experiência para o debate.

5. "**Górgias de Leontino**, filósofo grego (século V a.C.), defendia três proposições:

1.ª) Nada existe.

2.ª) Mesmo que existisse alguma coisa, não poderíamos conhecê-la.

3.ª) Concedido que alguma coisa existe e podemos conhecê-la, não poderíamos comunicá-la aos outros.

Consta que o próprio Górgias não levou a sério suas proposições e muitos estudiosos a consideram um simples gracejo. Mas elas existem há 24 séculos e nos estimulam a refletir. Se o cético afirma que não se pode saber nada, então lhe perguntamos: como pode ele fazer tal afirmação? Está ele certo da verdade da sua proposição? Se está, uma coisa pelo menos é certa e cognoscível, e a afirmação de que nada pode ser conhecido é falsa. E se pode ser conhecida, então alguma coisa também deve existir. Narra-se que um cético grego, Crates, ao perceber isso, nada mais dizia, contentando-se em mover o dedo. Mas Aristóteles, o grande mestre do pensamento, notou que também para isso ele não tinha direito, porque o movimento do dedo exprime uma opinião e o cético não pode ter opiniões. Deve – dizia Aristóteles – ser como uma árvore; com essa é impossível discutir, porque nada diz."

BOCHENSKI, J. M. *Diretrizes do pensamento filosófico.* 6. ed. São Paulo: EPU, 1977. p. 33-7.

1. Por que a afirmação de que nada pode ser conhecido é falsa?

2. Por que um cético não pode ter opiniões?

3. É verdade o que diz o ditado popular "Quem conta um conto aumenta um ponto"? Será que nossa linguagem representa a realidade do fato?

Leia mais sobre Górgias de Leontino na seção *Comentários adicionais*.

Sugestões

Livros

Bastos, C. L.; Keller, V. *Aprendendo lógica*. Petrópolis: Vozes, 1991. Especialmente páginas 21-41.

Mondin, B. O problema gnosiológico. In: ______. *Introdução à filosofia*. São Paulo: Paulinas, 1981. Especialmente páginas 19-33.

Oech, R. von. *Um toc na cuca: técnicas para quem quer ter mais criatividade na vida*. São Paulo: Cultura, 1988.

Oliveira, A. S. de *et al*. Filosofia e tecnologia. In: ______. *Introdução ao pensamento filosófico*. 2. ed. São Paulo: Loyola, 1983. Especialmente páginas 171-201.

______. Filosofia da ciência. In: ______. *Introdução ao pensamento filosófico*. 2. ed. São Paulo: Loyola, 1983. Especialmente páginas 203-11.

Ruiz, J. A. Diferentes modos de conhecer. In: ______. *Metodologia científica para eficiência nos estudos*. São Paulo: Atlas, 1986. Especialmente páginas 85-110.

Silva, F. L. Teoria do conhecimento. In: Chauí, M. *et al*. *Primeira filosofia*. São Paulo: Brasiliense, 1986. Especialmente páginas 175-95.

Referências bibliográficas

Bochenski, J. M. *Diretrizes do pensamento filosófico*. 6. ed. São Paulo: EPU, 1977.

Cunha, J. A. *Filosofia: iniciação à investigação filosófica*. São Paulo: Atual, s.d. p. 23-74.

Descartes, R. *Discurso do método*. São Paulo: Nova Cultural, 1987. (Os pensadores).

Gomes, R. *Crítica da razão tupiniquim*. São Paulo: FTD, 1990.

Horkheimer, M.; Adorno, T. W. *Textos escolhidos*. São Paulo: Nova Cultural, 1989. (Os pensadores).

Kant, I. *Crítica da razão pura*. São Paulo: Nova Cultural, 1987. p. 25-172. (Os pensadores).

Mondin, B. *Introdução à Filosofia: problemas, sistemas, autores e obras*. São Paulo: Paulinas, 1981. p. 21 (Filosofia, 2).

3

Ética e política

"Os homens agem por necessidade ou por escolha, e a coragem sempre brilha mais intensamente quando a escolha é mais livre."

Maquiavel

O que vamos estudar neste capítulo

A ética na história

A consciência e a construção dos valores

Liberdade e responsabilidade

Os problemas da contemporaneidade

A ética na política

Ética como compromisso social e político

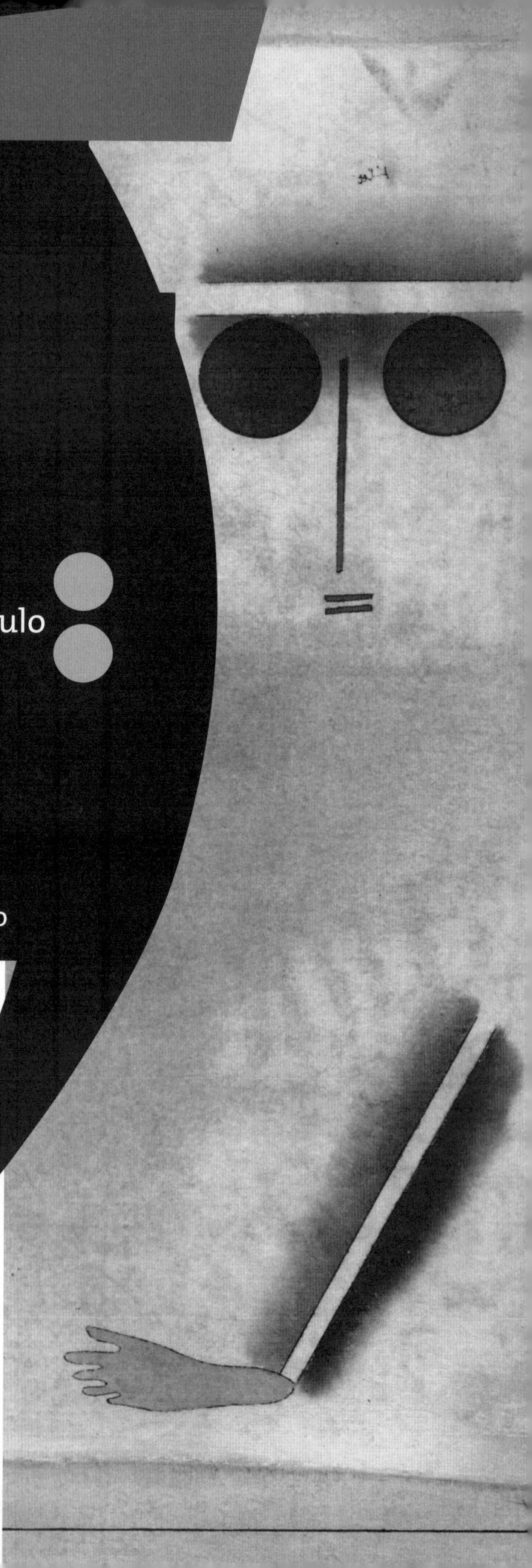

Tem cabeça, mão, pé e coração (1930), de Paul Klee.

A ética manifesta-se no momento em que os homens deixam de viver dispersos e começam a se reunir em grupos para melhor defender-se das intempéries e lutar pela satisfação de suas necessidades. No relacionamento comunitário, alguns se revelam mais corajosos que outros e passam a ser reconhecidos e respeitados como chefes. A experiência cotidiana mostrou que, além de corajosos, os chefes deveriam ser sábios e justos, ou seja, percebeu-se a necessidade de o governante ser virtuoso para bem governar.

Foi no âmbito das relações sociais que surgiu a questão do bem e do mal e se elaboraram as ideias de honestidade, fidelidade, liberdade e justiça. Consequentemente, instituíram-se leis para controlar e punir aqueles que não respeitassem os valores considerados bons para a convivência social. Desde a tradição grega, os valores morais foram objeto de reflexão, com a finalidade de conseguir uma organização social mais eficaz. Cada sociedade cria novas formas de relacionamento social, e as ideias de bem e de mal, de permitido e de proibido, são reinterpretadas conforme as necessidades da realidade vivida.

No cotidiano, o problema moral emerge da discussão de questões que não são apenas individuais, mas referem-se à política e a todas as instâncias do social. Mas o que é moral? O que é ética? Existe diferença entre as duas? O que podemos aprender com os filósofos a esse respeito?

A ética na história

Desde sua origem, a filosofia tem-se empenhado em esclarecer os fundamentos do comportamento moral e estabelecer os limites da responsabilidade de cada um, em cada circunstância histórica, no sentido da legitimidade e da aplicação das leis que orientam a vida moral. Essa atividade é desempenhada pela ética, que pode ser definida como o conjunto de reflexões sistemáticas sobre a moral, elaboradas no curso da história. Moral é o conjunto de normas que a sociedade elabora para regulamentar o comportamento dos indivíduos que compartilham a vida social. Por isso, a ética, que estuda os fundamentos da moral, não pode deixar de compreender o desenvolvimento histórico e social e as formas de sociabilidade ao longo da história, pois as doutrinas éticas só têm sentido dentro de um processo que constitui a história dos homens.

> *Moral é o conjunto de normas que a sociedade elabora para regulamentar o comportamento dos indivíduos que compartilham a vida social. Ética é o conjunto de reflexões sistemáticas sobre a moral, elaboradas no curso da história.*

Na filosofia antiga, por exemplo, os problemas éticos emergem precisamente no momento em que a política se organiza na forma democrática: o problema moral se vincula com os problemas do homem na vida pública, a partir da qual se elaboram as noções de liberdade e justiça, e se reflete na relação entre indivíduo e comunidade. Tanto para **Platão** quanto para **Aristóteles**, o homem bom e virtuoso é aquele que conduz sua vida e sua convivência com os outros seguindo as normas da justiça. Na *República*, ao refletir sobre a justiça, Platão procura entender a natureza dessa prática como um bem que se constrói na relação entre a dimensão pessoal e a dimensão política, isto é, no modo como os interesses de um indivíduo só se realizam como tal no âmbito da pólis.

Leia mais sobre Platão e Aristóteles na seção *Comentários adicionais*.

À medida que se alteram as relações políticas, também a reflexão ética se modifica: o estoicismo e o epicurismo, por exemplo, elaboram novas éticas que expressam um momento da vida política e da ruína dos Estados antigos, tanto que o problema moral deixa de ser relacionado à pólis para ser pensado no contexto da inserção do homem no cosmos ou no mundo natural, identificado como Deus pelos estoicos e entendido como estrutura de átomos pelos epicuristas.

Estoicismo: corrente filosófica fundada por Zenão no século IV a.C. Os estoicos buscavam os caminhos da realização pessoal. Para eles, a felicidade consiste no desapego dos bens materiais, na indiferença em relação à dor e aos prazeres. Nada desejar além do estritamente essencial, nada temer antecipadamente. É a sabedoria estoica.

Epicurismo: escola filosófica fundada por Epicuro em Atenas, em 306 a. C. Os filósofos reuniam-se em um jardim para refletir sobre a vida e o exercício moral para a libertação do homem. O objetivo era buscar a tranquilidade da vida por meio do filosofar.

O mundo cristão medieval, por sua vez, redefine a moral e subordina a reflexão filosófica aos princípios religiosos: a filosofia torna-se instrumento racional para esclarecer e justificar as verdades reveladas, e o homem, entendido como indivíduo isolado, deve aceitar que suas relações com a comunidade humana têm como pressuposto sua relação com Deus. Como a religião cristã coloca a causa do mal no próprio indivíduo, a ética toma uma nova dimensão no âmbito do projeto salvador do homem: a religião assimila a moral à medida que, para alcançar a felicidade eterna, o homem precisa superar os males deste mundo. O cristianismo influenciou o pensamento moderno mais do que se imagina, principalmente no modo de entender o indivíduo como isolado.

A época moderna introduz profundas alterações em tudo o que já se havia tentado ou produzido em termos de vida social e de conhecimento. A nova estrutura social e política firma-se no caráter emancipador da razão e configura o homem como aquele que é capaz de recriar o mundo e de reconhecer-se em sua criação. O homem, confiante e determinado, cujos sonhos ilimitados Goethe descreveu na figura do Fausto, procura realizar-se a qualquer preço e passa a reger sua vida por uma ética antropocêntrica, preocupada em esclarecer os limites da subjetividade e da autonomia pessoal. Renovam-se todos os conceitos que até então regiam a vida social, e os mais variados sistemas morais tentam compreender as novas práticas que se estabelecem no curso da vida moderna.

(**Fausto**: personagem da obra homônima de Goethe (1749-1832) que empenha a vida para conseguir poder.)

Alguns aspectos históricos precisam ser considerados para que se entendam as mudanças que a ética sofreu no período que abrange os séculos XVII a XIX. A grande revolução científica que ocorreu no período chamado Renascimento abre caminho para um novo modelo de interpretação da realidade fundado na matemática, que influencia as reflexões filosóficas. Formam-se os novos grandes centros urbanos, nos quais se redefine a atividade do sujeito e se organiza a sociedade civil burguesa como a esfera da autonomia pessoal e privada. Perde-se a experiência de vida coletiva e as relações políticas se modificam na nova esfera pública, que se funda na autonomia e na decisão de indivíduos isolados e, muitas vezes, dispersos entre si.

Palácio Medici-Riccardi, Florença

Detalhe de *O cortejo dos reis magos* (1459-1461), de Benozzo Gozzoli. Neste afresco sobre a procissão dos reis magos, foram retratados membros da família Médici. As novas relações vividas na sociedade burguesa permitiram que os novos-ricos aparecessem nas pinturas, o que anteriormente não se podia sequer imaginar, pois a arte incluía-se no ritual sacro.

Essa nova realidade histórica transforma a compreensão que os homens têm de seu corpo, de sua sensibilidade, de sua razão e de sua vontade. Consequentemente, também altera a moral. O indivíduo torna-se agora o centro da vida moral, cuja expressão encontra-se na filosofia de **Kant**, na qual o homem é ativo e criador, orientando sua vida com a clareza de sua consciência e com o conhecimento das normas morais, cuja obediência é também a condição da liberdade.

Kant prenuncia a época em que o homem deve emancipar-se de todas as tutelas para tornar-se legislador de si próprio. Como ser racional autônomo, não deve obedecer a não ser às leis que lhe são determinadas por sua consciência moral. A razão é legisladora universal, ou seja, é o homem que cria e reconhece as leis, e só assim se submete a elas. O homem não é, pois, orientado pelo exterior, e sim pela razão, que deseja realizar o bem, a justiça, a virtude.

Leia mais sobre Kant na seção *Comentários adicionais*.

> *"Duas coisas me enchem a alma de admiração: acima de mim o céu estrelado e, dentro de mim, a lei moral."*
>
> KANT

O século XIX viu florescerem outras filosofias, que fizeram a crítica às éticas que se concentravam na consciência ou na sensibilidade do indivíduo. Essas novas filosofias acentuavam a interação entre o individual e o social no processo de criação da vida humana. Marx, por exemplo, baseando-se em vários referenciais filosóficos, econômicos e históricos, que lhe davam outra perspectiva da realidade, defendeu que é a partir de sua existência social que os homens formam seu modo de pensar ou sua consciência, isto é, a consciência é produto social, visto que somos seres históricos.

Leia mais sobre Marx na seção *Comentários adicionais*.

Nossa individualidade se firma à medida que reconhecemos nossas raízes sociais e históricas; fazem parte dessa afirmação o trabalho, o lazer e o descanso, o modo como interagimos com os outros e com o meio em que vivemos, as formas de comunicação que criamos a cada nova situação. Temos em nosso cotidiano elementos das sociedades mais antigas misturados com conhecimentos gerados pela mais avançada modernidade. Conhecer-se é reconhecer-se como ser histórico, é entender-se como historicamente determinado. É a partir desses pressupostos que se elabora a ética.

Como um ser social, o homem produz as condições de sua existência, transforma a natureza e se transforma continuamente, construindo sua humanidade no conjunto de relações sociais, as quais incluem tanto as relações de produção quanto o modo de pensar, do qual faz parte a moral.

> *"Aquela ingênua confiança de que o indivíduo podia desenvolver-se livremente, inclusive fora de qualquer comunidade, e de que o interesse individual é um bom condutor para a liberdade individual, foi se tornando cada vez mais problemática."*
>
> AGNES HELLER

O século XX teve de repensar a ética, para enfrentar tanto o problema moral no contexto das contradições da sociedade capitalista quanto as desilusões geradas pelo fracasso prático das experiências socialistas. A ética passou a abranger uma série de outros problemas criados pelo modelo social e tecnológico vigente: a questão ambiental, o problema da justiça e da equidade, as possibilidades da transgenia tratada nas teorias bioéticas, a questão da comunicação etc.

(**Transgenia**: biotecnologia que se caracteriza pela manipulação genética de alimentos para produzir com mais qualidade e em grande quantidade. A grande polêmica é que não se conhecem ainda os impactos de tal prática na natureza.)

Hoje, mais do que nunca, falar de valores implica entender que o problema moral se inclui na reflexão mais ampla sobre o cotidiano social, isto é, o homem fazendo-se nos relacionamentos e nas práticas sociais e históricas. Na sociedade contemporânea, esse fazer-se pressupõe sua inserção na divisão social do trabalho e o modo como se constroem as relações de classe.

Rijksmuseum Vincent van Gogh, Amsterdã

Os comedores de batatas (1885), de Van Gogh. A família camponesa, em torno da mesa, divide o alimento. Esta forma de reunião continua sendo, nos dias atuais, o principal momento de encontro e convivência.

Um dos princípios que fundamentam a vida social na sociedade atual é a autonomia do indivíduo que, isolado do conjunto, é responsabilizado por suas ações. Na verdade, porém, a ação individual é regida por valores que foram socialmente elaborados e formam a maneira de pensar e interpretar o mundo. O modo de produção capitalista cumpre objetivos econômicos e sociais que interferem na construção dos valores. Por isso, a ética não se refere apenas ao individual, mas precisa ser entendida no contexto das relações sociais e políticas.

Assim, no âmbito da sociedade capitalista, a dimensão axiológica da vida humana se concretiza no imperativo de acabar com toda e qualquer situação de degradação e abandono, resultantes de um processo de dominação. Os valores fundamentais da vida humana, como liberdade e justiça, só poderão se concretizar quando a fome, a miséria, a doença, fruto das desigualdades sociais geradas no modo de produção capitalista, forem superadas, o que implica relacionar, nos dias atuais, a ética com a política.

Axiológico: referente à **axiologia**, área da filosofia que estuda os valores.

A consciência e a construção dos valores

O que é um valor? Na definição da filósofa Agnes Heller, é tudo o que orienta nossa vida e contribui para o enriquecimento das qualidades que nos caracterizam como seres humanos: trabalho, sociabilidade, consciência, liberdade etc.

Os valores são construídos na experiência vivida pelo homem em suas relações com a natureza e com os outros, isto é, a ética apresenta-se como uma dimensão eminentemente prática da filosofia. Os valores que orientam os comportamentos individuais são produto da práxis social. Dessa forma, os costumes e a conduta humana variam de acordo com a época histórica e com as sociedades. Todo ato se insere num conjunto de relações e supõe a necessidade de uma escolha entre possibilidades, bem como a análise das consequências que o ato poderá gerar nas condições escolhidas. Ao decidir, orientamos nossa ação por um **valor**, isto é, optamos por algo mais útil, melhor, belo, justo etc. A ação nos aparece, então, subordinada a normas que foram criadas pela sociedade. Mas nem todos os valores têm um significado moral. São valores morais aqueles que se referem ao bem, à justiça, à honestidade, e todas as ações que caracterizam alguma virtude. Esses valores são vividos e ensinados no cotidiano e passam a fazer parte da individualidade de cada um.

São valores morais os que se referem às ações conscientes e livres cujos resultados podem ser avaliados como bons ou como maus para um indivíduo ou um grupo social.

Práxis: relação ou unidade entre teoria e prática. Entende-se por filosofia da práxis a filosofia que relaciona o pensamento com o movimento histórico social; essa filosofia também recebe o nome de *materialismo histórico*.

A norma moral é interiorizada no processo de educação, e o sujeito cumpre os preceitos por convicção interna ou apenas pelo temor da avaliação pública expressa na aprovação ou desaprovação. Formar uma opinião e uma vontade livres implica a compreensão clara das relações sociais a partir da família, da escola e dos grupos sociais, dos quais fazemos parte e que nos ajudam a amadurecer na troca permanente de informações.

Patrick Baz/AFP

Muçulmanas fazem fila para votar nas eleições parlamentares da Palestina em Gaza, em 2006. Os costumes religiosos expressam valores e traduzem hábitos sociais e culturais que dão especificidade a cada sociedade.

> *"Os homens deliberam, cada qual na sua esfera, sobre as coisas que se julgam capazes de fazer."*
>
> ARISTÓTELES

A sociedade contemporânea, em suas práticas, demonstra que a base de apreensão do problema moral está na compreensão da estrutura socioeconômica, que é o pressuposto para a formação de concepções de mundo. Desse modo, não há uma moral geral, mas morais vividas por classes sociais, tanto que numa sociedade podem coexistir várias morais.

Todo processo de mudança implica a crítica tanto da estrutura sociopolítica quanto da concepção de mundo fragmentária que constitui o senso comum. No processo de transformação social, a moral também se transforma: novas regras de conduta e de relacionamento entre os indivíduos certamente nascem no curso de um processo de mudança das relações econômicas, sociais e políticas.

Liberdade e responsabilidade

> *"A liberdade é uma categoria central da ética."*
>
> • AGNES HELLER •

Para que uma ação tenha conotação moral, precisa realizar-se num contexto de valores. A escolha, por sua vez, deve ser livre, e uma escolha livre traz consigo a responsabilidade. Essa questão é complexa: um comportamento moral é avaliado como tal segundo normas que orientam a ação e conforme as condições concretas em que ela acontece. Exemplo: roubar é um ato reprovável do ponto de vista moral, mas as condições miseráveis podem levar a roubar para sobreviver. Nesse caso, confrontamos dois valores, a propriedade privada e a vida, e temos que decidir qual consideramos maior.

As condições concretas podem atenuar o ato e diminuir a responsabilidade do agente: a cleptomania, por exemplo, é um atenuante no caso de roubo. Para que a responsabilidade seja plenamente atribuída ao agente, é preciso que ele não ignore nem as circunstâncias nem as consequências de sua ação, ou seja, é necessário que seu comportamento seja consciente, assim como é fundamental que sua conduta seja livre, vale dizer, seja fruto de sua vontade, e não de alguma forma de coação externa. A ignorância exime da responsabilidade moral, porque só podemos responsabilizar o sujeito que escolhe, decide e age conscientemente, mas exime apenas quando o sujeito não for responsável por sua ignorância, ou seja, quando se encontra na impossibilidade subjetiva (criança, doente) ou objetiva (motivos sociais e históricos) de ser consciente de seu ato.

O sujeito que decide e age não o faz apenas motivado por seus interesses individuais, mesmo que não se dê conta disso. Suas ações contêm as influências de todas as relações que vive no cotidiano e de todas as vidas que o circundam, que são fruto de um processo social e histórico. Assim, insere-se em um conjunto de relações que lhe são dadas e sobre as quais opera, alterando, conservando ou modificando, com sua decisão, o processo em curso. É o conjunto dessas relações que gera a escolha e concretiza a liberdade.

Ao reconhecer-se como um ser livre, o indivíduo entende também que sua liberdade não é individual, mas algo que se constitui em sua convivência e em sua inserção social. Conquistar a liberdade individual implica construir a autonomia histórica do grupo social do qual participa.

SIAE

Ícaro (1947), de Matisse. Às vezes, o desafio é a única saída para a liberdade. Leia a história de Ícaro no início do capítulo 10.

Os problemas da contemporaneidade

Existem escolhas que nos envolvem individualmente e outras que nos tornam responsáveis pelo futuro das gerações. No modo de produção capitalista, que se concretiza por meio da exploração tanto da força de trabalho quanto de recursos naturais não renováveis, a questão ética e política, expressa no princípio de responsabilidade, implica o problema da conservação dos meios de existência do planeta e da espécie humana. E essa questão envolve cada indivíduo, no lugar em que se encontra no contexto das relações sociais: a indiferença também é uma escolha, e qualquer que seja nossa atitude estamos comprometidos. Por isso, em tempos de fim das grandes utopias, quando parece não haver alternativa ao capitalismo, torna-se urgente questionar esse sistema que põe em risco o futuro das gerações. Esse é um dos sentidos da relação entre ética e política.

Perguntar pela liberdade no âmbito moral significa perguntar sobre o que somos, o que fazemos de nossa vida no contexto em que estamos inseridos, se temos possibilidade de agir conscientes das determinações que interagem com nossa vontade – enfim, se somos donos de nosso destino. E esse destino não é individual, mas social, visto que nas condições atuais da sociedade é de nossas ações e iniciativas que dependem a preservação e a renovação da vida.

A ética na política

Se a ética tem uma natureza social, como enfrentar o problema ético no âmbito da política? Do ponto de vista das morais que colocam o problema moral acima dos conflitos sociais, este aparece como um fato de consciência individual, cujas bases se firmam na natureza humana ou na existência de Deus. A separação entre a **sociedade política** como instância do **público** e a **sociedade civil** como o lugar dos **interesses privados** e do **livre mercado** dá sustentação a um modo de pensar que torna a moral algo posto nos limites do privado como esfera dos indivíduos isolados, como sujeitos que decidem a partir de suas preferências por determinados valores.

Dessa perspectiva liberal, pode-se dizer que política e ética se excluem porque a primeira se refere ao Estado e a segunda, ao indivíduo particular.

Do ponto de vista social e histórico, porém, qualquer ação individual tem um significado político, tomando-se a política em sentido amplo, isto é, algo que permeia toda a nossa vida. Trata-se de recolocar a questão da ética no contexto das relações políticas e de reformular a relação entre meios e fins. Para o pensamento liberal, a esfera pública é o espaço liberado da ética e no qual as relações de poder se processam com base no princípio de que os fins justificam os meios e, nesse caso, qualquer meio.

A política, porém, revela seu aspecto ético precisamente na conformidade entre meios e fins: para alcançar o fim que se quer, é preciso escolher os meios justos, isto é, não se pode usar qualquer meio para alcançar um fim, mas é preciso empregar os únicos meios idôneos que realmente possibilitem concretizar o objetivo proposto. O problema moral não pode ser posto do ponto de vista do moralismo tradicional ou da perspectiva das várias morais individualistas. É a coerência entre meios e fins que possibilita a construção de uma política permeada pela ética.

As transformações ambientais que ocorrem atualmente não podem ser resolvidas apenas com a educação das crianças no sentido de separarem o lixo para que aprendam a reciclar. Trata-se de um problema muito mais sério, gerado no processo de implantação e desenvolvimento do atual sistema de produção, que explora não apenas a força de trabalho, mas também os recursos naturais não renováveis, provocando danos ambientais numa escala superior à capacidade de recomposição do planeta. Nesse contexto, não basta substituir as fontes de energia poluente por fontes "limpas", porque as causas da depredação, que são as mesmas que submetem a maioria da população mundial a condições de vida miserável, não são questionadas.

O indivíduo se define na relação com os outros, participando de uma rede de relações sociais que o determina e com a qual ele interage.

Kennan Ward/Corbis/LatinStock

Urso-polar com filhotes. Diversas espécies estão ameaçadas pelo aquecimento global, entre elas os ursos-polares. No Ártico, a cobertura de gelo diminui a cada ano, o que reduz não só a área em que esses animais caçam como seu próprio hábitat.

Na sociedade contemporânea, os conflitos são gerados basicamente pela exploração do homem e da natureza, pela falta de vida comunitária, pela exacerbação do individualismo, pela perda de referências coletivas e históricas. Criar novos referenciais de vida social que permitam uma nova ética implica suprimir o poder de alguns homens sobre outros e transformar as relações que acentuam as desigualdades sociais geradoras de violência, para criar verdadeiras condições de liberdade para todos. Esses princípios, que inspiraram a Revolução Francesa, no século XVIII, perderam-se no curso da consolidação da sociedade contemporânea.

Ética como compromisso social e político

Refletir sobre a ética supõe entender o papel da moral no contexto da estrutura econômica e política, construída em cada momento histórico. Implica perguntar sobre o que é o homem, definindo-o não de modo abstrato, mas entendendo-o nas condições históricas em que está inserido. Significa também perguntar qual é o modelo de sociedade que desejamos para nós e para as próximas gerações. Trata-se de refletir sobre uma **ética de compromissos** em que os princípios assumidos com clareza alimentem a ação individual e social, de modo que a responsabilidade de cada um por seu destino seja também responsabilidade para com o futuro da sociedade. No fundo, a vida e sua manutenção devem ser o princípio condicionante da ética.

Na realidade brasileira, a vida cotidiana manifesta situações que demonstram a formação moral individual e o compromisso que o indivíduo tem com os outros. Os meios de comunicação noticiam, com grande admiração, casos em que simples trabalhadores encontram quantias enormes de dinheiro e as devolvem a seus donos. Ao mesmo tempo, tornou-se comum o desrespeito às normas em geral, como a falta de respeito – respeito que cada um deve ao outro no conjunto das relações sociais. Assim, desrespeitar as leis de trânsito e não considerar os direitos da criança ou do idoso, por exemplo, tornaram-se ações tão comuns que já nem chamam a atenção.

Tornou-se também comum ouvir notícias sobre corrupção e desvio de dinheiro público, políticos que defendem interesses particulares ou de grupos e que se apropriam daquilo que pertence a todos e deveria ter uma destinação social. Tais ações demonstram que a ética ocupa um espaço reduzido em nossas relações cotidianas.

São várias as causas desse tipo de comportamento. Entre elas, o **individualismo** exacerbado que caracteriza a formação de cada um e que fundamenta a vida na sociedade atual; a **história política do país**, que apresentou poucos momentos de vivência democrática e que demonstra um enfraquecimento da sociedade civil e dos partidos políticos, os quais não têm programas definidos e servem apenas de legenda eleitoreira. Pode-se citar ainda o abandono em que se encontra o **sistema educacional público**, a **mudança das relações familiares** e a formação para a **competição** numa sociedade do "salve-se quem puder".

A ética precisa ser entendida como um empreendimento coletivo a ser constantemente retomado e rediscutido, porque a moral, como a vida, é produto da relação interpessoal e social. Supõe, ainda, que cada grupo social se organize sentindo-se responsável por todos e que crie condições para o exercício de um pensar e agir autônomos. A relação entre ética e política é também uma questão de educação e luta pela soberania dos povos. É necessária uma ética renovada, que se construa a partir da natureza do problema moral, para construir também uma nova prática política.

Roteiro de estudo

As perguntas a seguir referem-se aos principais tópicos deste capítulo. Elas podem ajudá-lo a estudar e rever todo o conteúdo apresentado. Ao respondê-las, você estará analisando e sintetizando as ideias expostas.

1. Sobre as primeiras manifestações da ética na história da humanidade, responda:
   a) Em que momento surgiram?
   b) Que requisitos morais foram exigidos dos primeiros chefes dos grupos sociais?
   c) Que outros valores éticos surgiram no decorrer da experiência social?
2. O que é moral?
3. O que é ética?
4. Qual é a relação entre ética e política na filosofia antiga?
5. Como a religião cristã medieval redefiniu a moral?
6. Como a época moderna redefine a vida social?
7. Como se redefine a moral na modernidade?
8. Quais são as características básicas da moral em Kant?
9. Como Marx entendia a formação da consciência?
10. Quais são os novos problemas éticos a partir do século XX?
11. O que é um valor?
12. O que são valores morais?
13. Pode-se falar em uma moral geral?
14. Quais são as características principais de um ato moral?
15. Quais são as condições necessárias para que o agente seja responsabilizado por seu ato?
16. A ignorância exime da responsabilidade moral?
17. Que principais problemas contemporâneos implicam a relação entre ética e política?
18. O que dizer da relação entre ética e política no âmbito do pensamento liberal?
19. Como se relacionam a ética e a política do ponto de vista social e histórico?

20. Qualquer meio se justifica para alcançar o fim proposto?

21. Explique quais são as principais reflexões necessárias na atualidade sobre a relação entre ação individual e ação social, do ponto de vista ético.

Para refletir

1. Em grupo, discuta o problema do aquecimento global e cite algumas causas dessa situação. Proponham algumas medidas práticas para reduzir o problema.
2. Procure reconhecer em seu cotidiano situações que demonstrem ausência de princípios éticos – por exemplo, situações que evidenciem falta de respeito e responsabilidade entre os que convivem com você.
3. Discuta, em grupo, as condições necessárias para que a relação entre ética e política se concretize no cotidiano.

Para ler e debater

Prepare-se para os debates lendo atentamente os textos. Reflita sobre as perguntas e anote seus argumentos para cada uma delas.

1. Moral

"Acabo de ler estas palavras numa declaração em catorze volumes, intitulada *História do Baixo Império*:

'Os cristãos tinham uma moral; os pagãos, porém, não tinham moral alguma'.

Ah! Senhor le Beau, autor desses catorze volumes, onde foi aprender semelhante parvoíce? O que é então a moral de Sócrates, de Zaleucus, de Charondas, de Cícero, de Epicteto, de Marco Antônio?

Não há senão uma moral, senhor le Beau, tal como não há senão uma geometria. Mas, dir-me-ão, a maior parte dos homens ignora a geometria. É certo; contudo, desde que as pessoas se apliquem um pouco no seu estudo, todas se põem de acordo. Os agricultores, os operários, os artesãos nunca frequentaram cursos de moral; não leram os *De Finibus* de Cícero, nem as éticas de Aristóteles: todavia, contanto que reflitam, são, sem o saberem, discípulos de Cícero: o tintureiro indiano, o pastor tártaro e o marujo inglês conhecem o justo e o injusto. Confúcio não inventou um sistema de moral tal como se edifica um sistema de física. Encontrou-o no coração de todos os homens.

Esta moral estava no coração do pretor Festus quando os judeus o instaram a que fizesse morrer Paulo, que trouxera estrangeiros ao seu templo. 'Sabei', disse-lhes, 'que nunca os romanos condenam pessoa alguma sem a ouvirem'.

Se os judeus careciam de moral ou faltavam à moral, os romanos conheciam-na e prestavam-lhe homenagem.

A moral não reside na superstição, não reside nos cerimoniais, nada tem de comum com os dogmas. Nunca será demais repetir que todos os dogmas são diferentes e que a moral é a mesma em todos os homens que usam a razão. Assim, a moral vem de Deus, como a luz. As nossas superstições são apenas trevas. Leitor, reflete: ouve esta verdade; tira as tuas consequências."

VOLTAIRE, Dicionário filosófico. In: *Voltaire, volume 1 – Diderot.* São Paulo: Nova Cultural, 1988. p. 168-9. (Os pensadores).

1. Reúna-se com seu grupo e procurem definir em que momento histórico se insere esse texto de Voltaire.
2. Segundo o texto, qual é a diferença da atitude moral entre os judeus e os romanos?
3. Para Voltaire, qual é a base universal da moral?
4. "Não há senão uma moral, senhor le Beau, tal como não há senão uma geometria." Compare essa afirmação com o que foi exposto no capítulo.

2. Valor e história

"[...] Quando se trata de valores especificamente morais, cujo caráter axiológico foi descoberto relativamente cedo, é muito fácil enxergar a intensidade com que se orientam no sentido da explicitação dos vários aspectos da essência humana. Não há atividade 'moral' autônoma ou substantiva; a moral é uma relação entre as atividades humanas. Essa relação é a conexão da *particularidade com a universalidade genericamente humana.* A portadora dessa universalidade do gênero é sempre alguma estrutura social concreta, alguma comunidade, organização ou ideia, alguma exigência social. A moral é o sistema das exigências e costumes que permitem ao homem converter mais ou menos intensamente em necessidade interior – em necessidade moral – a elevação acima das necessidades imediatas (necessidades de sua particularidade individual), as quais podem ser expressas como desejo, cólera, paixão, egoísmo ou até mesmo fria lógica egocêntrica, de modo a que a particularidade se identifique com as exigências, aspirações e ações sociais que existem para além das causalidades da própria pessoa. [...]

Voltemos ao caráter complexo dos valores morais. Até agora referimo-nos apenas ao momento da explicitação da essência humana relacionado com a sociedade. Citemos um novo aspecto: também a liberdade é uma categoria central da ética. Observemos, incidentalmente, que nem sempre isso ocorreu. No cume da hierarquia axiológica das éticas antigas não estava a liberdade, mas a felicidade. A liberdade só veio a conseguir um lugar importante e cada vez mais significativo no núcleo da ética na época em que assumiu essa mesma importância na própria realidade; quando as comunidades naturais de tipo antigo se dissolveram, a sociedade capitalista empreendeu o caminho do seu desenvolvimento e, com isso, esgotou-se a inserção incondicional e natural do homem numa situação dada; por conseguinte, pelo menos de modo abstrato e de acordo com a mera possibilidade, o homem pôde já escolher seu lugar no mundo e, com ele, seus costumes e suas normas, o que tornou desnecessária uma ética vinculada ao código dos costumes. Assim, portanto, a 'liberdade' enquanto nova categoria central da eticidade significa um *crescimento axiológico*. Esse crescimento foi um fato real e objetivo, embora para a grande maioria dos indivíduos continuasse a ser uma mera possibilidade abstrata."

HELLER, Agnes. *O cotidiano e a história*.
Rio de Janeiro: Paz e Terra, 1985. p. 5-7.

1. Leia o texto e comente a afirmação: "Não há atividade 'moral' autônoma ou substantiva; a moral é uma relação entre as atividades humanas".

2. Conforme a autora, o que é moral e como ela atua na formação do indivíduo?

3. Em grupo, considerem sua realidade cotidiana e tentem reconhecer alguns valores morais que orientam a vida social.

3. As antinomias da ação

(...) Apenas quando um homem está vivo, sua morte surge como um escândalo, mas um cadáver tem a tranquilidade estúpida das árvores e das pedras: é fácil, dizem os que experimentaram, andar sobre um cadáver e, mais ainda, através de montes de cadáveres. E é pela mesma razão que se explica o endurecimento descrito pelos deportados que escaparam à morte: por entre doenças, sofrimentos, mortes, eles não sentiam mais em seus companheiros e em si mesmos senão uma horda animal, cuja vida e desejos nada mais justificava, cujas próprias revoltas eram apenas sobressaltos animais. Seria necessário ser sustentado por uma fé política, um orgulho intelectual, uma caridade cristã, para permanecer capaz de perceber o homem nesses corpos humilhados. Por essa razão, punham os nazistas um zelo tão sistemático em lançar na abjeção os homens que desejavam destruir. O desgosto que as vítimas experimentavam em relação a si mesmas abafava a voz da revolta e justificava os carrascos a seus próprios olhos. Todos os regimes de opressão justificam-se pelo aviltamento dos oprimidos. E vi, na Argélia, muitos colonos acalmarem sua consciência pelo desprezo que sentiam em relação aos árabes esmagados pela miséria: mais eles eram miseráveis, mais pareciam desprezíveis, de tal forma que não havia jamais lugar para o remorso. E é verdadeiro que algumas tribos do Sul estavam tão dizimadas pela fome e pelas doenças que não se podia mais sentir diante delas revolta nem esperança, desejando-se antes a morte desses infelizes, reduzidos a uma animalidade tão elementar que até mesmo o instinto maternal tinha sido abolido. Entretanto, no seio dessa resignação sórdida, havia crianças que brincavam e que sorriam, e seu sorriso denunciava a mentira dos opressores: ele (o sorriso) era apelo e promessa, projetava diante da criança um futuro, um futuro de homem. Se em todos os países oprimidos um rosto de criança é tão comovente, não é porque a criança seja mais comovente, porque tenha mais direito à felicidade que os outros: é porque ela é afirmação viva da transcendência humana; é um olhar atento, uma mão ávida que se estende para o mundo; é esperança, projeto.

BEAUVOIR, Simone. *Moral da ambiguidade*.
Rio de Janeiro: Paz e Terra, s/d., p. 86-87.

Antinomias: são as oposições que se excluem e que, tanto uma quanto outra, podem ser demonstráveis como verdadeiras. Para Kant, o termo indica o conflito que a razão enfrenta nos processos de explicitação de algumas ideias, como a existência de Deus e do mundo.

1. Leia o texto e identifique a situação histórica que serve como referência para essa reflexão sobre a relação opressores-oprimidos.

2. Qual é a importância da autoestima no processo de resistência à opressão?

3. A situação identificada na Argélia, por volta de 1945, agravou-se nas últimas décadas. Quais são as conotações éticas da situação de abandono em que se encontram os povos da África?

Sugestões

Livros

ARISTÓTELES. *Ética a Nicômaco*. São Paulo: Martin Claret, 2002.

PLATÃO. *A República*. São Paulo: Martins Fontes, 2006.

Filmes

Dançando no escuro, 2000, direção de Lars von Trier, Dinamarca.
Mostra a vida de uma imigrante que trabalha numa fábrica no interior dos Estados Unidos. Vítima de uma doença hereditária, tenta evitar que o filho tenha o mesmo destino. Mostra a história dos trabalhadores explorados, que sofrem todas as limitações que o sistema econômico lhes impõe.

Koyaanisqatsi, 1982, direção de Godfrey Reggio, Estados Unidos.
O filme, composto apenas com imagens e música, mostra aspectos da sociedade industrial moderna e das grandes concentrações urbanas, bem como a degradação do homem e a poluição do meio ambiente.

Referências bibliográficas

ARENDT, Hannah. *Entre o passado e o futuro*. São Paulo: Perspectiva, 1972.

ARISTÓTELES. *A política*. São Paulo: Martins Fontes, 1991.

______. *Ética a Nicômaco*. São Paulo: Abril Cultural, 1973.

ASH, William. *Marxismo e moral*. Rio de Janeiro: Zahar, 1965.

BEAUVOIR, Simone de. *Pour une morale de l'ambiguité.* Paris: Gallimard, 1947. Em português: *Moral da ambiguidade*. Rio de Janeiro: Paz e Terra, s/d.

BERGSON, Henri. *As duas fontes da moral e da religião*. Rio de Janeiro: Zahar, 1978.

ENGELS, Friedrich. *A situação da classe trabalhadora na Inglaterra.* São Paulo: Global, 1985.

GOETHE, Johann Wolfgang von. *Fausto*. São Paulo: Abril Cultural, 1976.

HELLER, Agnes. *O cotidiano e a história*. Rio de Janeiro: Paz e Terra, 1985.

______. *O homem do Renascimento*. Lisboa: Presença, 1982.

______. *Para mudar a vida: felicidade, liberdade e democracia*. São Paulo: Brasiliense, 1982.

HORKHEIMER, Max. *Origens da filosofia burguesa da história*. Lisboa: Presença, 1984.

KANT, Immanuel. *Critica de la razon pratica.* Buenos Aires: Losada, 1973.

______. *Fundamentação da metafísica dos costumes.* São Paulo: Abril Cultural, 1974.

LUXEMBURG, Rosa. *O socialismo e as igrejas (O comunismo dos primeiros cristãos)*. Rio de Janeiro: Dois Pontos, 1986.

MAFFETTONE, Sebastiano; VECA, Salvatore (Orgs.). *A ideia de justiça de Platão a Rawls*. São Paulo: Martins Fontes, 2005.

MAQUIAVEL. *Comentários à primeira década de Tito Lívio*. Brasília: UnB, 1982.

MARCUSE, Herbert. *Ideias sobre uma teoria crítica da sociedade.* Rio de Janeiro: Zahar, 1972.

MARX, K. *A ideologia alemã I*. Lisboa: Presença, 1976.

NOVAES, Adauto (Org.). *Ética*. São Paulo: Companhia das Letras, 1992.

PLATÃO. *A República*. São Paulo: Difel, 1973. 2 v.

SPINOZA, Baruch. *Ética*. São Paulo: Abril Cultural, 1973.

VAZQUEZ, A. S. *Ética.* Rio de Janeiro: Civilização Brasileira, 1970.

VOLTAIRE. *Dicionário filosófico*. São Paulo: Abril Cultural, 1973.

4

O desafio da liberdade

> "A liberdade é o começo e o fim de toda filosofia."
>
> *Friedich Schelling*

O que vamos estudar neste capítulo

A importância da liberdade

O que é liberdade

Os limites da liberdade

A liberdade como conquista

Livres com os outros

Liberdade e responsabilidade

A negação da liberdade

Acepções da liberdade

A boa e a má escolha

O passeio (1917), de Marc Chagall.

A importância da liberdade

"O homem nasce livre e, por toda parte, é posto a ferros."

• Jean-Jacques Rousseau •

Mal-entendida, negada, almejada, sobretudo usurpada, a liberdade sempre foi uma questão fundamental na história da filosofia e da humanidade. Como vimos no capítulo 3, ela é a base da ética.

Na história das nações, está registrado quanto sangue foi derramado para conquistar ou reconquistar a liberdade. No Brasil, esquartejaram Tiradentes para intimidar os seguidores do lema da Conjuração Mineira: *Libertas quae sera tamen* ("Liberdade ainda que tardia").

Na Antiguidade, o preço da derrota de um povo em guerra com outro era a morte ou a escravidão.

Na Idade Moderna, tivemos a escravidão dos negros africanos, que no Brasil durou mais de três séculos. Os sofrimentos por que passavam eram tão atrozes que muitos se suicidaram; outros fugiram para o interior do território, onde formaram povoações.

No Brasil, a liberdade ainda não raiou para grande parte da população. O analfabetismo, o desemprego, a fome, as doenças – provenientes do descaso da sociedade e do governo pela educação e pela justiça – impedem que a liberdade surja no horizonte, como diz o Hino da Independência. Entre nós, a liberdade ainda é uma aspiração, uma esperança, que já custou a cabeça de Zumbi (chefe de Palmares), de Tiradentes e de tantos outros que morreram lutando contra os grilhões da escravidão.

Enfim, a liberdade tem sido motivo de trágicas e heroicas batalhas.

Detalhe do rosto de Zumbi, herói negro da resistência escrava, num monumento localizado na Praça Onze, no Rio de Janeiro (RJ).

Francisco Reis/Agência O Globo

"Os valores fundamentais da vida humana, como liberdade e justiça, só poderão se concretizar quando a fome, a miséria, a doença – frutos das desigualdades sociais geradas no modo de produção capitalista – forem superadas, o que implica relacionar, nos dias atuais, a ética com a política."

• Anita Schelesener •

O que é liberdade

"Liberdade, essa palavra que o sonho humano alimenta,
que não há ninguém que explique e ninguém que não entenda."

• Cecília Meireles •

Na epígrafe acima, Cecília Meireles expressa um paradoxo: a liberdade não é explicável, mas é entendível. De fato, há mais de dois milênios os filósofos vêm refletindo sobre o conceito de liberdade e ainda não chegaram a uma definição unânime.

O conceito de liberdade é complexo. Vamos começar fazendo-lhe uma pergunta à queima-roupa: como você definiria liberdade? Se pensou em autodeterminação, em alternativas de escolhas, em decisão, em fazer ou não fazer algo sem ser obrigado a isso, você está no caminho certo.

Mas logo terá de enfrentar outros desafios: Como somos livres, se não podemos fazer tudo o que queremos? Os fatos que mudam os rumos de nossa vida, de nosso país, podem ser previstos e evitados? É possível construir uma nova sociedade, mais justa e fraterna? E o temido destino? A nossa sorte está mesmo escrita nas estrelas?

Os itens seguintes o ajudarão a procurar respostas a essas e outras questões.

As várias formas de liberdade

A liberdade é qualificada de acordo com o objeto a que se refere. Por exemplo, liberdade física é a que nos confere o direito de locomoção, de ir e vir. Quando somos privados desse direito por ilegalidade ou abuso de poder, a Constituição nos garante o recurso jurídico do *habeas corpus* (em latim, "que tenhas o [teu] corpo"), por meio do qual se pode revogar uma prisão considerada injusta. Mas, em nossa sociedade perigosa e violenta, a liberdade de locomoção é cada vez mais restrita.

A liberdade política nos concede o poder de atuar nos rumos da organização da sociedade. Também esse aspecto da liberdade é dificultado por forças interessadas em manter privilégios.

A liberdade jurídica nos torna iguais em direitos e deveres perante a lei, o que entre nós ainda é uma utopia.

A liberdade religiosa nos permite seguir o credo de nossa preferência ou de não seguir nenhum credo.

A liberdade profissional nos dá a possibilidade de seguir a profissão que vá ao encontro de nossos interesses e tendências. Mas entre esse direito e a realidade do trabalho no Brasil existe uma grande distância.

Os limites da liberdade

> *"Nossa liberdade é uma liberdade condicionada, uma liberdade em condição humana, nossa vida se desenvolve entre os limites inacessíveis de uma liberdade zero e de uma liberdade infinita."*
>
> • Georges Gusdorf •

Não existe liberdade zero. Por mais escravizada que se encontre uma pessoa, sempre lhe sobra algum poder de escolha. Em qualquer situação, nunca faltará a possibilidade de dizer sim ou não, de se mostrar contrário ou favorável a algo, de, na ausência de outros meios, revelar aprovação ou rejeição apenas pela expressão do rosto. Até pelo pensamento é possível exercer a liberdade.

Do mesmo modo que não existe liberdade zero, também não há liberdade infinita ou absoluta. Ninguém pode escolher tudo. Ninguém, por exemplo, escolhe entre nascer e não nascer, nem escolhe seus pais, nem o país, nem a época em que vive.

Somos, pois, limitados, condicionados, determinados por uma série de fatores que não dependem de nossa vontade. Em filosofia, a palavra **necessidade** sintetiza todos os obstáculos que agem sobre nós e nos impedem de ser, fazer e conseguir o que gostaríamos.

> "Poderia se dizer que livre, livre mesmo, é quem decide de uma hora para outra que naquela noite quer jantar em Paris e pega um avião. Mas mesmo este depende de estar com o passaporte em dia e encontrar lugar na primeira classe. E nunca escapará da dura realidade de que só chegará em Paris para o almoço do dia seguinte. O planeta tem seus protocolos."
>
> Verissimo, Luis Fernando. *Veja*, São Paulo, (26):27, 29 jun. 1988.

Além desses condicionamentos ou determinismos inevitáveis, existem outros, evitáveis, criados pelo próprio homem. O ladrão, por exemplo, corre o risco de perder a liberdade de locomoção, e os que se drogam se arriscam a ficar viciados, escravizando-se às drogas. A liberdade, como a saúde, requer cultivo e vigilância.

Mas as restrições à liberdade não são criadas apenas pelos indivíduos, isoladamente. É na organização social e política que se constrói a maioria dos entraves à liberdade. Um povo de analfabetos, doentes e famintos tem uma liberdade restrita às suas condições sub-humanas. O que podemos fazer então?

A liberdade como conquista

"A liberdade é algo que se tem e não se tem, que se quer e se conquista."

• Friedrich Nietzsche •

A consciência moral depende da consciência psicológica, ou seja, antes de podermos julgar sobre o bem e o mal, sobre o certo e o errado, temos consciência de nossos atos, sentimo-nos autores de nossas ações.

A questão da liberdade requer um exame sobre nossa situação pessoal e social. Vejamos, por exemplo, o caso de um estudante que mora na periferia de uma metrópole. Ele gostaria de cursar medicina, mas não pode, porque trabalha durante o dia e não existe faculdade de medicina à noite. Que opções lhe restam? O que ele deve fazer para se realizar?

Milhões de jovens estão na mesma situação desse estudante, e aqueles que não se deixam abater pelos condicionamentos adversos atingem ao menos parte de seus objetivos. Mesmo pessoas com sérias limitações físicas, como era o caso do conhecido sociólogo Betinho, conseguem superar os obstáculos e se tornam modelos de cidadania e agentes de mudança social. Por isso, não se deve desistir da luta. O que aí está pode mudar, sim.

A liberdade não é uma dádiva, algo que recebemos sem esforço. Ao contrário, ela é uma conquista que pode conduzir a outras conquistas, um caminho que pode levar a outros caminhos, com novos obstáculos e horizontes. O uso da liberdade faz a história do indivíduo e da sociedade. Segundo **Sartre**, não importa o que fizeram de nós, não importam as condições adversas em que nos encontramos: importa é o que podemos fazer com o que fizeram de nós.

Leia mais sobre Sartre na seção *Comentários adicionais*.

Fabio Colombini

Livres com os outros

"Temos aprendido a voar como as aves,
a nadar como os peixes,
mas ainda não aprendemos a sensível arte de viver como irmãos."

• Martin Luther King •

Costuma-se dizer: "Minha liberdade termina onde começa a liberdade do outro". Isso só faz sentido em algumas situações, como no condomínio de um edifício. Tenho liberdade para ouvir a música que quiser. O volume, porém, não deverá incomodar o vizinho.

Mas o exercício da liberdade se realiza com o outro, na interação social, na verdadeira política, na luta pela justiça, pela igualdade dos direitos essenciais, pela solidariedade. O individualismo, o "cada um por si", enfraquece nosso poder de ação.

O "cada um por si" enfraquece nosso poder de ação.

É conhecida a velha história do pai que, à beira da morte, chamou os filhos e deu um feixe de varas para que cada um tentasse quebrá-lo. Ninguém conseguiu. Então, ele desamarrou o feixe e foi quebrando vara por vara. Com isso, o sábio pai quis demonstrar o poder da união e a fragilidade do individualismo. Esses temas são aprofundados nos capítulos 3, 6, 8 e 9 deste livro.

Liberdade e responsabilidade

"Liberdade significa responsabilidade. É por isso que tanta gente tem medo dela."

• George Bernard Shaw •

O termo **responsabilidade** pode ser sinônimo de "cumprimento de dever". Assim, é responsável quem cumpre seus deveres. Em filosofia, responsabilidade constitui a consequência necessária – o corolário – da liberdade. O ato livre é necessariamente um ato pelo qual se deve responder. Porque sou livre, tenho de assumir as consequências de minhas ações e omissões. Já os animais irracionais, por não serem livres, não são responsáveis pelo que fazem ou deixam de fazer. Ninguém pode condenar um cavalo que lhe deu um coice. Só o ser humano comete crime e só ele pode ser julgado.

Racional e livre, ele tanto constrói como destrói; tanto ergue escolas e hospitais como inventa bombas capazes de destruir o planeta; tanto ama como odeia; tanto salva como mata. Às vezes, o mesmo homem salva com uma das mãos e mata com a outra.

Marcelo Min/Agência Fotogarrafa

A miséria nas ruas comprova o mau uso que a sociedade tem feito da liberdade. Na foto de 2006, pessoas dormindo na rua em São Paulo (SP).

Não há como não se espantar diante do incrível poder que a liberdade confere ao homem: para o bem e para o mal. Mas basta observar nossas cidades, com seus miseráveis, com seus mutilados e mortos no trânsito, com seus desempregados, com seus menores abandonados e prostituídos, para concluir que temos usado muito mal a liberdade.

Diante de tantos horrores, somos tentados a indagar: vale a pena ser livre? A pergunta é filosófica. Cada um terá razões favoráveis ou contrárias à liberdade. Dos ditadores e autoritários já conhecemos a resposta.

De acordo com Sartre, não há como escolher: o homem é condenado a ser livre. Já para **Rousseau**, "abdicar da liberdade é destruir a própria natureza humana".

Leia mais sobre Rousseau na seção *Comentários adicionais*.

A responsabilidade moral

O homem não é responsável por todos os atos que pratica. Só o é em duas condições fundamentais. Fora delas não há mérito nem demérito nas ações humanas.

- O ato deve ser consciente. O ato moral e responsável supõe que o agente o tenha praticado com um mínimo de consciência e lucidez; requer o conhecimento das consequências decorrentes do ato. Muitos criminosos são absolvidos por falta de provas de que agiram conscientemente.
- O ato deve ser livre. Além de consciente, o ato moral terá de ser livre. Coações internas, como distúrbios psíquicos incontroláveis, podem atenuar ou anular a responsabilidade moral de um ato. Coações externas, como o uso da força e da ameaça de morte, também isentam o agente moral da responsabilidade do ato.

É a própria liberdade que nos oferece a possibilidade de corrigir o mau uso que se faz dela. Não resolve ficar lamentando a má sorte da vida ou o que os outros fizeram de nós e do mundo; importa, antes, reagir com as forças e as armas que nos sobram. Se não reagirmos, ninguém o fará por nós. "O futuro do homem é o próprio homem", diz **Ponge**, ou o próprio Sartre: "O futuro do mundo está em nossas próprias mãos".

Leia mais sobre Ponge na seção *Comentários adicionais*.

A negação da liberdade

"[...] nada jamais foi tão insuportável para um homem e uma sociedade humana do que a liberdade."

• Fiodor Dostoiévski (*Os irmãos Karamazov*) •

O conceito de liberdade não faz parte daquelas certezas apodíticas, como "dois mais dois são quatro". Diverge-se quanto a sua concepção e muitos até mesmo negam que ela exista. A seguir, veremos como a liberdade é anulada pelo determinismo absoluto e pelo fatalismo

(**Determinismo absoluto**: aplicação do princípio da causalidade das ciências naturais às ciências humanas. Assim, os fatos de nossa vida e da história passam a ser decorrentes de um complexo sistema de causas e efeitos inevitáveis e independentes de nossa vontade.)

O DETERMINISMO ABSOLUTO

O cientista geralmente parte do pressuposto de que todo fenômeno tem uma causa. É o que se denomina **princípio da causalidade**. Uma doença, por exemplo, é efeito ou sintoma de uma causa. Compete ao cientista descobrir a causa e extingui-la.

O princípio da causalidade supõe ainda uma correspondência **necessária** entre causa e efeito. Ou seja, uma determinada causa produz **sempre** determinado efeito. Por exemplo, sob determinadas condições, o calor (a causa) fará **necessariamente** a água ferver (o efeito). Se a mesma causa, sob condições idênticas, produzisse efeitos diferentes, seria impossível fazer ciência.

Essa correspondência necessária entre causa e efeito chama-se determinismo científico, que é aplicado a vários ramos da ciência, como a física, a química e a biologia. O determinismo científico favoreceu o desenvolvimento da ciência nos últimos três séculos.

(**Determinismo científico**: teoria de que todo fenômeno tem uma causa (princípio da causalidade). O princípio da causalidade supõe uma correspondência necessária entre causa e efeito.)

S. P. L./Stock Photos

Albert Einstein.

A partir da teoria da relatividade de **Albert Einstein** e das descobertas da física quântica, os cientistas passaram a trabalhar, em alguns campos de pesquisa, com uma certeza restrita, não absoluta, ou seja, com previsões prováveis.

Leia mais sobre Einstein na seção *Comentários adicionais*.

Mas não estaríamos comentando aqui o determinismo científico se ele não tivesse dado origem, no século XIX, ao determinismo absoluto, com graves consequências para as ciências humanas em geral e para a filosofia em particular.

O determinismo absoluto ou universal estende às ciências humanas o mesmo princípio aplicado às ciências naturais. Assim, os fatos de nossa vida e da história, por exemplo, passam a ser decorrentes de um complexo sistema de causas e efeitos inevitáveis e independentes de nossa vontade. O determinismo absoluto leva ao **mecanicismo**, segundo o qual o homem é previsível e controlável como uma máquina e, portanto, sem autodeterminação, sem liberdade.

Atualmente, o determinismo absoluto já não tem o prestígio de que desfrutava no século XIX. Mas persistem suas marcas e influências na civilização ocidental.

O FATALISMO

Se a liberdade nem sempre é compreendida por cientistas e filósofos, imagine pelas pessoas comuns, que têm muito mais dificuldade em interpretar os complexos fenômenos da realidade. É mais fácil atribuí-los simplesmente a entidades transcendentes.

Denomina-se **fatalismo** ou **destino** a crença de que os fatos de nossa vida dependem não do exercício de nossa liberdade, mas da vontade de forças superiores, como Deus ou deuses.

É comum encontrarmos pessoas fatalistas. Após tragédias como enchentes e mortes no trânsito, há sempre alguém para justificar: "Tinha de acontecer, era o destino, estava escrito...".

Às vezes, a intervenção das forças transcendentes ocorre em forma de milagre. Num desastre, por exemplo, morrem todos os passageiros, exceto uma criança. Então, sempre aparece alguém para atribuir a Deus a bondade de ter salvo a criança. O que põe Deus em péssima situação: se salvou a criança, por que deixou morrer seus pais e os outros passageiros?

O caso seguinte chega a ser hilário. O rabino Nilton Bonder conta que num enterro em dia chuvoso, a viúva, ao ser cumprimentada por ele, disse: "Rabino, até Deus está chorando". Alguém ao lado sussurrou: "Quer dizer que quando alguém morre num dia ensolarado, Deus está rindo?".

O fatalismo é muito mais antigo que o determinismo absoluto. Ele advém certamente da Pré-História. Chegou até nós na forma de narrativas míticas, como a das Moiras gregas. São três irmãs fiandeiras que decidem o destino humano. Cloto faz o fio da vida de cada um; Láquesis determina o comprimento do fio, ou seja, a duração da vida; e Átropos corta o fio quando chega a hora da morte.

Galeria Palatina/Palácio Pitti

As três Parcas (século XVI), do pintor italiano Francesco del Rossi, conhecido como Salviati.

Portanto, o nascimento, as condições de vida e a morte dependeriam apenas das temíveis Moiras, palavra que em grego significa destino. Os romanos chamavam as Moiras de Parcas.

A crença no destino nega radicalmente a liberdade humana e é maléfica para a sociedade: se o nosso destino já está predeterminado, para que educar os motoristas? Para que exigir das autoridades a solução das enchentes? Para que lutar por justiça? Para que reivindicar o fim das opressões?

Se não existe liberdade, também não existe responsabilidade. Se somos determinados pelo destino, não há como responsabilizar os desonestos, os exploradores, os ladrões e os assassinos, pois estariam destinados a cometer crimes, sendo, portanto, vítimas.

Os adeptos do fatalismo ignoram que os homens é que constroem e destroem cidades, criam culturas, erguem civilizações, arquitetam guerras e promovem a paz. Apesar dos condicionamentos, o homem se define pela liberdade e pela responsabilidade.

Detalhe de vaso ático. Museu do Vaticano, Roma.

Édipo responde ao enigma da esfinge. Pintura em vaso grego do século V a.C.

Édipo, vítima do destino

Segundo a mitologia grega, Édipo nasceu com o destino de assassinar o pai e casar-se com a mãe.

Sabedores disso, os pais mandaram matá-lo. O encarregado da execução, porém, apiedou-se da criança e deixou-a pendurada pelos pés numa árvore. Um pastor recolheu-a e levou-a para o seu senhor, que não tinha filhos. Assim, Édipo cresceu longe da cidade de seus verdadeiros pais.

Já moço, dirigiu-se a Tebas, cidade onde nascera. No caminho, discutiu com um homem e o matou, sem saber que era o rei de Tebas, seu verdadeiro pai.

À porta da cidade, teve de responder ao enigma de uma esfinge. Se errasse a resposta, seria morto, como muitos já o tinham sido. O enigma era: "Qual é o ser que de manhã tem quatro pés, ao meio-dia, dois, e ao entardecer, três?". Édipo acertou ao responder que era o homem, o qual de manhã (na infância) engatinha, ao meio-dia (durante quase toda a vida) anda sobre dois pés e ao entardecer (na velhice) anda sobre os dois pés e apoiado na bengala.

Com isso, Édipo entrou como herói em Tebas e, mais tarde, casou-se com a rainha, que era a sua própria mãe. Cumpriu-se, assim, o destino.

Em Santa Catarina, entre os descendentes dos açorianos, existe uma lenda semelhante. Um menino, segundo a predição de uma cigana, nasceu com o destino de morrer vitimado pelos chifres de um touro. Então, os pais nunca o deixaram sair sozinho. Mas um dia, ao visitar um parente, o menino subiu num caixote para arrancar um berrante da parede e caiu em cima da ponta do chifre. Morreu. Mais uma vez, os esforços humanos foram impotentes contra o destino.

As duas lendas, separadas por mais de vinte séculos, encarnam e procuram justificar a mentalidade fatalista.

Acepções da liberdade

"É o que posso expressar dizendo que o homem está condenado a ser livre. Condenado porque não se criou a si mesmo, e como, no entanto, é livre, uma vez que foi lançado no mundo, é responsável por tudo o que faz."

• Jean-Paul Sartre •

É de **Aristóteles** a primeira reflexão sistemática sobre a liberdade. Observe, no texto a seguir, que ela é, essencialmente, a que estamos desenvolvendo neste capítulo.

> "[...] Mas é evidente que o homem é a origem de suas próprias ações e se não somos capazes de relacionar nossa conduta a quaisquer outras origens que não sejam as que estão dentro de nós mesmos, então as ações cujas origens estão em nós devem também depender de nós e ser voluntárias."

ARISTÓTELES. *Ética a Nicômacos*. Tradução do grego de Mário da Gama Kury. Brasília: Ed. Universidade de Brasília, 1985. p. 57, 1113 b.

Leia mais sobre Aristóteles na seção *Comentários adicionais*.

Esse texto de Aristóteles demonstra que nossos atos livres têm origem em nós mesmos; são causados por nós. Os atos livres implicam a decisão soberana da inteligência e da vontade. Por isso, temos de responder por eles. Essa acepção aristotélica de liberdade predomina até hoje na história da filosofia.

Sartre levou ao extremo o conceito de Aristóteles. Para ele, a liberdade é, antes de tudo, o que qualifica o homem, a sua humanidade. Não é possível não ser livre. Embora não tenha criado a si mesmo, é responsável por tudo o que faz. Não há como renunciar à liberdade. O homem é condenado à liberdade e isso é motivo de angústia.

Mas o homem não age sempre de acordo com a responsabilidade que decorre de sua condição livre. Pode usar de má-fé, degrada-se, mente para si mesmo.

Leia mais sobre Jean-Paul Sartre na seção *Comentários adicionais*.

Para **Kant**, assim como para Cecília Meireles, a liberdade qualquer pessoa entende mas ninguém sabe explicar. Segundo Kant, ela consiste em seguir racionalmente as regras criadas pelo próprio indivíduo. Como vimos na página 64 do capítulo anterior: "Kant prenuncia a época em que o homem deve emancipar-se de todas as tutelas para tornar-se legislador de si próprio. Como ser racional autônomo, não deve obedecer a não ser às leis que lhe são determinadas pela sua consciência moral. A razão é legisladora universal, ou seja, é o homem que cria e reconhece as leis e só assim se submete a ela".

Leia mais sobre Kant na seção *Comentários adicionais*.

Outros filósofos, como os estoicos (leia definição de estoicismo na página 62) **Espinosa** e **Hegel**, divergem de Aristóteles quanto à origem do ato livre. Para eles, não é o indivíduo a causa da liberdade, e sim o todo, que pode ser a **Natureza** (para os estoicos), a **Substância** (segundo Espinosa) ou o **Espírito como história** (no caso de Hegel). Nessa acepção, agir livremente é agir de acordo com as regras e as leis do todo. A totalidade é que é soberana e livre. Os homens, partes da totalidade, devem agir de acordo com ela. O indivíduo não escolhe isoladamente, cabe-lhe apenas agir conscientemente, de acordo com as determinações da totalidade.

Leia mais sobre Espinosa e Hegel na seção *Comentários adicionais*.

De acordo com os estoicos, o homem livre segue a sabedoria da racionalidade da natureza e de sua própria razão, que lhe garantem o domínio sobre a irracionalidade das paixões.

Para Espinosa e Hegel, a liberdade depende igualmente do conhecimento da necessidade, ou seja, das determinações do todo. A escravidão corresponde à falta de consciência da necessidade.

Marx e **Engels** concordam com esses dois filósofos quanto à consciência da necessidade, mas para eles não basta ter conhecimento dos entraves naturais e sociais da liberdade. É preciso agir, modificar a realidade em prol da maior autonomia do homem ante os obstáculos que o impedem de se realizar.

Leia mais sobre Marx e Engels na seção *Comentários adicionais*.

A boa e a má escolha

"Há ocasiões em que utilizamos um bem como se fosse um mal e, ao contrário, um mal como se fosse um bem."

• Epicuro •

Fazemos escolhas desde o amanhecer até a noite. Escolhemos frutas, roupas, amigos, amores, filmes, músicas, colégios, pessoas, profissões, políticos...

Mas as escolhas nem sempre são fáceis e simples como optar entre ir ao cinema e ir ao teatro. Não escolhemos uma profissão com a mesma tranquilidade com que compramos um par de tênis. Há uma diferença considerável entre escolher um filme para ver e um candidato em quem votar. As escolhas variam da aquisição de um alfinete à declaração de guerra a outro país.

Em relação à escolha, há que notar outra característica humana: dentre as alternativas, optamos pela que consideramos melhor para nós, ou pela menos ruim, conforme o ditado: "Dos males, o menor". Ao fazer compras, queremos sempre o melhor e o mais barato. Na escolha da profissão, optamos, se possível, pela que oferece maior realização pessoal e financeira. Para amigos, escolhemos aqueles que nos dão maior satisfação. Enfim, **escolher o melhor** é tão cotidiano e universal quanto comer e beber.

Mas eis o problema: nem sempre o subjetivamente **melhor** é objetivamente **o melhor**. Às vezes, ignoramos o que seja realmente um bem para nós. A escolha depende do conhecimento. Só escolhe bem quem conhece todos os aspectos e implicações de cada alternativa. Ora, ainda é muito grande nossa ignorância sobre a realidade humana. O que (quem) nos faz mais felizes, mais realizados? Muitos desconhecem até os alimentos que deveriam ingerir para gozar de boa saúde. Maior ainda é o desconhecimento em relação aos prazeres. A busca da satisfação imediata pode custar sérios males no futuro.

Às vezes, erramos também nas transações comerciais. É por isso que os antigos nos aconselham a não decidir nada de importante sem pensar muito e tentar conhecer todos os aspectos da questão. Algumas pessoas só decidem no dia seguinte, pois acreditam que, durante o sono, o inconsciente seleciona a melhor opção. Daí o ditado: “O travesseiro é o melhor conselheiro”.

Na política, é comum a eleição de candidatos que nunca seriam escolhidos se os eleitores estivessem mais bem-informados. A ignorância é adubo para demagogos e corruptos.

Tudo isso, porém, não significa que os males do mundo são fruto apenas da ignorância, como pensava **Sócrates**. Para esse filósofo, o homem só pratica o mal quando ignora o bem.

Leia mais sobre Sócrates na seção *Comentários adicionais*.

Na verdade, às vezes cometemos deliberadamente o mal para satisfazer um prazer passageiro ou para conseguir algo que não obteríamos por meios lícitos. Nem sempre a razão comanda nossas ações. Agimos também conduzidos por paixão, por impulsos inconscientes. É por isso que o apóstolo Paulo afirmou: “Não faço o bem que quero, faço o mal que não quero” (Romanos 7,19).

Também não devemos nos esquecer das determinações emotivas, do coração, que, segundo **Pascal**, tem razões que a própria razão desconhece.

Leia mais sobre Blaise Pascal na seção *Comentários adicionais*.

> “Aristóteles dizia que o conhecimento é o que existe de mais fácil e de mais difícil: fácil, porque todos têm sempre algum conhecimento das coisas num certo grau; difícil, porque o conhecimento adequado de alguma coisa impõe muitas exigências. Nem sempre o que aparece como um bem é bem. Nem sempre o que agrada imediatamente se identifica com o bem. Depois, é necessário considerar o bem em diversas dimensões: é o bem do momento? é o bem estável? é o bem que tranquiliza? é o bem que constrói?
>
> O problema seria simples se consistisse numa distinção teórica entre bem e mal. Ele se torna complexo quando descobrimos que toda a dificuldade está em distinguir entre o bem e o bem, em hierarquizar os bens, em separar o bem de superfície e o bem profundo, entre o bem acidental e o bem substancial, entre o bem aparente e o bem essencial.”
>
> MENDONÇA, Eduardo Prado de. *A construção da liberdade*. São Paulo: Convívio, 1977. p. 97.

Hoje, a escolha do bem, do melhor, qualquer escolha, é seriamente prejudicada pelo excesso de informações. Somos bombardeados pelo rádio, televisão, cinema, livros, jornais, revistas, *outdoors* e internet. Muitas dessas informações têm objetivos mercadológicos. Alojam-se em nosso inconsciente, fazendo-nos desejar coisas de que não precisamos, que não são boas para nós, mas que o mercado deseja vender. Com isso, nossos desejos correm o risco de ser os desejos alheios. E a escolha pelo melhor pode virar opção pelo pior.

Roteiro de estudo

As perguntas a seguir referem-se aos principais tópicos deste capítulo. Elas podem ajudá-lo a estudar e rever todo o conteúdo apresentado. Ao respondê-las, você estará analisando e sintetizando as ideias expostas.

1. Crie ou encontre no texto uma frase que expresse bem a importância da liberdade.
2. Comprove com argumentos a complexidade do conceito de liberdade.
3. Relacione os fatos evitáveis e inevitáveis que limitam a liberdade.
4. Faça um comentário sobre a liberdade como conquista. Cite exemplos de pessoas, inclusive você.
5. Que relação existe entre individualismo e liberdade?
6. Você concorda que a humanidade tem usado muito mal a liberdade? Por quê?
7. Comente esta afirmação de Sartre: "O futuro do mundo está em nossas próprias mãos".
8. Que relação existe entre o determinismo científico e o determinismo absoluto?
9. Qual é a diferença entre determinismo absoluto e fatalismo?
10. Comente: crença no destino e cidadania.
11. Qual é a principal diferença entre a concepção de liberdade de Aristóteles e a dos estoicos?
12. Qual é a principal diferença entre a concepção de liberdade de Espinosa e a de Kant?
13. Por que, segundo Sartre, o homem é condenado à liberdade?
14. O que Marx e Engels introduziram na concepção de liberdade de Espinosa e Hegel?
15. Por que podemos nos enganar ao tentar escolher o melhor? Ao responder esta questão, considerar também o pensamento de Aristóteles na página 93.
16. Comente: "A ignorância é adubo para demagogos e corruptos".
17. Comente a frase do apóstolo Paulo: "Não faço o bem que quero, faço o mal que não quero".

Para refletir

1. Escreva um texto sobre estes dois personagens históricos: Zumbi e Tiradentes, ambos heróis da liberdade. Por que o primeiro nunca teve as homenagens e as honras conferidas ao segundo?

2. Observe a foto abaixo e a legenda. Escreva um texto comentando em que consiste a liberdade dessas pessoas. Em que medida você acha que elas podem trabalhar e consumir?

Sergio Dutti/Abril Imagens

Todos os homens são livres para trabalhar e consumir. Família de Patos (PI) que sobrevive com 5 quilos de arroz por mês, doados pelo prefeito.

3. Em grupo, leia e discuta a frase abaixo. Imagine, a seguir, uma situação do cotidiano em que as ideias da frase fiquem evidentes. Cada grupo deve preparar e apresentar para a classe uma dramatização da cena criada.

> "A liberdade não se encontra na ilusão do 'posso tudo', nem no conformismo do 'nada posso'."
>
> Marilena Chaui

4. Em grupo, releia o texto de Eduardo Prado de Mendonça na página 93, que fala da hierarquização dos bens (bem de superfície x bem profundo, bem acidental x bem substancial, bem do momento x bem estável etc.). A seguir, pesquise na imprensa fatos que mostrem como isso se evidencia no comportamento humano e monte um cartaz sobre esse tema. Os cartazes devem ser expostos na classe para análise e discussão entre os grupos.

Para ler e debater

Prepare-se para os debates lendo atentamente os textos. Reflita sobre as perguntas e anote seus argumentos para cada uma delas.

1. Filosofar é aprender a morrer

"Cícero diz que filosofar não é outra coisa do que se preparar para a morte. E é mesmo, pois de alguma forma o estudo e a contemplação tiram nossa alma de nós e separam-na do corpo, o que constitui um aprendizado para a morte e é algo a ela semelhante; ou, dito de outra maneira, toda a sabedoria e raciocínio do mundo desembocam, no fim, neste ponto: aprendermos a não temer a morte."

[...]

"A morte nos espreita, e não sabemos quando chegará; aguardemo-la em todo lugar. Meditar sobre a morte é meditar sobre a liberdade. Quem aprendeu a morrer, aprendeu a não ser mais escravo. Nada atingirá a quem soube compreender que morrer não é um mal. Saber morrer liberta-nos de toda sujeição e constrangimento."

MONTAIGNE, Michel de. Ensaios. Citado por CABALLERO, Alexandre. *A filosofia através dos textos*. São Paulo: Cultrix, 1971. p. 116-7.

1. Releia o primeiro parágrafo e responda: por que a filosofia nos ajuda a não temer a morte?
2. Releia o segundo parágrafo e responda: por que "meditar sobre a morte é meditar sobre a liberdade"?
3. Você concorda com Montaigne? Por quê?

2. Os limites da liberdade

"Quando se diz que a liberdade de um acaba quando começa a liberdade do outro, o que se procura no fundo é evitar o questionamento do que deva ser a liberdade. A posição limita-se a considerar o seu exercício, sem maiores especulações sobre o que efetivamente possa ser considerado como liberdade. Nessas condições, admite-se como direito de liberdade de um indivíduo ele realizar tudo quanto queira desde que suas ações não venham a interferir na vida do outro. O que não se admitem são os choques, os conflitos. Deste modo, teria eu o direito de fazer tudo quanto quisesse desde que não perturbasse a vida de outra pessoa. Sim, o sentido parece claramente ser esse. Mas será isto aceitável? Primeiro, é possível todas as pessoas agirem de tal modo que cada um faça o que quer desde que não afete a vida do outro? Admitamos, teoricamente, que isto seja possível. Quais seriam as consequências? Ousamos dizer que as consequências estariam em que toda a vida humana seria perturbada. Como pretender não afetar a vida do outro se naturalmente nossas vidas são afetadas umas pelas outras? Depois, não basta [...] admitir a liberdade de um em separado da liberdade do outro, uma vez que faz parte legítima da liberdade de cada um esperar do outro aquilo que lhe é devido, ou seja, não é possível escamotear o fato de que uns têm para com os outros deveres recíprocos.

[...]

O homem é de fato um animal social. Desta forma, não podemos esperar que realize o plano de sua liberdade a não ser dentro de um contexto social. A sua liberdade é na verdade uma coliberdade. Ele constrói a sua liberdade em espírito de comunidade, dentro de um sentido de coparticipação."

MENDONÇA, Eduardo Prado de. *A construção da liberdade.* São Paulo: Convívio, 1977. p. 21 e 78.

1. Segundo o autor, a máxima "a liberdade de cada um acaba onde começa a liberdade do outro" não atinge a verdadeira essência da liberdade. Por quê?
2. Vocês concordam com o autor? Por quê?

3. O tempo de aprendizado da liberdade

"O erro pior é pretender que a juventude é, por excelência, a idade da liberdade, e que é preciso respeitar essa liberdade nas suas várias expressões, inclusive quando assume o estilo da revolta. A liberdade é uma das maiores reivindicações da adolescência, mas a liberdade que ela reivindica é uma sombra da liberdade autêntica, tanto quanto a espontaneidade criadora que se imagina descobrir na criança não passa de uma sombra e o simulacro de um verdadeiro poder criador. A liberdade adolescente é uma adolescência da liberdade, uma liberdade de aspiração, uma aspiração à liberdade, sem conteúdo preciso, na onda das paixões e na confusão dos sentimentos e das ideias."

GUSDORF, Georges. *Impasses e progressos da liberdade.* São Paulo: Convívio, 1979. p. 106.

Leia mais sobre Gusdorf na seção *Comentários adicionais*.

1. Vocês concordam que a liberdade reivindicada pela adolescência não passa de uma sombra da liberdade autêntica? Por quê?
2. O que se entende por "uma aspiração à liberdade, sem conteúdo preciso"? Vocês vivenciam isso?
3. De acordo com o texto, qual seria a idade, por excelência, da liberdade?
4. Vocês concordam com o autor?

4. A nossa liberdade

"A liberdade é fundamental para todas as pessoas. Por sua causa já houve lutas, guerras e mortes, porque todos precisam de liberdade e às vezes surgem homens que não querem que os outros sejam livres.

Mas o que é a liberdade? Como é que se pode saber se uma pessoa tem liberdade? Ter liberdade é poder fazer as coisas que a gente acha boas e agradáveis. Ter liberdade é poder ficar junto das pessoas de quem a gente gosta. Ter liberdade é poder brincar, estudar, trabalhar, fazendo aquilo que nos deixa felizes. Ter liberdade é poder ir a todos os lugares que a gente acha bonitos, ou onde existam coisas que a gente quer ver ou fazer. Ter liberdade é poder falar, cantar, sorrir, amar, sonhar, sem ter medo de sofrer um castigo.

Todos nós queremos ser livres e achamos importante a nossa liberdade. E a liberdade dos outros? Não é justo pensar somente em nós, pois todas as pessoas precisam de liberdade. Por isso devemos sempre lembrar dos outros, quando queremos fazer alguma coisa. É preciso verificar se o que nós queremos fazer não vai prejudicar alguém. Mas também precisamos ver se existe alguém que deseja muito alguma coisa, ou que precisa fazer alguma coisa para ser feliz e que não pode fazer isso porque é pobre ou porque uma pessoa má está proibindo.

O mundo está cheio de gente que não pode escolher o lugar onde viver com a família, que não pode ter suas terras e sua casa e que não pode escolher seu trabalho. Existem milhões de crianças que não podem viver com os pais, que não podem escolher uma roupa ou um brinquedo, que não podem ir à escola, que se alimentam muito mal e às vezes até passam fome. Muita gente passa a vida inteira fazendo só o que os outros querem, sem poder fazer nada do que gostaria. Todas essas pessoas não são livres e por isso não são alegres nem são felizes. Isso não é justo e nós devemos sempre ajudar as outras pessoas a conseguirem sua libertação.

Às vezes existem pessoas que tiram a nossa liberdade, que nos obrigam a fazer só o que elas querem e dizem que fazem isso para nos proteger e nos ajudar. Nós não devemos concordar com isso, porque quando tiram a nossa liberdade tudo fica triste, as pessoas vivem contrariadas e infelizes. Quando alguém quiser nos obrigar a aceitar uma ordem, nós devemos querer saber o motivo e devemos dar sempre nossa opinião. Desse modo nós podemos obedecer sem perder a liberdade.

A liberdade é muito importante para todas as pessoas, pois quem não a tem não pode ser feliz.

Se todas as pessoas defenderem a liberdade ela nunca vai acabar, as pessoas que hoje são tristes vão ficar alegres quando forem livres. E o mundo será muito melhor para todos."

DALLARI, Dalmo de Abreu. A nossa liberdade. In: MESERANI, Samir. *Linguagem e criatividade*. São Paulo: Saraiva, s.d. p. 53.

1. Como o autor define liberdade? Vocês concordam com ele? Por quê?
2. Segundo o texto, sem liberdade não se pode ser feliz. Vocês concordam com o autor? Por quê?
3. Considerando as ideias do texto, como fica a situação de um pai que quer impedir que um filho menor de idade ande com usuários de drogas?

Sugestões

Livros

CHAUI, Marilena. *Convite à filosofia*. São Paulo: Ática, 2003. Ler, especialmente, o capítulo 7, "A liberdade".

FIGUEIREDO, Vinicius de (Org.). *Seis filósofos na sala de aula*. São Paulo: Berlendis e Vertecchia, 2006. v. 1. Ler, especialmente, o capítulo "Sartre: a liberdade sem desculpas".

HORN, Geraldo Balduíno (Org.). *Textos filosóficos em discussão*. Curitiba: Elenco, 2006. Ler principalmente o capítulo "A moral da liberdade – ética".

HUXLEY, Aldous. *Admirável mundo novo*. Rio de Janeiro: Cia. Brasileira de Divulgação do Livro, 1969. Visão profética de uma sociedade que aos poucos vai-se alienando de seus valores fundamentais, como a liberdade.

LESKY, Albin. *A tragédia grega*. São Paulo: Perspectiva, 1976. Ler principalmente sobre Sófocles, autor da tragédia *Édipo Rei*.

ORWELL, George. *1984*. Rio de Janeiro: Nacional, 1975. Esse romance descreve uma sociedade dominada por um poder totalitário, capaz de controlar até os pensamentos das pessoas.

______. *A revolução dos bichos*. Porto Alegre: Globo, 1964. Uma alegoria sobre a liberdade e a escravidão.

Filmes

A maçã. Direção de Samira Makhmalbaf. Irã, 1998. (86 min).
Belíssimo filme sobre a condição feminina no Irã e sobre a questão da liberdade no mundo em geral. Irmãs gêmeas que viviam presas pelos próprios pais em casa descobrem com alegria o prazer de caminhar pela rua e encontrar outras crianças, com as quais exercem a insubstituível necessidade de brincar.

Amistad. Direção de Steven Spielberg. Estados Unidos, 1997. (148 min).
O filme resgata um fato real: em 1839, um grupo de africanos elimina parte da tripulação do navio negreiro que os transporta, o espanhol La Amistad (amizade), obrigando os sobreviventes a levá-los de volta à África. Por engano, acabam na costa leste dos Estados Unidos, onde os escravos são presos e submetidos a um longo processo judicial.

Assassinato em primeiro grau. Direção de Marc Rocco, Estados Unidos, 1995. (122 min).
Um jovem advogado é designado para defender um detento que assassinou um colega na prisão de Alcatraz. Aos poucos revelam-se as arbitrariedades do diretor da prisão. Pode-se relacionar o filme com o conteúdo discutido no intertítulo "A liberdade como conquista".

Hair. Direção de Milos Forman. Estados Unidos, 1979. (120 min).
Na década de 1960, um grupo de *hippies* une-se contra o alistamento para a Guerra do Vietnã e a favor de uma sociedade mais solidária, justa e livre. Musical.

O quarto poder. Direção de Constantin Costa-Gavras. Estados Unidos, 1997. (114 min).
Ao realizar uma matéria em um museu, um jornalista depara com um ex--funcionário, chamado Sam Baily, que, armado, pede seu emprego de volta à diretora do local. O jornalista, com o prestígio em baixa, decide realizar uma cobertura exclusiva do caso e recuperar a fama.

Referências bibliográficas

Gusdorf, Georges. *Impasses e progressos da liberdade*. Trad. Homero Silveira. São Paulo: Convívio, 1979.

Rousseau, Jean-Jacques. *Do contrato social*. São Paulo: Martin Claret, 2002.

Sánchez Vásquez, Adolfo. *Ética*. Trad. João Dell'Anna. Rio de Janeiro: Civilização Brasileira, 1992.

Sartre, Jean-Paul. *O existencialismo é um humanismo*. Trad. Rita Correia Guedes. São Paulo: Nova Cultural, 1987. (Os pensadores).

5

Amar, o verbo da vida

"Qualquer amor já é um
pouquinho de saúde,
um descanso na loucura."

Guimarães Rosa

O que vamos estudar neste capítulo

A necessidade do amor

O microcosmo do amor – a relação homem-mulher

O macrocosmo do amor – a sociedade

Narcisismo – a impossibilidade do amor

Amor, apelo de humanização

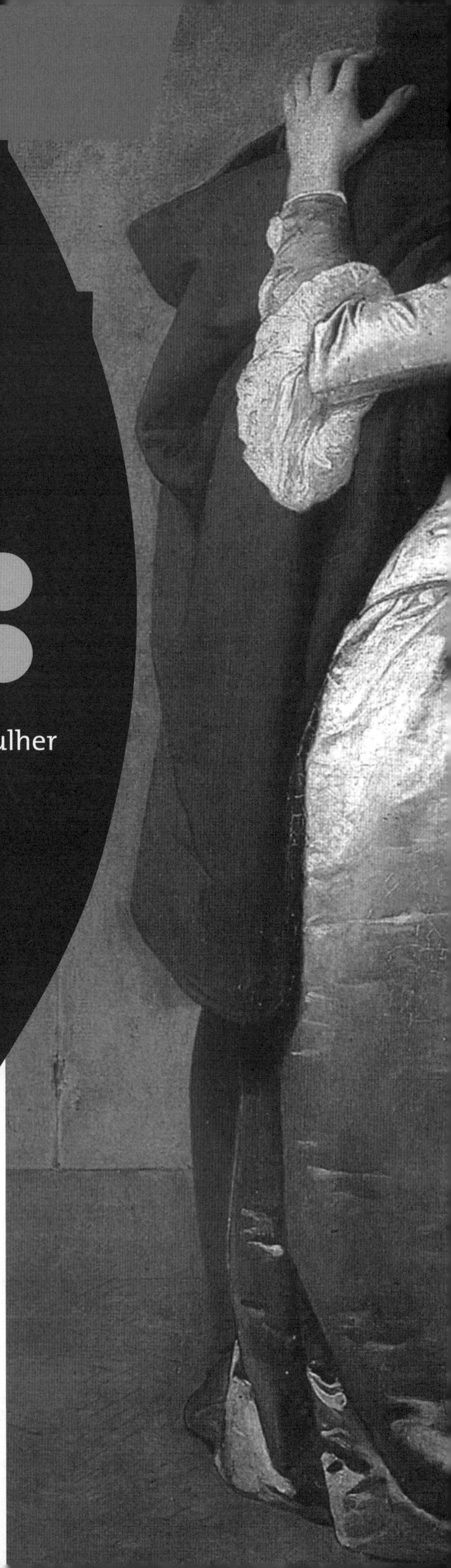

O *beijo* (1859), de Francesco Hayez.

A necessidade do amor

Ao tomar conhecimento de si mesmo como ser capaz de consciência e liberdade, o ser humano percebeu que é diferente do restante dos seres vivos. Passou a sentir a solidão que acompanha a individualidade. Ser um, tomar decisões e responder pela vida são fatos que provocam um sentimento doloroso de abandono e desamparo, só superado na relação com o outro. Veja como o filósofo **Erich Fromm** descreve esse estado:

Leia mais sobre Erich Fromm na seção *Comentários adicionais*.

> "O homem é dotado de razão; é a vida consciente de si mesma; tem consciência de si, de seus semelhantes, de seu passado e das possibilidades de seu futuro. Essa consciência de si mesmo como entidade separada, a consciência de seu próprio e curto período de vida, do fato de haver nascido sem ser por vontade própria e de ter de morrer contra sua vontade, de ter de morrer antes daqueles que ama, ou estes antes dele, a consciência de sua solidão e separação, de sua impotência ante as forças da natureza e da sociedade, tudo isso faz de sua existência apartada e desunida uma prisão insuportável. Ele ficaria louco se não pudesse libertar-se de tal prisão e alcançar os homens, unir-se de uma forma ou de outra com eles, com o mundo exterior."
>
> FROMM, Erich. *A arte de amar*. Belo Horizonte: Itatiaia, 2003. p. 28.

Dessa necessidade de união nasce o amor. O amor é, pois, o meio procurado e desenvolvido pelo ser humano para vencer o isolamento e escapar à loucura. Sem amor, o ser humano torna-se árido, incapaz de encantar-se com a vida e de envolver-se com os outros. Não se sensibiliza com o abandono dos velhos, a morte das crianças, a miséria do povo, a poluição e a destruição do planeta, o roubo da cidadania, a morte dos ideais. Sem amor não há encontro, não há diferença; resta a escuridão do individualismo, do ser incapaz de relação.

Individualismo: teoria que concede ao indivíduo o mais elevado grau de valor, considerando-o mais importante que a comunidade.

O QUE É O AMOR

Muitas pessoas confundem o amor com a paixão. Quando estão apaixonadas, julgam estar amando. O amor, porém, é uma vivência mais ampla, é um modo de ser, de viver, que se conquista gradualmente, à medida que se desenvolve a sensibilidade para com as outras pessoas. É a capacidade de descentrar-se, sair de si e ir ao encontro do outro, em uma atitude de zelo e respeito.

Ser amoroso é uma característica da personalidade e pressupõe toda uma vivência desde o seio materno.

Amar é preservar a identidade e a diferença do outro, sem perder a sua. É estar comprometido com a realização do outro, é querer seu bem.

O amor é uma força de aproximação, união, envolvimento e responsabilidade. Ele dinamiza a vida que existe nas pessoas. Derruba fronteiras, estabelece contatos, partilha.

A capacidade de amar pode expandir-se e atingir um envolvimento e um compromisso com todos os seres vivos e até mesmo com seres inanimados. Os movimentos ecológicos atestam gestos de amor de pessoas que lutam pela preservação da fauna, da flora, das águas e do ar.

No amor há a percepção da inter-relação universal, da fraternidade humana e cósmica.

Casal de amantes (1888), de Van Gogh.

FORMAS DE AMOR

O amor é uma vivência que se manifesta de várias maneiras: amor materno, amor paterno, amor pela pátria, amor a si mesmo, amor erótico, amor a Deus, amizade, amor pela natureza, amor pela sabedoria etc. Aqui nos limitaremos a fazer algumas considerações sobre o amor erótico e a amizade.

Amor erótico

Quando se fala em amor, pensa-se logo no amor erótico, porque essa forma de amar envolve o desejo, a busca de fusão e desenvolvimento a dois.

Erótico: palavra que deriva do nome de Eros, deus grego do amor (Cupido na mitologia romana). Eros representava não apenas o desejo sexual, mas também o desejo de união e o princípio do prazer, da alegria. Em psicanálise, representa a transformação do impulso sexual em energia psíquica, que se manifesta nas mais diversas expressões humanas. Com o tempo, "erótico" passou a ser usado para designar especificamente manifestações culturais relativas a sexo.

Do ponto de vista biológico, o amor erótico consiste na relação sexual e na procriação. A energia biológica manifesta-se psicologicamente em erotismo e exprime-se como busca de unidade, totalidade e comunicação.

E o que é erotismo? É a transformação da energia sexual, biológica, em energia psíquica, ampliando consideravelmente a sexualidade. O ser humano é ao mesmo tempo corpo e psiquismo. As solicitações do corpo expressam-se também de maneira psíquica, produzindo um progressivo desdobramento da sexualidade, que passa a se manifestar em vivências que aparentemente nada têm a ver com ela, como na arte, na ciência, no trabalho, na política e no envolvimento prazeroso com as pessoas e com o mundo.

(**Psiquismo**: conjunto dos processos mentais conscientes ou inconscientes de um indivíduo.)

O amor erótico é muito forte, porque pressupõe o retorno do sentimento vivido: é um dar e receber que se manifesta no prazer da convivência com o outro, tanto no plano físico quanto no psicológico.

Essa forma de amor quer exclusividade, porque os amantes pretendem ser únicos um para o outro, e quer reciprocidade, pois buscam alimentar um no outro o amor que sentem.

Detalhe de *Vênus e Adônis* (1794), de Antonio Canova.

Mimmo Jodice/Corbis/LatinStock

Amizade

Leif Kristiansson assim define o amigo:

> "[...] Um amigo é alguém com quem se está bem; alguém que bate com os dedos na madeira quando temos de fazer coisas difíceis. Um amigo sempre ouve o que dizemos e compreende o que não sabemos dizer. Um amigo não está sempre de acordo conosco e nos obriga a pensar honestamente e nos ama mesmo que façamos asneiras; nos ensina a gostar de coisas novas que não imaginaríamos se estivéssemos sozinhos. Um amigo é alguém que tem sempre tempo para nós quando aparecemos, nos ouve e nos ajuda a saber quem somos. É alguém em quem podemos acreditar [...]".

Kristiansson, Leif. *Um amigo*. Lisboa: Presença, 1973. p. 3-14.

A amizade é a forma mais abrangente do amor. É um apelo e uma resposta existencial. Esse apelo vai do meu eu ao outro, e do outro a mim, numa mútua cumplicidade que compreende sem palavras o que vai no coração de cada um. Os amigos partilham a vida com suas angústias e alegrias, que assinalam a condição humana.

(**Resposta existencial:** resposta dada, de forma autêntica ou inautêntica, às questões da vida.)

A empatia é a forma de comunicação que mais caracteriza a amizade. Colocar-se no lugar do outro minimiza os conflitos e impulsos agressivos, apara arestas, pois na amizade a compreensão é maior que as exigências, as cobranças e as críticas.

O amor em forma de amizade deveria impregnar todas as relações e estender-se a toda a humanidade, porque os amigos se aceitam em suas limitações.

Esse amor possibilita a solidariedade e a compaixão, buscando o desenvolvimento integral do ser humano, sua libertação, sua autonomia. É próprio desse amor não haver dominador nem dominado. Sua principal característica é o compromisso com o outro e, por implicar solidariedade, essa forma de amor tem uma conotação política: não permite a segregação e a discriminação por raça, cor, sexo, credo ou nacionalidade. É movida pelo desejo de justiça, igualdade de oportunidades e efetivação da dignidade humana: ama-se a todos sem exclusividade.

O filósofo **Emmanuel Levinas** levou às últimas consequências o amor como compromisso pelo outro. Para ele, o ser humano define-se pela capacidade de reconhecer a humanidade do outro; fazê-lo é ser ético. A ética, diferentemente das filosofias do ser, prioriza a alteridade do outro ser humano, que nunca poderá ser apreendida integralmente. Para Levinas, cada pessoa é transcendente, isto é, escapa ao processo do conhecimento porque ultrapassa qualquer compreensão que se tenha dela, e por isso não poderá ser manipulada, dominada, utilizada ou explorada. Essas características de dominação acontecem quando as relações sociais, pessoa-pessoa, são substituídas pelas relações pessoa-objeto, perspectiva que anula a possibilidade da convivência ética. Gera-se então um estado permanente de guerra implícito ou explícito, porque se vive no âmbito egoísta da sobrevivência, que produz a incomunicabilidade e a violência.

>> Leia mais sobre Emmanuel Levinas na seção *Comentários adicionais*.

(**Alteridade:** impossibilidade de apreensão, pelo conhecimento, do mistério e infinito que reside no outro ser humano, que jamais pode ser percebido como um objeto.)

Levinas mostra que o outro se manifesta como rosto, presença de alguém carente que solicita aceitação, respeito e afeição. O rosto é também majestade, infinito que significa por si só. Não é por ser isso ou aquilo, por ser doutor ou mendigo, doente ou saudável, criança ou idoso; ele **é**, e seu modo de ser é ético. Está além da forma, da aparência, nu e sem defesas, exposto, transcende sua indigência e estabelece o primeiro mandamento da convivência humana: não matarás!

(**Rosto**: apelo ético que transcende a forma plástica dos traços humanos, segundo Emmanuel Levinas.)

Levinas assim se expressa sobre o rosto:

> "Não sei se podemos falar de fenomenologia do rosto, já que a fenomenologia descreve o que aparece. Assim, pergunto-me se podemos falar de um olhar voltado para o rosto, porque o olhar é conhecimento, percepção. Penso antes que o acesso ao rosto é, num primeiro momento, ético. Quando se vê um nariz, os olhos, uma testa, um queixo e se podem descrever, é que nos voltamos para outrem como para um objeto. A melhor maneira de encontrar outrem é nem sequer atentar na cor dos olhos! Quando se observa a cor dos olhos, não se está em relação social com outrem. A relação com o rosto pode, sem dúvida, ser dominada pela percepção, mas o que é especificamente rosto é o que não se reduz a ele.
>
> Em primeiro lugar, há a própria verticalidade do rosto, a sua exposição íntegra, sem defesa. A pele do rosto é a que permanece mais nua, mais despida. A mais nua, se bem que de uma nudez decente. A mais despida também: há no rosto uma pobreza essencial; a prova disto é que se procura mascarar tal pobreza assumindo atitudes, disfarçando. O rosto está exposto, ameaçado, como se nos convidasse a um ato de violência. Ao mesmo tempo, o rosto é o que nos proíbe de matar."
>
> LEVINAS, Emmanuel. *Ética e infinito*. Lisboa: Edições 70, 2002. p. 77-8.

(**Fenomenologia**: movimento filosófico iniciado por Edmund Husserl que analisa descritivamente o mundo dos fenômenos, isto é, dos conteúdos que se revelam à consciência, mostrando que consciência e mundo se implicam.)

O microcosmo do amor – a relação homem-mulher

O AMOR É SUPLEMENTAR

Observando a natureza, percebemos as forças de atração e repulsão. No átomo, por exemplo, a força de atração o mantém em permanente movimento em direção a outro átomo, na busca eterna de novas combinações moleculares.

Nas plantas, a força atrativa explode nas cores e perfumes das flores preparando-se para a geração dos frutos e sementes.

Entre os animais, essa força se expressa em rituais, danças e disputas que culminam no acasalamento. No animal, a função sexual é instintiva; no ser humano, ela se transforma em erotismo. Um exemplo notável dessa transformação encontra-se no filme *A guerra do fogo*. Em determinado momento, o hominídeo, que tomava sua fêmea em um ritual ainda animal, é surpreendido por ela: ao girar sobre si mesma, coloca-se numa nova posição, face a face com seu parceiro, fitando-o nos olhos. No filme, esse gesto simboliza o primeiro passo para a humanização da relação homem-mulher. Representa o abandono da genitalidade, do puro instinto, e a conquista da sexualidade erótica. A mulher, com esse gesto, posiciona-se como igual ao homem; são parceiros, companheiros que se enriquecem no convívio mútuo: igualdade humana e diferença de sexos.

A beleza da relação homem-mulher está no encontro de seres autônomos e independentes. Muitos homens e mulheres, em função de sua imaturidade, criam relações de dependência e necessidade que fragilizam a união. Um procura no outro o que lhe falta ou o que gostaria de ser, em lugar de desenvolver ao máximo as próprias potencialidades. O amor é, então, apenas complementar, quando na verdade deveria ser suplementar, conforme afirmam Roberto Freire e Fausto Brito:

> "É dos mais neuróticos e parasitários o amor que leva uma pessoa a achar a outra um pedaço de si mesma [...]
>
> O saudável, nas relações amorosas, seria, primeiro, que a pessoa já tivesse conseguido crescer até o tamanho total de si própria. Depois, aprendesse a viver por si mesma e de si mesma. Só então acasalasse com alguém que tivesse tido igual desenvolvimento e soubesse viver de si mesmo também. Assim, inteiros e juntos, começariam a viver sensações inéditas, extraordinárias, impossíveis de se viver sozinho e que não existem em nós nem sequer em semente. É o amor suplementar de que falamos. Neste ponto, é bom proclamar o que se constitui em nossa ética fundamental: o amor não deve servir para coisa alguma, a não ser apenas para se amar.
>
> Quando, por uma razão qualquer, a relação amorosa se desfaz, o que se desfaz de fato é só a relação amorosa, e não as vidas e a integridade de cada um. E o que se tem obser-

Coleção particular

Os amantes nos lilases (1930), de Marc Chagall.

vado é que, por mais denso que tenha sido o amor, quando ele se desfaz nas relações sadias (suplementares), surgem logo novos encontros, novos namoros e seduções; o amor pode se refazer. É outro, original, porém com intensidade e qualidade semelhante ao anterior."

FREIRE, Roberto; BRITO, Fausto. *Utopia e paixão*. Rio de Janeiro: Fundação Peirópolis, 2001. p. 100.

Erich Fromm é da mesma opinião quando define o amor maduro com a frase "Necessito de ti porque te amo", e o amor imaturo com esta: "Amo-te porque necessito de ti". Para os três autores, a necessidade do outro deve ser fruto do amor, e não o amor produto da necessidade.

O PROBLEMA DOS PAPÉIS

Apesar de o amor ser uma relação entre iguais, culturalmente tem-se manifestado quase sempre como dependência e dominação. Ao se assumir como macho, o homem cria a dominação; e a mulher, ao aceitar o machismo, cria a dependência. Da mesma forma que o homem despreza seu lado feminino, a mulher foi condicionada a desprezar seu lado masculino, tornando-se submissa, frágil, dependente, inábil.

Dik Browne. *O melhor de Hagar, o horrível*. Porto Alegre: L&PM, 1986. p. 34. Intercontinental Press.

A origem de tudo isso está na luta pela sobrevivência que homem e mulher enfrentaram desde os primeiros tempos. Fisicamente mais forte, o homem caçava, buscava alimentos, defendia seu grupo dos perigos naturais. A gravidez, o cuidado com os filhos e a própria constituição física mais delicada limitavam a mulher. Estava montado o cenário para a dominação/dependência.

No entanto, a história mostra que na ausência do homem, nas guerras, por exemplo, a mulher sempre teve um desempenho ativo, cuidando da lavoura, sustentando os filhos, protegendo a casa.

Após séculos de dominação, a mulher, vista pela sociedade como imatura e inferior, passou a lutar com maior afinco para conquistar uma posição de igualdade com o homem. Os movimentos feministas se articularam principalmente a partir da Revolução Francesa, que, com seus ideais de igualdade, permitiu a participação feminina. Entretanto, as mulheres lutavam com as armas e os ideais masculinos, sem perceber um direito maior: o de ter sua própria visão de mundo. Ao lutar com as armas masculinas, a mulher passou a ser um "homem inferior".

No século V a.C., os conflitos da relação homem-mulher já eram tema de discussão. Na comédia *Lisístrata*, de Aristófanes, as mulheres gregas se revoltam contra a longa ausência dos maridos – sempre envolvidos em guerras –, tomam a acrópole e decidem fazer uma greve sexual para obrigá-los a aceitar a paz. Com bom humor e atualidade, a comédia mostra o mundo das mulheres, os problemas que enfrentam e seu empenho em resolvê-los. A reconciliação final dos sexos e dos gregos simboliza a paz e a prosperidade.
Só muitos séculos depois, a partir da Segunda Guerra Mundial, a mulher começa a racionalizar sua luta. Um dos livros pioneiros em expressar as reivindicações e denúncias femininas foi *O segundo sexo* (1949), da filósofa francesa **Simone de Beauvoir**.

Leia mais sobre Simone de Beauvoir na seção *Comentários adicionais*.

Hoje, com a evolução do movimento feminista, a mulher percebe que a sociedade ficou aleijada porque ignorou a perspectiva feminina. Sente-se agora no dever de tornar mais sensíveis as instituições, a ciência, as artes, a política – enfim, toda a convivência humana. Assume seu papel não de "homem de saias", mas de verdadeira mulher: com direitos iguais aos do homem, como ser humano, mas livre e diferente, como parceira. Após décadas de luta, já não se quer apenas a igualdade, mas também a diferença, porque só a diferença dá encanto às relações – só ela é erótica e criativa.

Homem e mulher defrontam-se com o desafio de equilibrar os aspectos masculino e feminino de suas personalidades. O equilíbrio é precário e não há fórmulas prontas capazes de garanti-lo. Em cada contexto, em cada momento, em cada casal, cumpre inventá-lo – esse é o papel do erotismo.

A relação homem-mulher é complexa, difícil. O machismo, representado pela dominação do homem e submissão da mulher, impede uma relação autêntica. Ao mesmo tempo, o conflito dos papéis sexuais e sociais, com a inserção da mulher no mercado de trabalho e na vida pública, exercendo as mais variadas funções, gerou um clima de competição entre os sexos, que passaram a se ver como rivais.

Angeli. Chiclete com banana. *Folha de S.Paulo*, São Paulo, 11 dez. 1993. p. 4-10.

Homens e mulheres tornaram-se extremamente exigentes uns com os outros. Querem dos companheiros novos papéis e modos de ser, aos quais eles ainda não estão adaptados culturalmente. Por exemplo: a mulher espera que o homem seja ao mesmo tempo provedor, amigo, amante; que seja sensível, terno com ela e com os filhos, bem-sucedido e agressivo na luta pela vida; o homem, por sua vez, espera que a mulher divida com ele as responsabilidades econômicas da família, ao mesmo tempo que sonha com uma parceira disponível, submissa, amante fogosa e esposa recatada.

A ascensão da mulher como ser autônomo confundiu o homem, provocando insegurança na identidade masculina: ele estava acostumado ao poder e à hegemonia, e de repente é solicitado a dividi-los com a mulher. Esta, por sua vez, acostumada à submissão, agora é obrigada a competir na luta pela sobrevivência.

> "Há que se considerar, porém, a radicalidade da transformação exigida pela libertação da mulher, já que a redefinição dos papéis sociais femininos demanda a redefinição dos papéis sociais masculinos."
>
> SAFFIOTI, Heleieth I. B. *Mulher e dignidade: dos mitos à libertação*. São Paulo: Paulinas, 1989. p. 38.

Dik Browne. *O melhor de Hagar, o horrível*. Porto Alegre: L&PM, 1986. p. 47. Intercontinental Press.

O PROBLEMA DO RÓTULO

O rótulo é outra dificuldade na convivência humana e afeta também as relações homem-mulher.

Os produtos industriais e comerciais são conhecidos por seus respectivos rótulos. Ora, "rotular uma pessoa" é vê-la sempre sob um único aspecto: Maria é bonita (não se percebem nela outras qualidades?); José é dominador (não terá qualidades que compensem esse defeito?); Luísa é superficial (por que o é?)...

O rótulo é uma forma de opressão que torna previsível e monótona a relação a dois, impedindo, com isso, a espontaneidade e as possibilidades de crescimento pessoal. O processo de rotular ocorre de forma inconsciente, e a pessoa rotulada tende, também de modo inconsciente, a incorporar o rótulo, inibindo, assim, suas potencialidades.

Superar esse processo constitui o início do autoconhecimento, que devolve à pessoa a liberdade de ser ela mesma.

O macrocosmo do amor – a sociedade

A sociedade neoliberal permite que a indústria da diversão e a propaganda explorem o amor erótico.

O sexo, por seu potencial de sedução, tornou-se um produto de mercado. É um instrumento com o qual se tenta manipular o desejo das pessoas. A mídia associa o desejo sexual a objetos neutros, procurando erotizá-los. Por exemplo: associa a imagem de uma mulher atraente à de um automóvel. Ao fazê-lo, mostra o produto como necessário. Por esse método, as pessoas são induzidas a perder o contato com suas necessidades reais: desejam aquilo que interessa ao mercado vender. Assim, a mídia empenha-se em exercer um poder sobre o próprio ato de desejar, contribuindo para o surgimento do indivíduo hedonista, consumidor e acrítico.

A sociedade neoliberal investe no amor erótico porque nele encontra um excelente meio de atingir seu objetivo: vender. Assim, empobrece o amor erótico ao reduzi-lo tão somente ao ato e aos órgãos sexuais. A amizade, por sua vez, é negligenciada e até mesmo desprezada nesse tipo de sociedade. Os ideais comunitários desse tipo de amor chocam-se com o individualismo consumista, despreocupado das questões sociais. Por isso, a fraternidade constituiu-se historicamente em um ideal revolucionário ao visar à justiça e à liberdade. É temida por aqueles que fazem da exploração e da alienação os meios de manutenção de seus privilégios. São raras as pessoas que percebem a existência dessa dominação subliminar. Percebê-la implica o desenvolvimento do espírito crítico, a educação para a cidadania.

Subliminar: estímulo que não chega a ser percebido pelo indivíduo de modo consciente, mas que pode influenciar seus desejos e opiniões.

A DESEROTIZAÇÃO DO ERÓTICO

O apelo sexual está sempre presente na propaganda, na moda, nos videoclipes, nos filmes, nos *outdoors*, nas revistas, nas novelas...

A propaganda parece erotizar os objetos ao ligá-los a imagens de homens e mulheres belos, ricos e sexualmente sedutores. A mídia cria e estabelece padrões para corpos, rostos, roupas, comidas, gostos, utilizando-se de imagens e frases de efeito com apelo sexual. Tudo parece erotizado, mas é só aparência, porque o que ocorre na realidade é a deserotização do erótico. Trata-se de provocar uma banalização do sexo, desvinculando-o dos projetos e da afetividade de cada um.

A banalização do sexo produz um pseudoerotismo que reduz a sexualidade ampla, erótica, envolvente, ao exercício sexual restrito. Se a cultura, segundo **Freud**, nada mais é que um processo de sublimação da energia sexual, sua estrita utilização genital transforma as expressões criativas do erotismo em banalizações para o consumo.

Leia mais sobre Freud na seção *Comentários adicionais*.

Sublimação: transformação de um impulso originariamente sexual em uma manifestação tida, pela sociedade, como mais "elevada". A atividade religiosa, por exemplo, pode ser um exemplo de sublimação.

Esse empobrecimento do erotismo rouba ao ser humano a capacidade de envolvimento amoroso. As relações entre as pessoas tornam-se relações de uso e de troca. Nelas, o lucro e o benefício pessoal sobrepõem-se à entrega, ao compromisso e à doação. As relações tornam-se superficiais, impedindo, portanto, o crescimento e o amadurecimento do indivíduo.

Narcisismo – a impossibilidade do amor

EGOÍSMO E NARCISISMO

O egoísmo caracteriza-se como ausência de autoestima. Aparentemente, o indivíduo egoísta ama sobretudo a si mesmo e autovaloriza-se ao extremo. Parece ter uma boa dose de amor-próprio, mas, na verdade, ocorre exatamente o contrário: trata-se de uma pessoa carente que procura retirar dos outros aquilo que lhe falta.

Por ser uma personalidade exploradora que "quer" tudo para si, o egoísta não desenvolve a amizade. É incapaz de perceber a presença de outros com expectativas e projetos próprios, diferentes dos seus. Na relação a dois – amor erótico – transforma o parceiro em objeto.

O egoísta não sabe conviver de maneira sadia, pois transforma os outros em apêndices de seus desejos. O egoísmo é um traço sombrio do instinto de sobrevivência. É particularmente forte na infância e deve atenuar-se aos poucos, com o desenvolvimento da personalidade.

Uma sociedade que reforça o individualismo cria condições para a manutenção indefinida do egocentrismo infantil, gerando, com isso, um comportamento patológico e doentio: o narcisismo.

Narcicismo: manifestação patológica do psiquismo, na qual a libido se fixa no próprio eu; egolatria. Libido (em latim, "vontade, desejo") é a energia sexual que, transformada em energia psíquica, desdobra a sexualidade, criando um envolvimento prazeroso nos diversos campos de atuação do homem no mundo.

O mito grego de Narciso

Em tempos idos, na Grécia, o Rio Cefiso engravidou a ninfa Liríope. Meses depois, Liríope, apesar de não desejar a gravidez, deu à luz uma criança de beleza extraordinária. A ninfa consultou o adivinho Tirésias sobre o futuro de seu filho, e ele vaticinou que Narciso viveria, desde que nunca visse a própria imagem.

Sob essa condição, ele cresceu e tornou-se um moço tão belo quanto o fora em criança. Não havia quem não se apaixonasse por ele. Narciso, entretanto, permanecia indiferente a todos que o admiravam.

Narciso na fonte (1598-1599), de Caravaggio.

Um dia, porém, estando sedento, Narciso aproximou-se das águas plácidas de um lago e, ao curvar-se para beber, viu sua imagem refletida no espelho das águas. Maravilhado com a própria figura, apaixonou-se por si mesmo. Passou a precisar desesperadamente do objeto de seu amor e viu que não conseguiria mais viver sem aquele ser deslumbrante. Sua vida reduziu-se à contemplação daquele jovem tão belo: desejava-o, queria possuí-lo. Desvairado, inclinando-se cada vez mais ao encontro do ser amado, mergulhou nos braços frios da morte.
Às margens do lago, nasceu uma flor deslumbrante: o narciso. Ela relembra para sempre o destino trágico daquele que, aparentemente apaixonado por si mesmo, era, na verdade, incapaz de amar.

(**Ninfa:** divindade que, conforme a mitologia grega, habita rios e bosques.)

A psicologia distingue duas formas de narcisismo: o primário e o secundário. No **narcisismo primário**, a criança, nos primeiros meses de vida, não se distingue do mundo exterior. Forma uma unidade tão completa com a mãe que não percebe que as necessidades, as carências, estão dentro de si, enquanto a fonte de satisfação está fora, na mãe. Unida com a mãe, sente-se um ser completo e feliz. Aos poucos, começa a perceber que ela é uma pessoa e a mãe, outra. Toma consciência de que depende do mundo exterior para a satisfação de suas necessidades. Rompido o vínculo narcisista primário, a criança dará o primeiro passo para o desenvolvimento satisfatório de sua personalidade.

Quando esse rompimento é doloroso e insatisfatório, tem-se o **narcisismo secundário**. A criança, e mais tarde o adulto, criará um ego idealizado que se confundirá com seu próprio eu. Imaginar-se-á poderosa, sem necessidade dos outros, e ficará envaidecida com sua pseudoperfeição. Não poderá, então, interessar-se de verdade pelos outros; simplesmente os usará quando servirem para o enaltecimento de seu "poder" e de suas "qualidades".

O AMOR E A SOCIEDADE NARCÍSICA

O narcisismo revela a incapacidade de relação amorosa autêntica. O narcisista só se interessa por quem alimenta a imagem engrandecida e envaidecida que ele faz de si mesmo – o eu idealizado, narcísico. Como esse eu não corresponde a nenhuma pessoa real, as relações narcísicas são superficiais e insatisfatórias. O narcisista é contraditório: precisa do outro para manter sua autoimagem, mas não consegue relacionar-se amorosamente com ele.

A sociedade contemporânea, individualista, sem espírito comunitário e dependente do consumo, desenvolve condições para que o narcisismo aflore. As propagandas investem nos indivíduos, alisando-lhes o ego e tratando-os como onipotentes e merecedores de ver todos os seus desejos satisfeitos.

A pessoa se sente engrandecida à medida que adquire e possui coisas. Não admite mais as frustrações da vida, reagindo a elas de maneira infantil e destrutiva. A insatisfação permanente, gerada pela impossibilidade de ter os desejos satisfeitos segundo as promessas do sistema, torna as pessoas agressivas e violentas. A violência é a outra forma da onipotência.

Na sociedade narcísica, quase não há mais lugar para valores como justiça, honestidade e integridade. Vigora a lei do mais esperto, que procura levar vantagem em tudo. Os membros dessa sociedade comportam-se como se estivessem diante das câmeras, representando, buscando o melhor ângulo, exibindo o melhor sorriso, caprichando na *performance*, porque outra característica da personalidade narcísica é a necessidade constante da admiração alheia. Os elogios dos outros funcionam como um espelho em que o narcisista vê a própria imagem refletida. Tudo nessa sociedade se transforma em espetáculo, incluindo a política.

O desejo permanente de fama, sucesso e beleza leva os indivíduos a temer e a rejeitar a velhice; por isso, a eterna juventude é glorificada e a velhice, execrada. Envelhecer é crime. Na sociedade narcísica, as pessoas são vazias, incapazes de relações profundas e verdadeiras. Daí a quase impossibilidade de amor entre elas. Não deixa de ser sintomático o surgimento da expressão "ficar com alguém". Ficar, ao contrário de amar, é o verbo da moda.

Superar o narcisismo é desenvolver a capacidade de encontro e de sensibilidade para com o outro, é ser capaz de responder a seu apelo.

Amor, apelo de humanização

Vida sem amor é morte, porque só o amor pode criar o mundo humano.

O ser humano é um fazer-se constante, é projeto aberto ao futuro. E o amor é o apelo que o outro me lança para considerá-lo autor de sua própria vida, que deseja comigo construir o inédito, o novo, que seria impossível criar sozinho. É desse encontro que se fazem as relações suplementares.

Sem amor, vemos os demais seres como objetos, como coisas, e as coisas são determinadas pela soma de suas características. Portanto, considerar o outro a soma de suas qualidades e defeitos, algo pronto e acabado, é enquadrá-lo como objeto e ignorar suas possibilidades e alteridade. É assim que posso rotular o outro e vê-lo como "prostituta", "homossexual", "pobre", "ignorante", "mulher", "negro", "ladrão", "criminoso", não respondendo ao olhar que ele lança ao âmago de meu ser para que eu o veja e o acolha como um ser humano acima dos rótulos.

Se meu olhar pudesse ver no outro não o rótulo que a vida e a sociedade lhe impuseram, mas um processo em constituição, um arquiteto de si, haveria humanização permanente das relações e da sociedade.

Kunsthistorisches Museum, Viena

Amor (1523-1524), de Parmigianino.

O apelo do outro, assim como meu apelo ao outro, é silencioso, raramente traduzido em palavras, é um desvelamento da alma que se manifesta no olhar e desperta medo, porque o outro me chama sem máscaras com aquilo que ele é e almeja ser comigo. E eu deverei responder com todo o meu ser: com o que sou e com o que ele me desafia a ser com ele.

Amar é possibilitar o exercício da liberdade criadora do próprio ser. O amor transforma um ser coisificado, humilhado e oprimido em uma pessoa, plena de possibilidades. Ele é o mistério que faz com que eu me perca, sem defesas, no outro e o outro em mim, mas, ao nos perdermos um no outro, por sortilégio do amor, nos encontramos e nos transformamos em liberdade e criação.

O poeta Carlos Drummond de Andrade encerra esta reflexão sobre o amor, elucidando-o ou talvez tornando-o mais enigmático:

> "Como nos enganamos fugindo ao amor!
> Como o desconhecemos, talvez com receio de enfrentar
> sua espada coruscante, seu formidável
> poder de penetrar o sangue e nele imprimir
> uma orquídea de fogo e lágrimas.
> Entretanto, ele chegou de manso e me envolveu
> em doçura e celestes amavios.
> Não queimava, não siderava; sorria.
> Mal entendi, tonto que fui, esse sorriso.
> Feri-me pelas próprias mãos, não pelo amor
> Que trazias para mim e que teus dedos confirmavam
> ao se juntarem aos meus, na infantil procura do Outro,
> o Outro que eu me supunha, o Outro que te imaginava,
> quando – por esperteza do amor – senti que éramos um só."

ANDRADE, Carlos Drummond de. *Amar se aprende amando.* 27. ed. Rio de Janeiro: Record, 2003.

Coruscante: faiscante, reluzente.
Amavios: encantos, feitiços.
Siderar: estarrecer, paralisar, atordoar.

Roteiro de estudo

As perguntas a seguir referem-se aos principais tópicos deste capítulo. Elas podem ajudá-lo a estudar e rever todo o conteúdo apresentado. Ao respondê-las, você estará analisando e sintetizando as ideias expostas.

1. Faça um comentário sobre a seguinte frase do texto: "Sem amor, o ser humano torna-se árido, incapaz de encantar-se com a vida e de envolver-se com os outros".
2. Encontre no texto de Erich Fromm (página 103) os elementos que caracterizam o isolamento do homem e a necessidade do amor.
3. Crie uma definição sobre o amor.
4. Explique a diferença entre amor erótico e amizade.
5. Qual é a diferença entre o olhar que procura conhecer e o acesso ético ao rosto?
6. Explique, com base nas ideias de Emmanuel Levinas, por que o rosto institui o primeiro mandamento da convivência entre os homens: "Não matarás!".
7. Dê exemplos de diferentes formas de manifestação da energia erótica psíquica.
8. Caracterize uma relação erótica sadia e uma relação erótica patológica, mostrando as diferenças entre ambas.
9. Analise o texto de Roberto Freire e Fausto Brito (página 108) e explique o que eles entendem por "relação suplementar".
10. Observando o comportamento de casais que você conhece, cite as dificuldades mais comuns no relacionamento homem-mulher.
11. Explique por que rotular é impedir o desenvolvimento da personalidade do outro.
12. Dê exemplos de manipulação do amor erótico pela mídia.
13. Estabeleça as diferenças entre egoísmo e narcisismo.
14. Explique por que Narciso, que aparentemente ama, na verdade é incapaz de amar.
15. Distinga narcisismo primário de narcisismo secundário.
16. Identifique possíveis "lagos de Narciso" na sociedade contemporânea.
17. Comente o que você entende da seguinte afirmação: "O amor é um apelo de humanização". Você concorda com ela?

Para refletir

1. Pesquise como o amor foi representado na arte, em diferentes períodos da história. Depois, em grupo, crie uma apresentação mostrando como vocês representariam o amor hoje. Para essa apresentação, o grupo pode usar cartazes ou recursos do computador, com o programa Power Point. Selecionem uma frase do capítulo com a qual vocês concordam, para ilustrar o trabalho, que deverá ser exposto e discutido em sala de aula.

2. Leia a frase a seguir e invente uma história em quadrinhos em que um dos personagens tenha esta fala. Não se preocupe com a qualidade do desenho; o que vale é a sua ideia.

   "Mundo! Que és tu para um coração sem amor?"

   GOETHE

3. Entreviste casais, pedindo-lhes uma definição de amor. Compare essas definições com as desenvolvidas no texto. Discuta o resultado em sala de aula.

4. Observe e faça uma relação de atitudes que evidenciem a ausência de amizade entre as pessoas. Discuta o resultado em grupo, pensando em possíveis soluções para os problemas encontrados.

5. Leia o texto e a história em quadrinhos a seguir. Cada um, a seu modo, trata do "apaixonar-se". Depois escreva sobre o que significa para você estar apaixonado.

   "Apaixonarmo-nos não é apenas sermos atraídos por uma pessoa, vê-la bela e desejável. É uma mudança interior de todo o ser; vemos o amado diferente porque nos tornamos diferentes. A nossa sensibilidade centuplicou-se, as cores tornaram-se luminosas, límpidos os sons. Pelo fato de o amarmos a ele, ao nosso amado, todas as outras pessoas nos surgem de outro modo. Antes de tudo, mais humanas. Enquanto até aí mal as víamos, agora conseguimos intuir os seus sentimentos, é como se nos tivéssemos tornado capazes de nos pormos em comunicação com elas. Já não temos vontade de mentir. Sobretudo a nós próprios e ao ser amado. Percorremos de novo, na recordação, a nossa vida e apercebemo-nos de que antes de termos encontrado quem amamos, esta vida era mesquinha, insípida. O ser amado não é a perfeição, vemos os seus defeitos; se é pequeno ou magro, ou tem o nariz comprido ou curto. Mas todas essas coisas deixam de se tornar defeitos, porque conseguimos agora ver sua essencialidade e o seu valor. Os nossos olhos tornam-se capazes de descobrir a beleza do ser tal como é. E se o amado nos diz sim, então somos felizes e gostaríamos que o tempo parasse, e que todos os outros seres humanos fossem também felizes, e toda a humanidade e todo o universo a que nos sentimos unidos de modo íntimo e solidário."

ALBERONI, F. *A árvore da vida.* Lisboa: Relógio d'Água, 1991. p. 23-5.

Goscinny e Uderzo. *Asterix legionário.* Rio de Janeiro: Record, 1981./Intercontinental Press.

Para ler e debater

Prepare-se para os debates lendo atentamente os textos. Reflita sobre as perguntas e anote seus argumentos para cada uma delas.

1. O banquete

O banquete, de **Platão**, apresenta uma reunião de atenienses que discutem a natureza e o sentido do amor. Ao final, fala **Sócrates**, que era mestre de Platão. O trecho aqui reproduzido faz parte do discurso de Sócrates.

"Quando nasceu Afrodite, banqueteavam-se os deuses, e entre os demais se encontrava também o filho de Prudência, Recurso. Depois que acabaram de jantar, veio para esmolar do festim a Pobreza, e ficou pela porta. Ora, Recurso, embriagado com o néctar – pois vinho ainda não havia –, penetrou o jardim de Zeus e, pesado, adormeceu. Pobreza então, tramando em sua falta de recurso engendrar um filho de Recurso, deita-se a seu lado e pronto concebe o Amor. *Eis por que ficou companheiro e servo de Afrodite o Amor, gerado em seu natalício, ao mesmo tempo que por natureza amante do belo,* porque também Afrodite é bela. E por ser filho o Amor de Recurso e de Pobreza, foi esta a condição em que ele ficou. Primeiramente ele é sempre pobre, e longe está de ser delicado e belo, como a maioria imagina, mas é duro, seco, descalço e sem lar, sempre por terra e sem forro, deitando-se ao desabrigo, às portas e nos caminhos, porque tem a natureza da mãe, sempre convivendo com a precisão. Segundo o pai, porém, ele é insidioso com o que é belo e bom, e corajoso, decidido e enérgico, caçador terrível, sempre a tecer maquinações, ávido de sabedoria e cheio de recursos, a filosofar por toda a vida, terrível mago, feiticeiro, sofista: e nem imortal é a sua natureza nem mortal, e no mesmo dia ora ele germina e vive, quando enriquece; ora morre e de novo ressuscita, graças à natureza do pai; e o que consegue sempre lhe escapa, de modo que nem empobrece o Amor nem enriquece, assim como também está no meio da sabedoria e da ignorância. Eis com efeito o que se dá. Nenhum deus filosofa ou deseja ser sábio – pois já é –, assim como se alguém mais é sábio não filosofa. Nem também os ignorantes filosofam ou desejam ser sábios; pois é nisso mesmo que está o difícil da ignorância, no pensar, quem não é homem distinto e gentil, nem inteligente, que lhe basta assim. Não deseja portanto quem não imagina ser deficiente naquilo que não pensa lhe ser preciso.

Quais então, Diotima – perguntei-lhe –, os que filosofam se não são nem os sábios nem os ignorantes?

É o que é evidente desde já – respondeu-me – até a uma criança: são os que estão entre esses dois extremos, e um deles seria o Amor. Com efeito, uma das coisas mais belas é a sabedoria, e o Amor é amor pelo belo, de modo que é forçoso o Amor ser filósofo e, sendo filósofo, estar entre o sábio e o ignorante. E a causa dessa sua condição é a sua origem: pois é filho de um pai sábio e rico e de uma mãe que não é sábia, e pobre."

PLATÃO. *Os pensadores.* São Paulo: Abril Cultural, 1979. p. 35-6.

Leia mais sobre Platão e Sócrates na seção *Comentários adicionais*.

1. Explique a natureza ambígua do amor, nem mortal nem imortal, nem pobre nem rico, nem sábio nem ignorante.
2. Qual a analogia encontrada por Sócrates entre o Amor e o filósofo?

2. Dos objetos do amor

"O amor não é, primacialmente, uma relação para com uma pessoa específica; é uma *atitude*, uma *orientação* de *caráter*, que determina a relação de alguém para com o mundo como um todo, e não para com um 'objeto' de amor. Se uma pessoa ama apenas a uma outra pessoa e é indiferente ao resto dos seus semelhantes, seu amor não é amor, mas um afeto simbiótico, ou um egoísmo ampliado. Contudo, a maioria crê que o amor é constituído pelo objeto e não pela faculdade. De fato, acredita-se mesmo que a prova da intensidade do amor está em não amar ninguém além da pessoa 'amada'. Este o mesmo equívoco de que acima já falamos. Por não se ver que o amor é uma atividade, uma força da alma, acredita-se que tudo quanto é necessário encontrar é o objeto certo – e tudo o mais irá depois por si. Tal atitude pode ser comparada à de alguém que queira pintar mas, em vez de aprender a arte, proclama que lhe basta esperar pelo objeto certo, passando a pintá-lo belamente quando o encontrar. Se verdadeiramente amo alguém, então amo a todos, amo o mundo, amo a vida. Se posso dizer a outrem 'eu te amo', devo ser capaz de dizer: 'Amo em ti a todos, através de ti amo o mundo, amo-me a mim mesmo em ti'.

Dizer que o amor é uma orientação que se refere a todos e não a um não implica, entretanto, a ideia de que não haja diferenças entre vários tipos de amor, que dependem da espécie de objeto que é amado."

FROMM, Erich. *A arte de amar*. Belo Horizonte: Itatiaia, 1980. p. 71-2.

1. Qual é a diferença entre o desenvolvimento de uma personalidade amorosa e a escolha de um objeto adequado de amor?
2. Por que o autor diz que é um equívoco amar apenas a pessoa amada? Vocês concordam com ele? Por quê?
3. Que paralelo o autor faz entre a pintura de um quadro e o amor?
4. Se amar é uma atitude, se devo ser capaz de dizer "Amo em ti a todos, através de ti amo o mundo", por que o autor afirma haver diferenças entre os vários tipos de amor?

3. Ter o sexo tornou mais difícil ter o amor

"Outra coisa, porém, chama minha atenção nos grupos jovens que conheço: *namoram muito e não namoram nada.*

Namoram muito porque têm sempre um/a namorado/a em campo, alguém em quem estão interessados, alguém que estão 'azarando'. Mas ao mesmo tempo não namoram nada, porque essas relações são muito inconsistentes. O casal se junta e se separa com a mesma facilidade. Não há amor, não há envolvimento. Há desejo, epidérmico. Na verdade não são bem namoros, são casualidades.

E como começam muito cedo, de uma casualidade em outra passa-se o tempo. Agradável a princípio, excitante, uma espécie de tiroteio cerrado de desejo, de busca, de troca. Mas cansativo a longo prazo, desapontador. Do amor, afinal, esperavam mais do que isso.

Quando eu tinha 16 anos não se ia para a cama. Em compensação amava-se delirantemente. Vai ver, era por isso mesmo: não indo para a cama não se 'esvaziava' o desejo, não se matava a sede, e então, durante meses e meses, ia-se procurar aplacá-la na boca do amado, nas mãos errantes na acolhedora escuridão das matinês. Tirei grandes sarros no cinema, mas jamais lhe daria esse nome – ou o equivalente na época –; dentro de mim eu era uma heroína romântica, estava vivendo um grande amor.

Museum für Moderne Kunst, Frankfurt.

Nós nos levantamos lentamente (1964), pintura de Roy Lichtenstein.

Naquele tempo faltava uma coisa, hoje falta outra. Eu não podia me dar o sexo. Eles não conseguem se dar o amor. As moças com quem converso me dizem que gostariam, que têm vontade de ter um namoro mais consistente. Mas que os rapazes não querem. Será verdade? Confesso minha falha, mãe de filhas mulheres, rodeada de sobrinhas, afilhadas, amigas, quase não conheço rapazes aos quais fazer esse tipo de pergunta. Mas será que eles não querem mesmo? Ou será que, como elas, querem e não conseguem? E se ambos não conseguem, que impedimento é esse que existe entre eles e o sentimento, logo agora que foi derrubada a barreira entre os jovens e o sexo?

A tendência imediata é achar que não param em nenhum/a porque podem ter todos/as. Mas por outro lado existe a facilidade maior de parar em um parceiro, agora que ele pode ser completo, reunindo sexo e sentimento.

Se eu disser que fogem do envolvimento porque costumam ter em casa exemplos de relação tumultuados ou desastrosos, estarei fazendo psicologismo barato, porque a minha geração também teve exemplos paternais nada animadores, e no entanto partiu desde cedo para a relação.

Acontece também que são filhos diretos da baixa do amor, do descrédito da relação, e da ênfase nas emoções tonitruantes. Enquanto deixam o amor de lado, procuram terremotos emocionais no 'som', no 'brilho', nos riscos.

Mas uma ideia me ocorre que me parece mais acertada. A de que os jovens estejam, de forma inconsciente, *fugindo do amor justamente porque podem ter o sexo*. Explico melhor: o amor é uma emoção importante, o sexo também; mas só *o amor somado ao sexo constitui a emoção fundamental do ser humano*. Ora, nem todos os jovens têm um mesmo grau de amadurecimento. E nem todos eles se sentem prontos para chegar ao topo do seu universo emocional. Antes todos podiam ter amor, e só os mais maduros – ou os mais inconscientes – se lançavam na completude amor/sexo.

Agora acontece exatamente o oposto; tendo o sexo, evitam somá-lo ao amor, adiando a sobrecarga emocional que não se sentem capazes de enfrentar."

COLASSANTI, Marina. *E por falar em amor.* Rio de Janeiro: Salamandra, 1984. p. 301-2.

1. Quais são os dois tipos de namoro que Marina Colassanti compara?
2. Vocês concordam com a autora quando ela afirma que ter o sexo tornou mais difícil ter o amor? Por quê?
3. Vocês acham que os jovens de hoje estão "fugindo do amor justamente porque podem ter o sexo"? Expliquem.

4. A devoração da esperança no próximo

"[...] No individualismo contemporâneo, a impessoalidade converteu-se em indiferença e os elos afetivos da intimidade foram cercados de medo, reserva, reticência e desejo de autoproteção. Pouco a pouco, desaprendemos a gostar de 'gente'. Entre quatro paredes ou no anonimato das ruas, o semelhante não é mais o próximo-solidário; é o inimigo que traz intranquilidade, dor ou sofrimento. Conhecer alguém; aproximar-se de alguém; relacionar-se intimamente com alguém passou a ser uma tarefa cansativa. Tudo é motivo de conflito, desconfiança, incerteza e perplexidade. Ninguém satisfaz a ninguém. Na praça ou na casa vivemos – quando vivemos! – uma felicidade de meio expediente, em que reina a impressão de que perdemos a vida 'em colherinhas de café'.

As elites ocidentais são elites sem causa e, no Brasil, estamos repetindo o que, secularmente, aprendemos a imitar. Como nossos modelos europeus e americanos, reagimos ao sentimento de miséria em meio à opulência com apatia, imobilidade e conformismo. Construir um mundo justo? Para quê? Para quem? Por acaso um mundo mais justo seria aquele em que todos pudessem ter acesso ao que as elites têm? Mas o que têm as elites a oferecer? Consumo, tédio, insatisfação e ostentação. Bem ou mal, em nossa tradição moral e intelectual, respondíamos às crises de identidade reinventando utópicas formas de vida em mundos melhores. Hoje, aposentamos os 'Rousseau'. Em vez de utopias, manuais de autoajuda, psicofármacos, cocaína e terapêuticas diversas para os que têm dinheiro; banditismo, vagabundagem, mendicância ou religiosismo fanático para os que apenas sobrevivem [...]

[...] Fizemos de nossas vidas claustros sem virtudes; encolhemos nossos sonhos para que coubessem em nossas ínfimas singularidades interiores; vasculhamos nossos corpos, sexos e sentimentos com a obsessão de quem vive um transe narcísico, e, enfim, aqui estamos nós, prisioneiros de cartões de crédito, carreiras de cocaína e da dolorosa consciência de que nenhuma fantasia sexual ou romântica pode saciar a voracidade com que desejamos ser felizes. Sozinhos em nossa descrença, suplicamos proteção a economistas, policiais, especuladores e investidores estrangeiros, como se algum deles pudesse restituir a esperança 'no próximo' que a lógica da mercadoria devorou [...]"

Freire Costa, Jurandir. *Folha de S.Paulo*, 22 set. 1996. Mais!, p. 5-8.

1. Como você interpreta a seguinte afirmação do autor: "desaprendemos a gostar de 'gente'"?
2. Você concorda ou não com o autor quando ele diz que "relacionar-se intimamente com alguém passou a ser uma tarefa cansativa"? Por quê?
3. Colete para o debate exemplos, em suas relações familiares e de amizade, que revelem a perda de esperança no próximo.
4. Pesquise em grupo soluções criativas para resolver o problema do individualismo e do narcisismo na sociedade atual. Apresente-as no debate.
5. É possível ser feliz hoje?

Sugestões

Livros

Azevedo, G. *Adolescência*. São Paulo: Scipione, 1995. (Ponto de apoio).

Platão. O banquete. In: *Platão*. São Paulo: Nova Cultural, 1987. (Os pensadores).

Ramos, Ricardo (Org.). *A palavra é... amor*. 5. ed. São Paulo: Scipione, 1994.

Ler sobre o mito de Narciso em livros de mitologia grega.

Filmes

A guerra do fogo. Direção de Jean-Jacques Annaud. França e Canadá, 1981. (97 min.).
Vale observar neste filme os caminhos de humanização do homem, caracterizados principalmente pela utilização do fogo e pela transformação por que passam as relações sexuais, de início animalescas, com a captura da fêmea, e depois chegando à igualdade dos parceiros, simbolizada pelo face a face que personaliza esse ato.

Amor sem fronteiras. Direção de Martin Campbell. Estados Unidos, 2003. (127 min.).
Ao conhecer um médico que se dedica a causas humanitárias, mulher casada abandona sua vida de conforto para ajudá-lo em seu trabalho. O filme aborda o amor pela humanidade e a capacidade de conjugá-lo com o amor erótico.

As invasões bárbaras. Direção de Denys Arcand. Canadá, 2004. (99 min.).
Retrata o amor de amizade e também a dedicação de um filho por seu pai que está à morte.

Em nome de Deus. Direção de Clive Donner. Inglaterra, 1988. (115 min.).
No século XII, casal se apaixona, mas deve manter o relacionamento em segredo porque o rapaz está comprometido com o celibato. A obra permite analisar e discutir os preconceitos contra a mulher e o amor na sociedade medieval. Não confundir com um filme que recebeu o mesmo nome em português (*The Magdalene sisters*, no original), de 2002, dirigido por Peter Mullan.

Minha vida. Direção de Bruce Joel Rubin. Estados Unidos, 1994. (102 min.).
Um homem descobre que tem uma grave doença e, no pouco tempo de vida que lhe resta, grava um *videotape* com seus depoimentos para o filho que ainda vai nascer. O filme permite uma reflexão sobre a qualidade dos relacionamentos humanos, principalmente em face da morte.

Quando um homem ama uma mulher. Direção de Luís Mandoke. Estados Unidos, 1994. (125 min.).
Esse filme, que mostra a história de um casamento ameaçado pelo alcoolismo da mulher, permite observar como a amizade e o amor erótico se comprometem com o crescimento e a libertação dos parceiros.

Referências bibliográficas

Alberoni, F. *A árvore da vida*. Lisboa: Relógio d'Água, 1991.

Andrade, Carlos Drummond de. *Amar se aprende amando: poesia de convívio e de humor*. 27. ed. Rio de Janeiro: Record, 2003.

Badinter, Elisabeth. *Um é o outro: relações entre homens e mulheres*. Rio de Janeiro: Nova Fronteira, 1991.

Brandão, Junito de Souza. *Mitologia grega*. Petrópolis: Vozes, 2002. v. 2.

Costa, Gley P. *O amor e seus labirintos*. Porto Alegre: Artmed, 2007.

Freire, Roberto. *Ame e dê vexame*. Rio de Janeiro: Novo Paradigma, 2003.

______; Brito, Fausto. *Utopia e paixão: a política do cotidiano*. Rio de Janeiro: Fundação Peirópolis , 2001.

Fromm, Erich. *A arte de amar*. Belo Horizonte: Itatiaia, 2003.

______. *Psicanálise da sociedade contemporânea*. Rio de Janeiro: Guanabara, 1983.

Kristiansson, Leif. *Um amigo*. Lisboa: Presença, 1973.

Lash, Christopher. *A cultura do narcisismo*. Rio de Janeiro: Imago, 1983.

______. *O mínimo eu*. São Paulo: Brasiliense, 1987.

______. *Refúgio num mundo sem coração: a família – santuário ou instituição sitiada*. São Paulo: Paz e Terra, 1991.

Levinas, Emmanuel. *Ética e infinito*. Lisboa: Edições 70, 2002.

Luijpen, W. *Introdução à fenomenologia existencial*. São Paulo: EPU, 1973.

Platão. O banquete. In: *Platão*. São Paulo: Abril Cultural, 1979. (Os pensadores).

Saffioti, Heleieth, I. B. *Mulher e dignidade: dos mitos à libertação*. São Paulo: Paulinas, 1989.

6

Indivíduo e sociedade

"Um galo sozinho não tece uma manhã:
ele precisará sempre de outros galos."

João Cabral de Melo Neto

O que vamos estudar neste capítulo

Viver é conviver

A sociedade se impõe

Indivíduo × sociedade

O senso comunitário

Baile no Moulin de la Galette (1876), de Pierre-Auguste Renoir.

Viver é conviver

SOMOS TODOS SOCIALIZADOS

Em casa, no colégio, no trabalho, no clube, no bairro, no ônibus, você vive com outras pessoas. Você **convive**.

O homem é um animal social. Ao nascer, o indivíduo recebe uma herança cultural. Se nascer na China, herdará a cultura chinesa; se nascer no Brasil, a cultura brasileira. O chinês falará chinês; o brasileiro, português. O chinês aprenderá a comer arroz, e o brasileiro, feijão com arroz. O chinês inclinará levemente a cabeça ao cumprimentar alguém; o brasileiro dará um aperto de mão. Ambos também sofrem influência da forma como está organizada a sociedade: o brasileiro, do capitalismo ocidental, e o chinês, do socialismo que adota padrões capitalistas.

O comportamento dos indivíduos é, pois, condicionado pela cultura em que convivem. O processo de assimilação da cultura recebe o nome de socialização e, por causa dela, nós, ocidentais, comemos com garfo e faca; as mulheres podem chorar em público e os homens, não.

Socialização: conjunto de processos de interação social que os indivíduos experimentam ao longo da vida, com um número infinito de coletividades, como a família, os grupos e as organizações sociais. A socialização se dá por meio da competência comunicativa e da capacidade de intercâmbio dentro de uma dada cultura e certo grau de civilização.

Com o tempo, a socialização acaba definindo perfis humanos de caráter coletivo, como a fleuma do inglês, o falar gestual do latino e a disciplina do japonês. Somos **produtos e produtores** da sociedade, responsáveis pelas condições em que vivemos.

Barry Yee/Photographer's Choice/Getty Images

Darren Robb/Photographer's Choice/Getty Images

As diferenças culturais se manifestam nos mais variados tipos de atividade humana, como na culinária.

Em sociedade, trocamos sentimentos, estabelecemos normas de ação e criamos cultura – esse complexo, a um só tempo heterogêneo e integrado, de meios materiais e afetivos de reprodução social do homem. Damos significado ao que fazemos e falamos, às coisas que fabricamos, ao modo como nos organizamos. Desenvolvemos técnicas para mediar nossas relações com outras pessoas e com a natureza.

Cultura: patrimônio intelectual e material, heterogêneo, integrado e, ao mesmo tempo, portador de elementos antagônicos, duradouro e em transformação constante, segundo a natureza e o desenvolvimento desses elementos: valores, normas, linguagem, símbolos, modelos de comportamento, técnicas mentais e corporais, meios materiais de produção e sua expressão para a reprodução social dos homens, membros de determinada sociedade.

Nem sempre, porém, as técnicas nos trazem benefícios. No caso de nossa relação com a natureza, não nos identificamos como parte dela. Apropriamo-nos da natureza conduzidos por interesses imediatos e particulares, sem levar em conta o conjunto do planeta e a necessidade de preservá-lo. Não controlamos as catástrofes de ordem natural e provocamos outras que abreviam a vida na Terra, em decorrência da poluição do ar, dos rios e dos mares, do desmatamento desordenado, do uso descontrolado de agrotóxicos, dos desastres ecológicos. Conseguimos colocar a natureza em desequilíbrio pelo modo predatório e cobiçoso com que a exploramos. O aquecimento global é, possivelmente, uma das maiores consequências desse nosso comportamento.

NÓS E OS OUTROS

Como indivíduos, mantemos uma aparente relação de independência com a natureza e uma relação de autonomia quanto às estruturas sociais. Mas dependemos da natureza para sobreviver e da sociedade para nos desenvolver. Somos seres dependentes e associativos, temos dificuldades em viver sozinhos. Associativos que somos, desenvolvemos formas societárias duradouras e significativas para abrigar a convivência.

Convivência significa "com-viver", viver com (outros), viver juntos, trocar experiências.

Vivemos em família, trabalhamos em empresas, damos valor a objetos, estabelecemos diferenças entre as pessoas. Aliás, é em contraste com os outros que afirmamos nossa individualidade. Somos especiais e inconfundíveis. Você, com seu jeito próprio de olhar e de sorrir, não encontrará outra pessoa igual. Somos diferentes como os dedos da mão. Juntos, formamos um todo social.

Indivíduo e sociedade são fenômenos que se integram, pois a vida humana é convivência. No entanto, vivemos a tensão de ser indivíduos e sociedade, e esse conflito é uma das questões mais instigantes da filosofia.

> *A sociedade apresenta, ao mesmo tempo, traços universais organizados dos homens e características específicas de cada agrupamento cultural.*

Gary Larson. *Além do Far Side*. São Paulo: Cedibra, s. d.

Enquanto convivemos, somamos diferenças e reforçamos semelhanças, produzindo o **fenômeno social** – essa rede de relações entre pessoas e grupos que expressa a variedade de interesses dos homens associados. Por um lado, demonstramos ser diferentes uns dos outros ao marcar nossa presença particular na família, no colégio, entre os amigos e colegas de profissão; por outro lado, submetemo-nos às influências sociais de nosso meio conforme características como a idade e o sexo. No grupo de jovens, por exemplo, há preferências semelhantes – o *jeans*, o *hip-hop*, o *pop rock*, o *funk*, as "baladas", o surfe, o *video game*, os esportes radicais, os *shoppings centers*, certas marcas de roupa, além de gírias – e, assim, os jovens provam existir um coletivo. Dessa forma, todos nós experimentamos ser aceitos socialmente, pertencer a um grupo, integrar várias coletividades. Isso é humano, é ser social.

> *Sendo diferentes, tornamo-nos um* **no** *grupo e, sendo sociáveis, tornamo-nos um* **do** *grupo.*

Kleee-Stistung, Berna.

Grupo de sete (1939), de Paul Klee.

CONVIVER É DIFÍCIL

A socialização é um processo dinâmico e contraditório. O fato de sermos socializados não significa que sejamos sociáveis o tempo todo. Ao interagir, concordamos ou discordamos. Interação não corresponde necessariamente a comportamentos e condutas positivas, isentas de conflito. Por vezes, são rebeldias discretas, uma irreverência aqui, outra ali, em constantes processos de contestação ou submissão às imposições sociais. Outras vezes, explodem inconformismos e conflitos que causam mudanças e rupturas no relacionamento social.

Algumas transformações são profundas e extensas, prolongam-se por anos e até séculos. São as revoluções. A Revolução Industrial, que mudou a feição do mundo a partir do século XVIII, a Revolução Francesa de 1789 e a Revolução Russa de 1917 são exemplos. Revoluções, porém, não ocorrem a todo momento. No dia a dia, experimentamos conflitos pessoais, choques entre individualidades, nos insurgimos contra o excesso de organização social, como a burocracia, ou mesmo contra a ausência de organização em certas situações.

Com o aumento do número de indivíduos e de necessidades, as relações sociais tendem a ficar mais densas, interdependentes, contraditórias. Sempre que estão em jogo interesses político-econômicos de diferentes grupos, afloram dissidências e até rupturas, muitas vezes violentas, com sérias consequências para os povos envolvidos.

Dentre os acontecimentos históricos recentes, destacam-se a queda do Muro de Berlim, em 1989, que significou o fim da divisão do mundo em dois principais blocos de sistemas econômicos – o socialista e o capitalista – e mudou a feição das relações internacionais; a disputa por um território que constitua a base para a nação palestina; os conflitos no Iraque e no Oriente Médio, envolvendo diferentes povos e religiões; e o processo de globalização, que alterou as relações entre os países ao intensificar as relações sociais em escala mundial, homogeneizar hábitos culturais e generalizar a economia, embora centralizando o poder político e econômico.

Globalização: fenômeno de aceleração do processo de internacionalização, característico do capitalismo histórico. Apresenta expansão e intensificação das relações sociais, desenvolvimento de um mercado mundial com base num sistema internacional de trocas e incentivo à instauração de mercados comuns. Caracteriza-se, ainda, pelo acirramento da concorrência, concentração de capitais, centralização de poder político e econômico.

Há vários meios que facilitam o relacionamento entre as pessoas – telefone, carta, internet. Os contatos face a face, porém, possibilitam relações pessoais e diretas. Hoje, as relações sociais tendem a ser:

- **mais impessoais**: "Nem sei o nome dos meus vizinhos";
- **formais e contratuais**: "Amigos? Pensando melhor, são colegas de trabalho";
- **utilitárias**: "Vou me aproximar do João. Ele é bem relacionado e pode me apresentar a alguém influente";
- **realísticas**: "Cuide-se! Veja bem com quem anda. Não vá marcar bobeira!";
- **especializadas**: "Apesar de exercer uma profissão especializada, continuo estudando, porque a concorrência no mercado de trabalho é muito grande".

CONVIVER COM AS DIFERENÇAS

Gary Larson. *Além do Far Side*. São Paulo: Cedibra, s. d.

"Needentais, needentais! Vocês não sabem fazer o fogo! Não sabem fazer fagulha! Há, há, há...!"

Em nossas relações, desempenhamos papéis sociais que nos levam a assumir responsabilidades: somos filhos, irmãos, colegas, sócios de um clube, integrantes de uma banda de música. Ao elegermos por voto direto, por exemplo, a diretoria do grêmio do colégio ou o presidente da República, estamos tomando decisões individuais que repercutem coletivamente. São escolhas com desdobramentos para além da vida de cada um. Por isso é tão difícil optar!

A convivência enfrenta, ainda, o problema da competição. Quem chegou primeiro? Quem é o melhor? Seja na disputa de uma vaga na universidade, seja na procura de emprego, estamos competindo, disputando coisas, confrontando nossas diferenças, reconhecendo desigualdades, admitindo formas de luta implícitas ou explícitas. Isso gera um crescente individualismo na sociedade e torna difícil conviver.

Existem conflitos entre classes sociais, entre grupos étnicos e nas relações trabalhistas. A tensão está presente nos relacionamentos. No convívio, expomos nossas diferenças individuais e estamos expostos às desigualdades resultantes da divisão da sociedade em classes.

Classes sociais: grandes agrupamentos sociais, entre os quais há um sentimento de oposição ou de tensão. Os indivíduos de uma classe têm certa consciência de pertencerem a um grupo, pela posição que ocupam na estrutura de produção da sociedade capitalista e pelas condições semelhantes de vida de seus membros.

Nas relações entre patrões e empregados, por exemplo, os primeiros são donos dos diferentes meios de produção, sejam a terra, as ferramentas, as máquinas e os equipamentos; os segundos possuem apenas sua força de trabalho. Contudo, é somente por meio dessa força de trabalho (energia física e mental do homem) que se pode lavrar a terra, acionar as máquinas, manejar as ferramentas, programar os computadores. Assim, os homens encontram-se historicamente associados para produzir a subsistência, mas a repartição dos bens produzidos não é igualitária.

Como os dois lados de uma moeda, há contraposição nas relações sociais. Dificilmente elas são simétricas e ocorrem entre iguais. As relações entre pais e filhos são relações de autoridade, bem como aquelas entre professores e alunos. Criamos expectativas sociais em nós, nos outros e a respeito deles. Esse é o âmago da convivência; e o seu segredo.

Influências recíprocas podem complicar a convivência entre as pessoas e entre as nações, cuja competição por recursos de toda ordem gera disputas de poder e graves conflitos sociais.

As relações sociais formam uma corrente de ações mútuas.

A sociedade se impõe

COMO SE INSTITUI O SOCIAL

Ao nascer, o indivíduo já encontra a vida organizada. O idioma que fala está formado há séculos, a religião que segue, também. É a organização da convivência humana que permite às sociedades transformarem-se e, ao mesmo tempo, subsistirem. As sociedades são um fenômeno histórico, uma vez que os indivíduos "fazem-se uns aos outros", física e espiritualmente, na expressão do filósofo **Karl Marx**.

Leia mais sobre Karl Marx na seção *Comentários adicionais*.

Para sobreviver, os homens produzem coisas, elaboram ideias, aprovam formas de vida em comum, criam práticas sociais, dando origem às instituições sociais: família, religião, Estado, leis, mercado de bens, educação, condutas morais, imprensa, entre outras. As instituições surgem para atender a necessidades como alimentação, saúde, educação, moradia e trabalho. Algumas necessidades se impõem como indispensáveis, a ponto de ficarmos frustrados quando não as satisfazemos.

> *Instituições são formas de organização das práticas sociais consideradas adequadas para atingir determinados fins.*

A sociedade não é constituída apenas de instituições tradicionais. Certas ações, quando repetidas, tornam-se hábitos sociais e são incorporadas ao viver. Passam a ser aceitas como as melhores em determinada época; tornam-se legitimadas. A moda é um bom exemplo de ação que se institucionaliza como padrão temporário de comportamento social. Podemos dizer que, a cada dia, ao trabalhar, ao estudar, ao namorar, instituímos a sociedade. Somos criadores da vida social.

O aparato técnico e o modo como preparamos alimentos, expressamos religiosidade, praticamos esportes e outras atividades são práticas sociais – referem-se à dimensão material da observância dos costumes. Para impulsioná-las temos o *habitus*, que, segundo **Pierre Bourdieu**, designa um conjunto de disposições comuns a uma classe social e pode ajudar a distinguir, por exemplo, o gosto musical de integrantes de diferentes classes sociais nas várias culturas.

Práticas sociais: expressão relativa ao exercício habitual dos comportamentos em sociedade; aplica-se mais à dimensão material dos usos e costumes, sem excluir, necessariamente, a consciência que coloca em ação as práticas, como ritos e comemorações, procedimentos aprovados socialmente.

Leia mais sobre Pierre Bourdieu na seção *Comentários adicionais*.

O SOCIAL NOS ATRAI

Tudo o que envolve o ser e o fazer coletivo exerce atração sobre nós. Temos necessidade de nos sentir valorizados, de estar atualizados com ideias e práticas aceitas na cultura em que vivemos. Esse fenômeno é visível na nossa sociedade, que atribui importância excessiva aos bens materiais. Quando jovens, acumulamos bichinhos de pelúcia, adesivos, cartazes de ídolos... até atulhar nossos quartos! Corremos o risco de acumular por acumular, seguindo o impulso da sociedade de consumo.

A todo momento, anúncios publicitários sedutores nos bombardeiam. Colocam-nos no centro das atenções, fazem-nos sentir como reis. Um reinado ilusório, pois representamos apenas compradores em potencial. Seja para comprar uma bicicleta ou uma camiseta incrementada, os anúncios tentam nos convencer das vantagens do produto ou de quanto é famosa sua marca. A força consumista é um aspecto do social que exerce atração e, por vezes, impede que percebamos o caráter capitalista da sociedade contemporânea.

Lançando um olhar crítico à sociedade produtora de objetos e de novas necessidades, detectamos contrastes: abundância, desperdício, excesso e escassez. Consumimos a própria sociedade convertida em coisas coloridas, úteis ou supérfluas, duráveis, descartáveis ou rapidamente obsoletas. O imperativo materialista é um exemplo da possibilidade de sujeição às regras sociais, que padronizam os gostos, uniformizam as ideias, fazem alguns mais iguais e outros bem diferentes.

> *O consumismo — essa compulsão para o ter — pressiona a individualidade e retira-lhe a capacidade crítica.*

O social, no entanto, não se restringe ao consumo. Existem outras formas que atraem as pessoas para a sociedade. A religião é uma delas. Em diferentes sociedades, traduz-se em práticas que revelam valores considerados imprescindíveis para a vida, como a obediência às leis e prescrições morais, ritos e cerimônias cheios de simbolismos culturais.

Ações e condutas individuais e coletivas, solidárias e agregadoras regem os impulsos humanos e provam o quanto o social nos atrai, seja para expressar a religiosidade, seja para atender aos apelos do consumo material.

A PRESSÃO SOCIAL

Pressão social é a força que tanto pode nos induzir a consumir um produto da moda como nos deixar inseguros diante da fala ou simples presença de autoridades e personagens sociais, como um professor, um prefeito, um artista famoso, um policial, um bandido. No entanto, pressão social não é apenas coerção física ou psicológica. Ela também está presente quando incorporamos comportamentos socialmente admitidos, seja por força das relações de natureza econômica, como as que ocorrem entre patrões e empregados, seja pelas práticas religiosas, políticas ou morais.

Constantemente, somos submetidos às normas da boa convivência: obedecemos às leis de trânsito, somos regidos pela Constituição, conhecemos o estatuto da associação de moradores, o regimento do condomínio. Recebemos sanções punitivas ou premiativas por meio de uma nota vermelha no boletim ou de uma medalha conquistada nas olimpíadas escolares. São expectativas de comportamento às quais aprendemos a corresponder. Nossas relações sociais são fruto de um conhecimento acumulado de experiências mútuas.

> *A pressão social leva indivíduos e grupos a adotarem padrões vigentes de comportamento.*

Formas brandas ou impositivas de pressão social são como as regras de um jogo. Da educação resultam indivíduos socializados. Por isso, reconhecemos as sinalizações, temos consciência de estar infringindo regulamentos, provocando reações adversas ou acrescentando algo para um viver melhor. Quando um sindicato, por exemplo, estimula uma greve com objetivo de reivindicar aumento de salários para os trabalhadores, ocorrem inúmeras situações de tensão social. Nas negociações com os patrões, no julgamento sobre a legalidade da greve, em passeatas e em momentos dramáticos, caso seja cortado o pagamento dos grevistas ou a polícia reprima uma manifestação de rua, observamos objetivamente a pressão social.

Essa pressão é uma forma de **controle social**, fenômeno multifacetado que emerge do processo de tensão presente em graus variados nos relacionamentos sociais. Com interesses diferentes, as pessoas exercitam poder quando disputam espaços físicos (terras, locais de moradia, um lugar no teatro) e espaços sociais (cargos, prestígio, influência, hierarquia, posições no trabalho).

Ao pagar impostos ou preparar documentos de identificação, sentimos a pressão da máquina estatal. Essa sensação de controle faz-se presente em outras instâncias sociais, ainda que de forma atenuada, quase imperceptível. Quando assistimos a programas de televisão ou ouvimos rádio, também somos pressionados socialmente para comprar o que é anunciado ou para adotar novos comportamentos, muitas vezes estranhos a nosso meio.

John D McHugh/AFP

Na Escócia, em 2005, manifestante e policial discutem durante protesto em frente ao hotel que recebeu a cúpula do G-8 (Grupo dos Oito, composto dos sete países mais industrializados e da Rússia).

O controle é um modo impositivo e institucionalizado de manter a sociedade organizada. Na atualidade, o Estado responde por formas ampliadas de controle social que se justificam pela necessidade de "proteção social" para atender à população em matéria de saúde, educação, segurança e habitação.

Controle social são meios ordenadores da vida em sociedade.

Indivíduo × sociedade

HÁ QUE EXPLICAR O SOCIAL

As regras da vida coletiva que tendem a se sobrepor à vontade dos indivíduos levam os estudiosos a indagar se é possível haver equilíbrio nas relações entre o indivíduo, a sociedade, a cultura e a natureza. Segundo **Edgar Morin**, cada um dos termos dessa relação é meio e fim, complemento e oposição. A cultura e a sociedade permitem a realização dos indivíduos, enquanto as interações entre eles sedimentam a cultura e auto-organizam a sociedade.

Leia mais sobre Edgar Morin na seção *Comentários adicionais*.

Louise Wilson/Getty Images

Multidão assiste a *show* durante o V Festival Hylands Park, em agosto de 2005, em Chelmsford, Inglaterra. O indivíduo e o coletivo são interdependentes, mas não se confundem.

Para **Durkheim**, o social resulta da combinação das consciências individuais. É um fenômeno que tem existência própria. Exerce coerção sobre o indivíduo, amoldando-o às formas de agir, pensar e sentir próprios de determinada sociedade, como nas sociedades industriais, nas quais os indivíduos e os grupos tornam-se interdependentes por meio do trabalho. Uns precisam dos outros para viver, numa espécie de cooperação compulsória. É a integração social resultante da divisão do trabalho.

Leia mais sobre Émile Durkheim na seção *Comentários adicionais*.

Para outros estudiosos, a preocupação específica com o indivíduo origina-se na sociedade burguesa do século XVIII. Com o surgimento das classes sociais fundamentais – a capitalista e a proletária –, alguns se tornam proprietários dos meios de produção material e outros dispõem apenas de sua capacidade individual de trabalho. Em condições históricas como essas, estabelecem-se determinadas relações que favorecem a oposição dos interesses e, paradoxalmente, é valorizada a figura do indivíduo.

Os indivíduos são considerados livres e iguais perante a lei. Livres para vender mercadorias ou, simplesmente, para trocar por salário sua força de trabalho, que também é uma mercadoria. Na sociedade capitalista, impera a liberdade da iniciativa privada, a competição entre forças individuais, e tudo é comercializado, até mesmo as relações pessoais.

Essa valorização do indivíduo, fruto do liberalismo econômico, veicula uma concepção de liberdade que, na verdade, favorece o controle social. Segundo Marx, a divisão do trabalho – que é a divisão básica entre as classes sociais –, por não ser voluntária, leva os trabalhadores a se deixarem dominar pelos produtos de seu trabalho. As coisas produzidas tornam-se tão importantes que transformam as relações sociais em relações de poder e de conflito.

A separação entre o interesse da sociedade e o interesse particular é fonte de tensão.

AS DESIGUALDADES SOCIAIS

A produção de bens é socializada: capital e trabalho juntam-se para produzi-los. Não existem capitalistas sem a contribuição dos trabalhadores. No entanto, é individualizada a partilha de tudo o que é produzido. Alguns lucram, outros recebem salários. As diferenças atingem os trabalhadores, capacitados ou não, em todos os níveis profissionais. Elas são mais evidentes nos países pobres e entre os imigrantes nos países ricos. Quando as diferenças sociais passam por processos que as radicalizam, como a concentração de renda e o poder, elas se transformam em desigualdade.

Na esteira das desigualdades sociais, surgem as discriminações. De modo geral, há preferência pelos que têm mais dinheiro, estudo, juventude, ou aqueles que correspondem ao padrão de beleza de cada época, em detrimento dos pobres, dos idosos, dos deficientes físicos. Deparamos com os preconceitos sociais.

Existem sérias distorções na organização da sociedade capitalista, e o bem-estar que deveria ser de todos torna-se privilégio de poucos. Os grandes problemas que afetam a coletividade crescem e não recebem soluções satisfatórias: fome, falta de trabalho, sistema educacional deficitário, hospitais mal equipados, transportes coletivos precários, estradas malconservadas, crianças abandonadas, mau uso dos recursos públicos. Fruto do descaso dos governos e da exacerbada exploração capitalista, a marginalidade social alastra-se no espaço público: crianças drogam-se abertamente, catadores de lixo vivem dos restos que coletam.

Rogerio Cassimiro/Folha Imagem

Morador de rua num banco de praça em São Paulo (SP), em 2005.

A complexidade da sociedade atual comporta relações de extrema desigualdade.

Situações dramáticas, reveladoras de desníveis sociais acentuados – o desemprego, as injustiças irreparadas, os atentados contra a vida –, geram conflitos permanentes e aprofundam a tensão entre o indivíduo e a sociedade. Nas últimas décadas do século XX e início deste, o crescimento dos índices de desemprego é uma tendência constante e irreversível em muitos países, em razão das transformações no desenvolvimento capitalista e das políticas neoliberais correntes, que retiram do Estado o compromisso de atender às necessidades básicas das populações.

Políticas neoliberais: conjunto de medidas econômicas, como as privatizações, a reestruturação empresarial e a desregulamentação trabalhista, inspiradas no liberalismo econômico contemporâneo, que rejeita a intervenção do Estado na economia e defende a supremacia do mercado, a concorrência entre as empresas e a liberdade de iniciativa para assegurar maior consumo, maior riqueza e qualidade de vida.

As consequências do processo de globalização – extensão e expansão das atividades econômico-financeiras, respaldadas por acordos políticos estabelecidos entre as nações – são graves e acentuam os problemas de desigualdades existentes. Em verdade, a globalização se apresenta como uma nova forma histórica de dependência econômica e política entre as nações. A desigualdade se instala entre os indivíduos habilitados ou não, os grupos e setores econômicos, as regiões no interior dos países e, principalmente, entre os próprios países.

A introdução de inovações para produzir bens e organizar o trabalho dá-se de modo desigual e tende, até mesmo, a expandir e a padronizar a miséria. O homem contemporâneo anseia por novas máquinas e tecnologias, que muitas vezes lhe roubam o lugar e o fazem vítima de um crescente processo de individualização na sociedade onde prevalece a informação. Chama-se **desemprego estrutural** a dispensa de trabalhadores causada pela introdução de máquinas computadorizadas no processo de trabalho e pela exigência de mão de obra cada vez mais qualificada.

Individualização: teoria da desincorporação, no sentido de que o indivíduo se desobriga da vida em corporações e reincorpora modos de vida da "sociedade da informação", nova organização social e econômica baseada em tecnologias da informação. As empresas reduzem o número de funcionários e contratam trabalhadores terceirizados ou subcontratam outras empresas. O resultado é uma administração descentralizadora, trabalho individualizante, mercados personalizados e decorrente fragmentação do trabalho e da sociedade.

Diante do desemprego e da fome em muitas regiões do mundo, criam-se planos de integração. Discute-se o modo como cada sociedade vê a ordem e as responsabilidades, especialmente do Estado, quanto à inclusão daqueles considerados excluídos – entre outros, as minorias étnicas e religiosas, os que recebem ou precisariam receber assistência social e os pobres cujo consumo está abaixo do nível de subsistência (sem-teto, famintos, indigentes, refugiados). Por viverem à margem da dignidade humana, são mínimas as chances de essas parcelas significativas da população mundial terem acesso aos bens e benefícios sociais.

Conhecer e desenvolver os direitos do cidadão é uma forma de participar da sociedade e ampliar a consciência crítica.

O senso comunitário

INDIVÍDUO E CIDADÃO

Quem de nós ainda não sentiu na carne a separação entre o interesse particular e o interesse comum, o bem da sociedade? Embora difíceis de conciliar, tais interesses são interdependentes.

O homem hoje se encontra no cruzamento de duas vias: a vida privada e a pública. Nessa esquina, ele vive a duplicidade de sua natureza social: a de ser indivíduo e cidadão. Os sinais desse trânsito são simultâneos: compõem-se de direitos e deveres sociais. Indivíduo e cidadão são realidades inseparáveis. Os indivíduos, como membros de uma nação, tornam-se cidadãos, isto é, são capazes de participar da vida política de uma coletividade.

Ao compartilhar o mesmo território sob o domínio político do Estado, os indivíduos-cidadãos exercitam reivindicações por melhores condições de vida. É o aprendizado e a conquista da cidadania. Desenvolvem uma consciência social e, dependendo do grau de participação política, expressam-na como consciência comunitária.

A formação de uma consciência social é um processo lento de elaboração cultural e está vinculada à existência das classes sociais em luta pela sobrevivência material e pelas ideias que defendem, entre elas os direitos e deveres do cidadão. A consciência social depende, portanto, da capacidade crítica que se desenvolve quando condições de vida semelhantes são compartilhadas.

À medida que tomam consciência de si, de seus iguais e do todo social, os indivíduos sentem-se herdeiros de um patrimônio físico e cultural comum: as ruas, os parques, a língua, a cultura. Formam um povo. Para que esse povo tenha maturidade política, é preciso um esforço conjunto de preservação de valores importantes para a convivência: o respeito à coisa pública e aos costumes. O sentimento de fazer parte desse todo nem sempre se traduz em consciência comum, em respeito ao que é de todos, em **senso comunitário**. Embora sejamos animais sociais, ainda valorizamos pouco o que é de uso coletivo.

Senso comunitário é o sentimento de um mundo partilhado com responsabilidade.

Em inúmeras ocasiões, nós, brasileiros, damos demonstrações de que nos falta senso comunitário. Em assembleias de condomínio, por exemplo, comparecem poucos moradores para resolver questões que dizem respeito a todos. Também não nos sentimos corresponsáveis pela conservação do edifício onde moramos ou da praia que é pública, e lá jogamos papéis, plásticos e latas.

O que é de todos parece ser de ninguém

Nos grandes centros urbanos do país, são frequentes os problemas de vandalismo em telefones públicos, escolas, veículos de transporte coletivo, edifícios, praças e monumentos. Contraditoriamente, isso acontece com a coisa pública, da qual os usuários são considerados os donos. O que é de todos parece não ser de ninguém. Aquele que picha, quebra, rouba, destrói acaba desfalcando os demais cidadãos de algo em comum: os telefones não funcionam, as ruas ficam às escuras com tantas lâmpadas quebradas. O próprio infrator acaba sendo prejudicado.

JF Diorio/AE

Telefone público depredado em São Paulo (SP), em 2007. O descaso pelo que é público revela a falta de amadurecimento do senso comunitário.

Em razão do baixo nível de educação do povo brasileiro, da perda de suas tradições e raízes culturais, da fraca capacidade de organização para defesa de seus interesses e da pequena participação na vida política do país, confirmamos, como povo, a força do individualismo crescente na sociedade contemporânea. Esse individualismo dificulta nossa identificação como membros de uma formação social e cultural comum, além de afastar-nos de uma convivência em que possam reinar a igualdade, a justiça e a fraternidade.

> *A separação entre os interesses individuais e os da comunidade impede o amadurecimento do senso comunitário.*

Individualismo: teoria que concede ao indivíduo o mais elevado grau de valor, considerando-o mais importante que a comunidade. O individualismo manifesta-se em comportamentos individuais e práticas sociais.

DA INCONSCIÊNCIA À DESPROTEÇÃO

Vivemos em uma sociedade sem as condições mínimas de vida comunitária. Falta-nos cultivar as especificidades de nosso povo. Há um apagar da memória coletiva, um esvaziamento do significado das coisas sociais. Carecemos de orientação educativa para a vida em comunidade, a qual não deixa de ser uma força política.

Em busca da cidadania, como indivíduos, muitas vezes nos sentimos excluídos das coisas que deveriam ser compartilhadas. Onde se acentuam as desigualdades sociais, multiplicam-se os bandos de desordeiros, os grupos de extermínio, as gangues de pichadores, as quadrilhas de ladrões, as máfias de colarinho-branco – grupos de profissionais qualificados que cometem crimes geralmente financeiros. O banditismo e a corrupção imperam. Afirma-se um estado de desinteresse dos indivíduos pelo coletivo. Manifesta-se o que podemos chamar de **inconsciência social**.

Colarinho-branco: modo como são designados trabalhadores assalariados ou autônomos que se vestem com certo grau de formalidade (profissionais liberais, administradores, funcionários públicos etc.). "Crime do colarinho-branco" é aquele cometido por uma pessoa de elevado *status* socioeconômico durante sua atividade profissional. Envolve geralmente uma quebra de confiança e não é violento (é normalmente de natureza financeira).

Inconsciência social: sentimento de não pertencer à sociedade de origem.

A inconsciência social é um fenômeno de reciprocidade: os indivíduos valorizam pouco a sociedade, e a sociedade descuida do cidadão. Nem sempre os indivíduos têm reconhecida, pela sociedade constituída, a plenitude de seus direitos, sua condição de cidadãos. A consciência comum que possam desenvolver depende da cultura e da educação política que recebem.

No Brasil, muitos problemas atingem a população, como a falência do atendimento médico-hospitalar, o abandono das escolas e o descaso com os professores e alunos, a corrupção e os desvios de recursos públicos, a crescente mortalidade no trânsito das cidades e nas rodovias, o saturamento do sistema penitenciário e a parcialidade e morosidade do Poder Judiciário. Da fraqueza da lei social resulta a insegurança generalizada. Os cidadãos sentem-se ameaçados com a violência, armada ou não. Do mesmo modo, a dignidade perdida por não ter um emprego ou não ter onde morar gera sentimentos de insegurança e desproteção.

Há ocasiões em que os indivíduos atropelam as leis e fazem justiça com as próprias mãos. Nesses momentos, coloca-se em xeque a concepção de justiça, testando-se, na prática, a existência ou não de justiça social. Linchamentos, "arrastões", quebra-quebras, saques a lojas e supermercados são fenômenos coletivos contagiantes que diluem a identidade de seus praticantes: eles formam uma massa. Manifestações terroristas e o crime organizado, por sua vez, trazem graves consequências sociais e mostram-nos o quanto são imprevisíveis as atitudes coletivas exaltadas e radicalizadas, fazendo-nos perceber as relações entre os indivíduos e as formas societárias que eles próprios criam.

Gabriel de Paiva/Agência O Globo

Robert Yager/Getty Images

Quando a lei social é frágil, disseminam-se desde gangues de pichadores até organizações criminosas. Nas fotos, jovens agridem pedestre em Copacabana, bairro do Rio de Janeiro (RJ), durante "arrastão", e rapaz picha parede de residência em Los Angeles, Califórnia (Estados Unidos).

ALTERNATIVAS PARA O CONVÍVIO

Até hoje, quase todas as soluções abrangentes propostas para os problemas da sociedade implicam mudanças na convivência. Requerem uma base educacional e a aplicação das leis. Têm em vista uma humanidade socializada, em que os homens utilizem a natureza de modo racional e proveitoso para todos. Nem sempre são propostas revolucionárias, nem pretendem mudar a estrutura de classes. Limitam-se a pregar reformas na economia e na organização do poder político.

Desde o século XIX, no entanto, têm sido sugeridas saídas não capitalistas que revelam um desejo de volta à vida em comunidade. Experiências restritas de socialização dos meios de produção e de vida comunitária tendem a convencer os homens de que relacionamentos menos formais e mais prestativos, com a valorização de cada um, favorecem uma convivência cooperativa, democrática.

Nas décadas de 1960-1970, apareceram os *hippies*, contestando o sistema vigente. Recusavam-se a enquadrar-se nos padrões de produção e consumo material e cultural. Alertaram-nos para uma visão do homem reintegrado na natureza. Sua experiência, porém, não ultrapassou o protesto. Os *hippies* foram consumidos pela sociedade capitalista, viraram moda. Seu jeito de vestir foi incorporado, mas não seu modo de vida.

Nas sociedades primitivas, a coesão da comunidade decorria da quase completa absorção do indivíduo no todo social. Na sociedade capitalista, porém, tende-se a fazer do indivíduo a personificação das relações sociais de produção. Ele aparece como operário ou como capitalista, ainda que seu comportamento individual não se reduza a essas formas sociais. Para o filósofo **Sánchez Vásquez**, é possível pensar em uma sociedade superior a esta, onde

> "o indivíduo – como sujeito dotado de consciência e vontade – deve superar a condição de suporte ou efeito passivo de uma estrutura social para integrar-se livre e conscientemente na comunidade e desenvolver, mais do que nunca, sua responsabilidade pessoal e, com isso, a sua própria natureza moral".
>
> SÁNCHEZ VÁSQUEZ, Adolfo. *Ética*. 13. ed. Rio de Janeiro: Civilização Brasileira, 1992. p. 59.

Leia mais sobre Sánchez Vásquez na seção *Comentários adicionais*.

A insatisfação dos indivíduos e o crescimento da pobreza vêm preocupando os pensadores sociais. Eles desejam uma sociedade cujo pensamento, práticas e valores estejam baseados em objetivos políticos que se estendam a cada indivíduo. Nessa sociedade, cada um exercerá sua capacidade de decisão e conquistará a própria liberdade, com o auxílio dos outros. Mesmo não integralmente livre das instituições, essa sociedade proporcionaria espaço para o indivíduo coletivo, ao gerar novas solidariedades.

O desafio está posto aos homens neste início de milênio: repensar e alterar a forma como se organizam em sociedade para garantir o futuro da humanidade. Em um futuro breve, pagaremos um preço muito alto pela degradação ambiental e social que provocamos com nosso viver capitalista, consumista, individualista. Precisamos construir uma nova reciprocidade nas relações sociais em bases solidárias e lutar por uma ampliação efetiva da cidadania.

Roteiro de estudo

As perguntas a seguir referem-se aos principais tópicos deste capítulo. Elas podem ajudá-lo a estudar e rever todo o conteúdo apresentado. Ao respondê-las, você estará analisando e sintetizando as ideias expostas.

1. O que é o processo de socialização? Exemplifique.
2. O que significa a afirmação "O homem é um ser dependente e associativo"?
3. Explique com situações concretas por que é difícil conviver.
4. Como são as relações sociais nas sociedades contemporâneas?
5. Cite exemplos de situações de rebeldia às imposições sociais.
6. Dê exemplos de relações sociais hierarquizadas e conflitivas.
7. Interprete: "No convívio, expomos nossas diferenças individuais e estamos expostos às desigualdades sociais".
8. Qual é a origem das instituições sociais e para que servem?
9. Por que a sociedade capitalista estimula o consumo?
10. Como a pressão social se manifesta?
11. O que é controle social e quais são as suas modalidades?
12. Explique a divisão do trabalho na sociedade capitalista.
13. Por que se diz que a sociedade atual comporta relações de desigualdade e uma boa dose de indiferença?
14. Qual é a relação entre indivíduo e cidadão?
15. O que você entende por "senso comunitário"?
16. Quais são as consequências da falta de senso comunitário?
17. Cite algumas propostas que têm sido feitas para melhorar o convívio na sociedade atual.

Para refletir

1. Com sua equipe, discuta os seguintes temas:

- O que é ser cidadão?
- Como a cidadania se concretiza em nossa sociedade?
- A cidadania é ampla, irrestrita e extensiva a todos?

Com base nessa discussão, o grupo deve criar um cartaz ilustrando o exercício da cidadania. Os cartazes devem ser expostos e analisados em classe.

2. Com sua equipe, faça um levantamento de situações do cotidiano em que haja confronto de interesses antagônicos e pressão social. Depois apresente uma delas à classe em forma de dramatização e discutam.

Para ler e debater

Prepare-se para os debates lendo atentamente os textos. Reflita sobre as perguntas e anote seus argumentos para cada uma delas.

1. "Uma das questões mais instigantes da filosofia refere-se ao conflito indivíduo × sociedade – o homem é o meio ou o fim da sociedade? Duas posições se destacam.

Para **Hegel**, a sociedade é o todo, e o homem está subordinado a ela. 'O verdadeiro é o todo' e o homem é apenas uma parte, um momento na sociedade. Vive *na* sociedade, *pela* sociedade e *para* a sociedade. As consequências dessa visão apontam para o totalitarismo: o indivíduo não tem direito algum, é apenas um meio para o bem do todo; o fim é a sociedade e tudo é sacrificado em seu nome.

Para **Aristóteles** e outros filósofos posteriores, o homem, ao contrário, é o fim de qualquer atividade social. A sociedade compreende a soma de vários indivíduos e também as relações existentes entre eles. Ela é um meio para se atingir o bem comum, que é fundamentado no bem particular de cada indivíduo."

BOCHENSKI, J. M. *Diretrizes do pensamento filosófico.* 6. ed. São Paulo: EPU, 1977. p. 99-108. Adaptado.

Leia mais sobre Hegel e Aristóteles na seção *Comentários adicionais*.

- Atualmente, o indivíduo é o meio ou o fim da sociedade? Provem com argumentos.

2. "**Le Monde** [jornal francês]: A transformação do comportamento cotidiano dos indivíduos pode acarretar progressivamente uma revolução tranquila na sociedade?

Carl Rogers [psicólogo norte-americano]: Poucas pessoas compreendem que o que eu falo significa transformação completa da maioria das instituições atuais. Se levássemos verdadeiramente a sério a ideia de que cada indivíduo pode ter um papel na tomada de decisões, isso transformaria completamente os conceitos de educação, de negócios, de governo. Veja, por exemplo, as escolas tradicionais atuais: elas são completamente autoritárias. As decisões são tomadas na cúpula pelo diretor e pelos professores. Os alunos não têm nada a dizer. Se – e é essa a ideia que defendemos – os alunos participassem das decisões, com os professores e a administração, cada um detendo seu próprio poder, e não sendo governados, isso criaria um tipo de instituição educativa completamente diferente."

Le Monde. Frédéric Gaussen entrevista Carl Rogers. Paris, 23 dez. 1979.

1. Vocês concordam com Carl Rogers? Por quê?
2. Como vocês imaginam uma escola administrada também pelos alunos?

3. Leiam os textos a seguir e respondam às perguntas.

O que é o homem?

"O indivíduo não entra em relação com outros homens por justaposição, mas organicamente, ou seja, enquanto passa a fazer parte de organismos, dos mais simples aos mais complexos. Assim, o homem não entra em relações com a natureza simplesmente pelo fato de ser ele mesmo natureza, mas ativamente, por meio do trabalho e da técnica. Mais ainda: essas relações não são mecânicas. São ativas e conscientes, correspondem a um grau maior ou menor de inteligência que delas tem o homem particular. Por isso se pode dizer que cada um muda a si mesmo, se modifica, na medida em que muda e modifica todo o conjunto de relações de que ele é o centro de ligação. [...]

Não basta conhecer o conjunto das relações enquanto existem num dado sistema, mas importa conhecê-las geneticamente, no seu movimento de formação, já que cada indivíduo não é apenas a síntese das relações existentes, mas também a história dessas relações, é o resumo de todo o passado. Dir-se-á que aquilo que cada um pode mudar é bem pouco em relação às suas forças. O que é verdade até certo ponto. Se o indivíduo pode se associar com todos os que querem a mesma mudança, e se essa mudança é racional, o indivíduo pode multiplicar-se por um número imponente de vezes e obter uma mudança bem mais radical do que à primeira vista pode parecer possível."

GRAMSCI, Antonio. *Obras escolhidas*. São Paulo: Martins Fontes, 1978. p. 48-9.

Tecendo a manhã

"Um galo sozinho não tece uma manhã:
ele precisará sempre de outros galos.
De um que apanhe esse grito que ele
e o lance a outro; de um outro galo
que apanhe o grito que um galo antes
e o lance a outro; e de outros galos
que com muitos outros galos se cruzem
os fios de sol de seus gritos de galo,
para que a manhã, desde uma teia tênue
se vá tecendo, entre todos os galos."

MELO NETO, João Cabral de. *Antologia poética*. 5. ed. Rio de Janeiro: J. Olympio, 1979. p. 17.

1. Como podemos relacionar o texto de **Gramsci** e o poema de Melo Neto a situações da vida em sociedade?
2. O que podemos discutir acerca dos efeitos de fenômenos sociais como a solidariedade e a cooperação?
3. Por que Gramsci chama nossa atenção para expressões como "relações sociais ativas e conscientes" e "mudança racional"?

Leia mais sobre Gramsci na seção *Comentários adicionais*.

4. O brasileiro condena o brasileiro

"Nossa tradição cultural, por diversas razões, criou um ideal de cidadania política sem vínculos com a efetiva vida social dos brasileiros. Na teoria aprendemos que devemos ser cidadãos; na prática, que não é possível, nem desejável, comportarmo-nos como cidadãos. A face política do modelo de identidade nacional é permanentemente corroída pelo desrespeito aos nossos ideais de conduta.

Idealmente, ser brasileiro significa herdar a tradição democrática na qual todos somos iguais perante a lei e onde o direito à vida, à liberdade e à busca da felicidade é uma propriedade inalienável de cada um de nós; na realidade, ser brasileiro significa viver em um sistema socioeconômico injusto, onde a lei só existe para os pobres e para os inimigos e onde os direitos individuais são monopólio dos poucos que têm muito.

Preso nesse impasse, o brasileiro vem sendo coagido a reagir de duas maneiras. Na primeira, com apatia e desesperança. É o caso dos que continuam acreditando nos valores ideais da cultura e não querem converter-se ao cinismo das classes dominantes e de seus seguidores. Essas pessoas experimentam uma notável diminuição da autoestima na identidade de cidadão, pois não aceitam conviver com o baixo padrão de moralidade vigente, mas tampouco sabem como agir honradamente sem se tornarem vítimas de abusos e humilhações de toda ordem. Deixam-se assim contagiar pela inércia ou sonham em renunciar à identidade nacional, abandonando o país. Na segunda maneira, a mais nociva, o indivíduo adere à ética da sobrevivência ou à lei do vale-tudo: pensa escapar à delinquência, tornando-se delinquente.

Nos dois casos, obviamente, perde-se a confiança na ideia de justiça, legalidade e interesse comum. É o primeiro passo para o império do banditismo – o modo de convívio social em que a lei se confunde com o interesse de um indivíduo ou de um grupo e a força substitui o diálogo. No banditismo, as leis dão lugar ao mercado da violência, que tende à expansão ilimitada. Numa sociedade regida pela moral da delinquência, a cada dia se inventam novas formas de transgressão e de desmoralização das leis e novas formas de submissão dos mais fracos aos mais fortes."

COSTA, Jurandir F. O brasileiro condena o brasileiro. *Superinteressante*, São Paulo, 5 (11): 35, nov. 1991.

1. Vocês concordam com a análise do psicanalista Jurandir F. Costa? Por quê?
2. Identifiquem os dois tipos de cidadãos citados no texto. Como eles agem no dia a dia?

Sugestões

Livros

ARBEX, José; TOGNOLI, Cláudio Júlio. *Mundo pós-moderno*. São Paulo: Scipione, 1996. (Ponto de apoio).

BAUMAN, Zygmunt. *Globalização: as consequências humanas*. Rio de Janeiro: Zahar, 1999.

HUXLEY, Aldous. *Admirável mundo novo*. São Paulo: Globo, 2001.

MAGNOLI, Demétrio; ARBEX, José; OLIC, Nelson Bacic. *Panorama do mundo*. São Paulo: Scipione, 1995. v. 1; 1996. v. 2; 1997. v. 3. (Ponto de apoio).

MARTINEZ, Paulo. *Direitos de cidadania: um lugar ao sol*. São Paulo: Scipione, 1996. (Ponto de apoio).

ORWELL, George. *A revolução dos bichos*. São Paulo: Companhia das Letras, 2007.

Filmes

A filha de Ryan. Direção de David Lean. Inglaterra, 1970.
Mostrando a convivência em uma pequena comunidade, avalia o fenômeno da imposição direta do social sobre os indivíduos.

A marcha dos pinguins. Direção de Luc Jacquet. Estados Unidos e França, 2006.
Obra poética sobre o pinguim-imperador na Antártida. A força do agrupamento dos pinguins está inscrita no código de defesa da espécie, expressão semelhante à tensão existente entre o indivíduo e a sociedade.

Ladrões de bicicleta. Direção de Vittorio de Sica e Umberto Scarpelli. Itália, 1948.
História de um desempregado que consegue trabalho e para isso precisa resgatar a bicicleta penhorada. Permite analisar o drama cotidiano de ser indivíduo e viver em determinadas condições sociais. O filme se mantém atual por sua singularidade e apelo à consciência solidária.

Uma verdade inconveniente. Direção de Davis Guggenheim. Estados Unidos, 2006.
Documentário com Al Gore, candidato a presidente dos Estados Unidos em 2005, que se dedica à campanha de conscientização social sobre o fenômeno do aquecimento global e pela mudança na forma como os homens se organizam para produzir a subsistência.

Referências bibliográficas

Adorno, Theodor W.; Horkheimer, Max. *La sociedad*. 2. ed. Buenos Aires: Protel, 1971. cap. 2 e 3.

Berger, Peter L.; Luckmann, Thomas. *A construção social da realidade*. Petrópolis: Vozes, 1985.

Coulson, Margaret; Riddell, David S. *Introdução crítica à sociologia*. Rio de Janeiro: Zahar, 1974. cap. 2.

Dupas, Gilberto. *Atores e poderes na nova ordem global*. São Paulo: Editora da Unesp, 2005.

Durkheim, Emilio. *De la división del trabajo social*. Buenos Aires: Schapire, 1973.

Elias, Norberto. *A sociedade dos indivíduos*. Rio de Janeiro: Zahar, 1994.

Entrevistas do Le Monde. *A sociedade. São Paulo*: Ática, 1989. cap. 1 e 4.

Gentili, Pablo (Org.). *Globalização excludente*. 4. ed. Petrópolis: Vozes, 2002.

Goldmann, Lucien. A reificação das relações sociais. In: Foracchi, M.; Martins, J. de S. (Orgs.). *Sociologia e sociedade*. Rio de Janeiro: Livros Técnicos e Científicos, 1977.

Jentet, Thierry. *O indivíduo coletivo*. São Paulo: Vértice, 1986.

Marx, Karl. *O capital*. 3. ed. Rio de Janeiro: Civilização Brasileira, 1975. l. 1, v. 1.

Morin, Edgar. *O método 5: a humanidade da humanidade*. 3. ed. Porto Alegre: Sulina, 2005.

Sánchez Vásquez, Adolfo. *Ética*. 13. ed. Rio de Janeiro: Civilização Brasileira, 1992.

7

As várias faces da ideologia

A ideologia é um fenômeno complexo que privilegia a aparência das coisas. Ela encobre ou dificulta o conhecimento da realidade social, não nos deixando vê-la como é.

O que vamos estudar neste capítulo

Uma "deixa" para a ideologia: a pátria amada

O caleidoscópio da ideologia

A generalização do particular

O discurso lacunar

Inversão da realidade

O reinado das coisas

A dominação pela ideologia

Muito além da aparência

A lógica da ideologia

A intriga (1890), de James Ensor.

Uma “deixa” para a ideologia: a pátria amada

Em 1992, no auge do processo pró-*impeachment* do então presidente Collor, passeatas varreram as ruas das grandes cidades, incitadas pelos meios de comunicação de massa. Nelas, chamavam a atenção os “caras-pintadas”. Os jovens novamente participavam de manifestações políticas no Brasil, após certa apatia que se seguiu ao fim do regime militar, em 1985.

Provas de corrupção e desrespeito à nação vinham a público pela imprensa de grande circulação. Uma quadrilha de colarinhos-brancos havia tomado de assalto os cofres públicos e privados. A força do repúdio popular veio nas cores de nossa bandeira. Que espetacular processo de reversão! Apropriando-se das duas pinceladas “colloridas” paralelas, os jovens destituíram de sentido o patriotismo-marqueteiro utilizado por Fernando Collor em sua campanha eleitoral para chegar ao poder de Estado. Misturaram as cores, pintaram-se de preto.

Os “caras-pintadas” renovaram um símbolo, e seu uso no rosto de milhares de estudantes mexeu com o sentimento patriótico e despertou o desejo de participar das decisões políticas. Eles ajudaram a abrir as cortinas do teatro da política vigente. Por um momento, foi possível ver os bastidores do poder, vislumbrar uma brecha no sistema de dominação!

Os “caras-pintadas” denunciaram a ideia marqueteira de pátria e patriotismo que emanava do circuito do poder. Aproveitemos esse fato histórico para falar em ideologia.

Pátria é a terra de nossos pais, é o lugar onde nascemos. Mas a pátria-terra é mais do que o solo em que viemos ao mundo. É o berço de irmãos compatriotas e desperta em nós o sentimento de pertencer a uma nação. Pelo fato de falarmos a mesma língua e de sermos regidos por uma organização política comum, desenvolvemos uma identidade grupal nacional.

Desse modo, pátria não é apenas espaço físico; é, sobretudo, criação coletiva. Juntas, as pessoas elaboram a “sua” pátria-matriz cultural, pois agem movidas por ideias acerca de situações concretas. Assim, manifestam sua concepção de pátria de acordo com modelos gerais de conduta, que são os **valores**.

Os valores orientam as relações sociais e lhes dão significado.

Eder Chiodetto/Folha Imagem

“Caras-pintadas” durante manifestação pelo *impeachment* de Collor em São Paulo (SP), em setembro de 1992.

Justiça, liberdade, igualdade e progresso são exemplos de valores sociais. Sua influência sobre a ação coletiva acontece de inúmeras formas, como a resposta do povo em eleições ou o desencadear de um processo de *impeachment* presidencial.

(**Valores sociais:** modelos gerais de conduta que obedecem a critérios simbólicos de valorização de certos comportamentos sociais; normas de comportamento social aceitas e exigidas pela sociedade. Podem variar de acordo com a cultura e dependem dos fatores predominantes que regulam e orientam a ação social.)

Cantamos a pátria em prosa e verso; representamos com símbolos, imagens e gestos o que nos impressiona nessa convivência. Recriamos, simbolicamente, as relações com os homens e com a natureza. No caso da pátria, esse é um fenômeno visível, pois ela é fonte de muitas representações afetivas do povo, do solo e seu entorno.

A pátria, portanto, é concebida por meio de ideias e sentimentos capazes de levar os homens a agir de modo solidário em defesa do território ou em respeito à tradição do povo. Mas dessa combinação de criações mentais com possibilidade de ação costuma surgir o fenômeno da ideologia.

João Ramid/Editora Abril

A bandeira nacional é um dos símbolos marcantes da pátria. Na foto, hasteamento da bandeira do Brasil no Palácio do Planalto, Brasília (DF).

O caleidoscópio da ideologia

Como um caleidoscópio, no qual as imagens se alternam e se autorrefletem, assim é o fenômeno da ideologia em suas múltiplas manifestações. Nos exemplos da pátria e dos "caras-pintadas", vemos que ideologia é um fenômeno social repleto de sutilezas. À medida que se pensa e se representa o convívio pátrio, vão-se conhecendo, explicando e justificando as condições dessa convivência, incluindo a participação na vida política do país.

Os valores ligados à pátria podem ser descaracterizados, em circunstâncias históricas determinadas. Surge, então, uma concepção de pátria marcada por **apropriações** (alguns se acham donos da pátria); por **manipulações** (as ações são conduzidas pelos interesses dominantes); por **interpretações** (explicam-na de acordo com suas conveniências). A ideologia, portanto, faz uso de certa concepção de pátria. A ação resultante atende a interesses oportunistas, seja em nome da defesa de possíveis inimigos, seja visando à projeção do desenvolvimento nacional.

A ideologia integra nosso dia a dia, justificando as posições que assumimos e as exigências e possibilidades dos grupos, classes ou nações. Por isso, é comum ouvirmos as expressões: "Sabe com quem está falando?" ou "É assim mesmo, este país não tem jeito...". Como um código de interpretação da realidade ou uma máquina de leitura do mundo, a ideologia lê a trama dos interesses em jogo, dando-nos sua visão do conjunto das relações sociais. Culturalmente, é considerada **mundivisão** – um conjunto de representações do mundo e do lugar do homem no mundo.

AKG Images/LatinStock

Adolf Hitler cumprimenta multidão em Nuremberg (Alemanha), em 1933.

Por vezes, o sentimento maior de pátria-nação concentra-se na figura de um líder carismático, como foi Adolf Hitler (1889-1945). Feito presidente do partido nacional-socialista dos trabalhadores alemães em 1921, Hitler passou a ter um poder ilimitado, promovendo uma série de comícios que ativaram forte movimento de massas. Sobre elas exercia um fascínio quase hipnótico quando expunha suas ideias. Acreditava que a desigualdade entre os homens e as raças era decorrência da ordem natural das coisas. Cultuando o racismo e a existência de uma "raça" ariana supostamente pura, fazia crer que era o *Führer* (guia, em alemão), a autoridade absoluta para combater os inimigos do nazismo e do povo alemão. Com o poder do Estado alemão centralizado em suas mãos desde 1933, Hitler produziu a fusão entre a pátria e sua pessoa. Essa personificação da pátria, confundida com um indivíduo e seus feitos, apresenta-se como um fenômeno ideológico recorrente na história da humanidade.

Mais que ideias que se impõem, a ideologia tem uma dimensão prática, pois ideias impulsionam os homens à ação, e a própria ação acaba por alterar as ideias.

Nesse movimento recíproco, contraditório e constante entre ideias e ação, ação e ideias, os homens se associam em condições históricas determinadas, para garantir a reprodução da vida biológica, material e cultural.

> *Ideologia é um conjunto de ideias e representações sociais que conduz os homens à ação, ao mesmo tempo que justifica a forma como eles se associam para viver.*

A generalização do particular

A pátria é um fenômeno vivido em um tempo e espaço determinados, mas generalizado em sua concepção. É mediante opiniões cristalizadas pela cultura sobre diferentes situações que pensamos ter uma participação social plena. O amor pátrio, por exemplo, é idealizado como se vivêssemos fraternalmente e usufruíssemos, por igual, o território nacional. A pátria é um fato inegável: existe e se impõe. No entanto, sob a denominação de pátria, muitos conflitos se escondem. Não há como desconhecer as condições desiguais de vida e de trabalho da população.

Alexandre Battibugli/Editora Abril

Seleção brasileira de futebol pouco antes do jogo Brasil × França, em Frankfurt, durante a Copa do Mundo da Alemanha de 2006. Os jogos da seleção brasileira de futebol, que tocam diretamente a emoção popular, muitas vezes serviram para acirrar o amor pátrio, encobrindo injustiças e desigualdades sociais.

Generalizar ou universalizar o que é particular é uma das artimanhas da ideologia. Ela orienta e legitima a ação dos homens na história por intermédio de realidades genéricas que chamamos de **universais**, como Pátria, Família, Nação, Ciência, Igreja, Estado e Escola. Nascidas de situações concretas que atendem às necessidades humanas, essas ideias gerais ordenam a sociedade. Com elas, os homens constroem o **imaginário social** – um conjunto coerente e sistemático de imagens e representações culturais, econômicas e políticas capaz de explicar e justificar a realidade.

Fabio Pozzebom/ABr

Congresso Nacional: defende os interesses de quem? Na foto, solenidade de posse de quatro suplentes como senadores, em 2007.

O imaginário de uma sociedade alimenta manifestações ideológicas. A grande família da pátria ou a família constituída de pai, mãe e filhos são denominações genéricas que idealizam os laços pátrios e familiares. Ao empregá-las, a ideologia esconde especificidades da realidade social. Encobre, por exemplo, a diversidade de relacionamentos familiares na sociedade atual, desde os laços extensivos de sangue até a situação de pessoas agregadas que vivem sob o mesmo teto. A ideologia procede do mesmo modo em relação à Pátria, à Família, ao Estado; ela generaliza características particulares do real e as apresenta como um todo.

Os universais são formas de vivência que tendem a não se identificar com expressões particulares da realidade social. A maneira pela qual a Família, a Pátria, a Escola, o Estado e outras entidades são organizadas torna-as diferentes das partes que as compõem. Ganham autonomia em relação aos indivíduos que as integram, segundo o filósofo **Herbert Marcuse**. Essa independência, embora real, não é legítima, pois são poderes particulares organizando o social.

Leia mais sobre Herbert Marcuse na seção *Comentários adicionais*.

O Estado, por exemplo, constitui uma "comunidade ilusória", no dizer da filósofa **Marilena Chaui**, porque organiza os interesses específicos de grupos e frações das classes dominantes como se fossem os interesses de todos. Contudo, são esses interesses que levam o Estado a agir em nome do "bem comum" e do "povo", representado, no regime político democrático, por aqueles que foram eleitos.

Leia mais sobre Marilena Chaui na seção *Comentários adicionais*.

Sob o signo da representatividade social neutra, os universais abrigam interesses competidores e formas de espoliação. Sobrepõem-se às instituições ou a indivíduos a elas subordinados, fazendo-os porta-vozes das influências dominantes. Por exemplo, indivíduos aos quais é conferida autoridade – de presidente, senador, deputado, juiz, governador, prefeito, vereador, diretor – podem se servir dessas funções e agir como "representantes" da Nação, do Partido, do Congresso, do Tribunal, do Estado, do Município, da Empresa, da Escola, quando, de fato, muitas vezes estão defendendo interesses de certos grupos.

As leis elaboradas, as nomeações efetuadas, os impostos cobrados, os salários fixados expressam, algumas vezes, a ação de *lobbies* – grupos com interesses próprios que, nas instâncias de poder, tentam impor suas reivindicações. Sejam elas os direitos do trabalhador ou a defesa de empresários, apresentam-se, ideologicamente, como a vontade da maioria.

> *Universalizar ou generalizar o particular é uma das características da ideologia, que oculta, assim, as especificidades do real.*

O discurso lacunar

A ideologia emerge das instituições em geral – escola, família, Estado, religião, empresas, associações para fins variados –, que estabelecem normas para as relações sociais. Por meio de agentes definidos – políticos, professores, patrões, pais, padres, pastores –, a ideologia manifesta seu discurso a funcionários, alunos, empregados, filhos e leigos. Fala sobre as situações, interpretando-as, mas não as revela de modo completo. A figura exemplar para esse fenômeno pode ser a da Lua em suas fases, especialmente a minguante, quando uma face é de sombra e outra, iluminada.

Semelhante a uma máscara, a ideologia encobre o conhecimento, retardando-o. Não deixa ver a realidade como é de fato. Vivemos mergulhados em ideologia e não nos damos conta disso. Ora acatamos a ideologia, ora resistimos a aceitá-la. A partir dela pensamos, embora nem sempre pensemos sobre ela.

Coleção particular

Os amantes (1928), de René Magritte. Como esses amantes, a ideologia mascara sua verdadeira face.

A ideologia atua no sentido de fazer-nos conhecer apenas um dos lados do real, sem reconhecê-lo como é, mas como se apresenta ou nos é apresentado. Ela opera nosso conhecimento de modo contraditório, embaralhando-o ao não explicar tudo. Pode levar-nos a nos contentar com meias-verdades. Vejamos alguns exemplos de livros didáticos selecionados por Ana Lúcia G. de Faria:

> "O homem modifica a natureza para o bem de outros homens."
>
> "Os índios viviam quase da mesma maneira que os homens das cavernas. Até hoje vivem assim. Não conhecem o progresso nem precisam dele."
>
> "Gente de outros lugares também quis vir para o Brasil: o italiano, o alemão, o japonês e muitos outros."
>
> FARIA, Ana Lúcia G. de. *Ideologia no livro didático*. 10. ed. São Paulo: Cortez/Autores Associados, 1991. p. 20, 34 e 49.

Será mesmo que a transformação da natureza pelo homem beneficia a humanidade? Teriam os índios brasileiros dispensado a "civilização", ou foram por ela dispensados? A vinda de tantos migrantes estrangeiros para nosso país, no final do século XIX, foi uma questão de "querer", ou havia um contexto histórico que provocava essa necessidade?

Os argumentos da ideologia são aparentemente envolventes e convincentes, mas cheios de "vazios". Trata-se de um **discurso lacunar**, segundo Chaui, pois não fornece as explicações verdadeiras. Permanece na constatação dos fatos, não analisa suas causas e tende a camuflar as intenções predominantes em determinadas situações.

Sem esclarecer a realidade das condições sociais, a ideologia explica por que a sociedade é de um modo e não de outro, valendo-se de justificativas dos dominadores. A ideologia reduz as experiências históricas dos grupos sociais subalternos ou que defendem ideais de solidariedade, minimizando suas conquistas e dificultando a busca de alternativas.

O modo de produzir a subsistência condiciona o pensar e o agir sociais. Os homens são o resultado de suas próprias relações sociais, que independem de sua vontade. Para **Marx**, essas relações são históricas, necessárias e determinadas. No famoso prefácio à obra *Contribuição à crítica da economia política*, escrito em 1859, em Londres, e publicado pela primeira vez em língua portuguesa em 1977, ele afirma:

> "O conjunto dessas relações de produção constitui a estrutura econômica da sociedade, a base concreta sobre a qual se apoia uma superestrutura jurídica e política e à qual correspondem determinadas formas de consciência social. O modo de produção da vida material condiciona o desenvolvimento da vida social, política e intelectual em geral. Não é a consciência dos homens que determina o seu ser; é o seu ser social que, inversamente, determina a sua consciência."
>
> MARX, Karl. *Contribuição à crítica da economia política*. São Paulo: Martins Fontes, 1977. p. 24.

Leia mais sobre Karl Marx na seção *Comentários adicionais*.

Marx resgatou o fenômeno **ideologia** da concepção que o prendia ao âmbito das ideias, como se elas nascessem independentemente das ações dos homens. Ao inverter o raciocínio, ele mostrou que, a partir das condições concretas sob as quais ocorrem as relações entre os homens, tudo é produzido, incluindo o pensamento.

A ideologia nasce da dificuldade que os homens têm para explicar as condições heterogêneas de sua existência social. Ela facilita a aceitação dessa realidade desigual, de exploração e de exclusão social, ao legitimar determinadas posições políticas e ao justificar práticas sociais parciais. A ideologia dispõe de esquemas explicativos da realidade a partir do ponto de vista dos que ocupam postos de mando ou detêm informações. Decorre daí a força do discurso político, econômico, ou mesmo jurídico.

Sem deixar que os sujeitos envolvidos nas ações se manifestem espontaneamente, a ideologia abafa a essência dos acontecimentos (**discurso das coisas**), valorizando a aparência dos acontecimentos, a interpretação (**discurso sobre as coisas**). Quando se trata de educação, a ideologia pode não dar vez às reivindicações dos alunos, mas pode dar voz aos mestres, que veiculam o discurso sobre a pedagogia, a teoria e o método de ensinar. Esse é o pensamento do filósofo **Claude Lefort**, para quem a ideologia toma o lugar do verdadeiro **saber**.

Leia mais sobre Claude Lefort na seção *Comentários adicionais*.

A ideologia produz representações do real e sugere normas para o agir, no sentido conselheiro do "deve ser assim". Nascem, desse modo, prescrições de comportamento social, que fornecem o tom oficial do discurso das instituições, como nos casos: "À escola cabe fornecer os fundamentos do saber especializado"; "O Estado deve suprir as carências sociais"; "A família tem por dever criar e educar as crianças".

> *O discurso da ideologia é um conjunto lógico de prescrições coercitivas do saber e do agir sociais, cuja coerência está, justamente, em suas lacunas, por não explicar tudo e esconder as intenções predominantes.*

Céu e água (1938), gravura de Maurits Cornelis Escher. Onde terminam os peixes e começam os pássaros? Também é tênue a transição entre a realidade objetiva e a ideologia.

Inversão da realidade

A desigualdade existente nas relações sociais é escondida pela ideologia e, consequentemente, pode não ser percebida. Vejamos, por exemplo, a ideologia do "trabalhador livre", considerado livre para vender sua força de trabalho a quem o pague. Embora a condição de assalariado seja diferente da do trabalho escravo, o trabalhador está submetido às normas capitalistas de organização do trabalho e à lógica da acumulação material. Não é, portanto, tão livre assim.

As condições para que o trabalho se realize não dependem de quem produz, mas dos proprietários das máquinas, equipamentos, edificações, insumos e recursos financeiros. Os proprietários desses meios materiais de produção se apropriam da força de trabalho que contratam para produzir coisas. Pagam salário ao trabalhador e veem-no como parte da engrenagem da produção.

O trabalhador é separado do produto de seu trabalho, não se reconhecendo como seu criador. Em decorrência disso, sente-se um estranho diante da obra produzida, não a vê como sua. Marx chamou esse fenômeno de **alienação** (do latim *alienare:* "tornar estranho", "ser privado de"). Na linha de montagem de uma fábrica de automóveis, por exemplo, o trabalhador, alienado, não mais identifica os veículos que montou e, na maioria das vezes, faltam-lhe condições concretas para adquirir um deles.

A ideologia vale-se da distância que se estabelece entre produtor e produto, separando os proprietários de bens materiais daqueles que possuem apenas a sua força de trabalho, para legitimar a autonomia das coisas.

Isso também ocorre em projetos de natureza técnica ou ideias colocadas no papel: o produto ganha autonomia em relação ao trabalhador e parece investir-se de poder sobre ele. É a supremacia das coisas, do dinheiro, das doutrinas políticas, das crendices, das empresas, em detrimento do indivíduo.

Tudo o que é produzido, incluindo o dinheiro, é condicionado pela propriedade privada capitalista. Visto que as relações sociais fundamentais de propriedade se transformam em relações de apropriação, os homens se apropriam da natureza, dos objetos, dos aparatos institucionais e do trabalho de outros.

Nesse processo de apropriação-produção, as pessoas não se reconhecem como seres humanos, nem como parte da natureza, nem como produtoras dos objetos, nem como responsáveis pelos sistemas de dominação que criam; elas são assimiladas como peças de uma grande máquina social em funcionamento. Esse é o "passaporte" para a alienação. Por isso, torna-se difícil identificar a origem dos males que afligem o mundo na atualidade: a fome, a degradação ambiental, a competitividade excessiva, o individualismo, a miséria e a falta de ética, entre outros.

Da alienação econômica básica derivam formas de alienação na política, na religião, no direito, na moral. O homem torna-se escravo daquilo que cria, pensa ou imagina. Na vida econômica, é escravizado pela submissão do trabalho ao capital; na política, pela usurpação do poder por parte de seus representantes.

Uma das características da ideologia é, portanto, a capacidade de inversão entre aquele que trabalha e as coisas materiais ou ideias por ele elaboradas. Tal processo de inverter as posições do produtor e do produto, do criador e da criatura, é uma manobra da ideologia, considerada uma fabricante de ilusões.

A realidade nos aparece invertida pela ótica da ideologia. Ouvimos dizer: "Os pobres não enriquecem porque não se esforçam" ou "Fulano não aprende porque não é inteligente". Na verdade, a causa real de os pobres não enriquecerem são suas condições sociais, que os impedem de ascender socialmente. Do mesmo modo, a causa de as crianças pobres não aprenderem não é, propriamente, a falta de inteligência, e sim a desnutrição e o sistema escolar, muitas vezes inadequado às crianças das classes desprivilegiadas.

A ideologia origina-se do processo capitalista de produção, em que o produtor é alienado do produto de seu trabalho (coisas ou ideias). Nesse afastamento, a ideologia inverte a realidade, dificultando sua percepção.

O reinado das coisas

Graças ao poder de inverter a realidade, a ideologia troca de posição o produto e o produtor, o conhecimento e o desconhecimento, a causa e o efeito. Por exemplo: as relações de trabalho por trás da produção de uma mercadoria deixam de ser relações entre pessoas para aparecer aos homens como relações entre coisas. O salário, quando é trocado por qualquer objeto ou serviço, esconde as horas de trabalho necessárias para comprar um par de tênis ou fazer a feira. Parece uma relação entre mercadorias, e não entre trabalhadores que se desgastaram no processo produtivo.

Marx denomina **fetichismo da mercadoria** esse processo social em que as relações entre as pessoas cedem lugar à relação entre coisas. Nossa relação com o sapateiro e a costureira, por exemplo, torna-se relação com o produto ou serviço que eles prestam em troca de pagamento: o sapato e a roupa. Fetiche da mercadoria é uma alusão aos fetiches, seres inanimados a que se atribuem poderes sobrenaturais, capazes de enfeitiçar e submeter as pessoas.

Ao circular no mercado de compra e venda, as mercadorias adquirem vida própria, tornam-se independentes de seus produtores e parecem dominá-los. Essas condições mascaram o processo produtivo e ajudam a ideologia a firmar-se. Fetichizada, a mercadoria encobre aqueles que, trabalhando, se consumiram para produzir, viveram conflitos, envelheceram. Mas a mercadoria nada disso revela, sua aparência predomina sobre a essência, que é o trabalho.

Devido ao imperativo da produção para a venda, na sociedade capitalista, altera-se a relação entre a mercadoria e o trabalho, e o preço da mercadoria passa a ser uma qualidade objetiva da própria coisa, como sua cor, seu tamanho, seu cheiro. **Lukács** chama essa transformação de **reificação** (do latim *res*, *rei*: "coisa"). O valor da mercadoria aparece-nos como um atributo natural, algo que ela traz desde sempre. Em razão desse processo, os homens tendem a substituir suas relações concretas e significativas por relações abstratas e universais; contratualizam os relacionamentos mais simples.

Leia mais sobre Georg Lukács na seção *Comentários adicionais*.

Vivemos no mundo reificado do capitalismo, em que os elementos qualitativos, como a mão de obra, são quantificados em preço, custo, rendimento. Por exemplo, quando ocorrem greves, são calculadas as perdas que aquelas horas não trabalhadas acarretaram ao processo produtivo.

Nesse domínio do material sobre o humano, temos o reinado das coisas "humanizadas". Damos vida a entidades sociais ao dizermos: "A nação está mobilizada"; "O povo foi enganado"; "O Brasil ganhou a Copa do Mundo"; "A pátria foi ultrajada".

A ideologia manifesta-se por meio da mercadoria fetichizada, que faz as relações entre as pessoas parecerem relações entre coisas.

A dominação pela ideologia

A dominação tem na ideologia um recurso para suavizar a imposição social. Ela justifica a dominação/subordinação. A sujeição a um grupo, ou a admissão da supremacia de uma etnia sobre outra, ou a aceitação de uma doutrina (política ou religiosa) como "a verdade" acontecem na medida em que as classes sociais justificam o seu ter, o seu fazer, o seu ser social.

A **dominação** – capacidade de exercer influência sobre as situações sociais – depende dos objetivos das classes e grupos que detêm o poder político. O poder atinge e modifica todos os níveis de relação social e está presente nas relações entre sexos, empresas, classes, nações. A manutenção do poder assume muitas formas e métodos explícitos ou sutis, como: violência, coação, pressão, propaganda, persuasão.

A indústria publicitária, por exemplo, usa métodos persuasivos para anunciar roupas, aparelhos eletrônicos, alimentos. Cria um ambiente propício para o consumidor identificar-se e desejar algo que satisfaça sua necessidade de vestir-se, informar-se ou alimentar-se; ao mesmo tempo, dá a entender que aquela aquisição irá suprir alguma carência íntima, afetiva ou social do consumidor. Em geral, não percebemos o processo suave de persuasão embutido nos anúncios publicitários.

Nesta era da racionalidade tecnológica, a ciência e a técnica têm facilitado e legitimado novas formas de dominação. Segundo o filósofo **Jürgen Habermas**, a ciência e a técnica impõem-se como ideologia, pois hoje a ciência gera um saber que pode sofrer manipulações com fins políticos e pragmáticos.

Leia mais sobre Jürgen Habermas na seção *Comentários adicionais*.

A forte ambiguidade entre ideologia e progresso é ilustrada pelo economista Gilberto Dupas, a partir da conhecida história infantil *Alice no País das Maravilhas*, de Lewis Carrol. Dupas indaga qual é o significado da palavra progresso no imaginário da sociedade global e completa com a afirmação do gnomo Humpty Dumpty, tirada da obra de Carrol: "Quando utilizo uma palavra, ela significa precisamente aquilo que eu quero que ela signifique. Nada mais, nada menos". A personagem Alice pergunta ao gnomo se uma palavra pode significar coisas diferentes e Dumpty responde: "O problema está em saber quem manda. Ponto final".

Poder e ideologia formam um par ajustado, pois ao poder convém não ser contestado nem reconhecido como efetivamente dominante. A classe que domina impõe sua visão do mundo como "a realidade" dos fatos. Mas ela também é influenciada pela ideologia. Ao universalizar a particularidade de sua posição social, a classe dominante aceita como "natural" sua dominação, a tal ponto que a ordem estabelecida (*establishment*) não lhe parece ser ideologia. Prevalecem, pois, os interesses dos que dominam, seja na aplicação das leis, seja no uso e investimento dos recursos públicos.

A ideologia é, então, o comprometimento da consciência social em proveito da classe que está no poder. É um fenômeno tão complexo que até **Aristóteles**, um dos maiores filósofos de todos os tempos, justificava a escravidão como necessária para o funcionamento da organização social. O trabalho escravo possibilitava aos cidadãos tempo livre para se dedicarem à política, à filosofia e às artes. Enquanto os habitantes da *pólis* (cidade) pensavam, os escravos trabalhavam.

Leia mais sobre Aristóteles na seção *Comentários adicionais*.

As classes que detêm o poder político e econômico também dominam ideologicamente, afirmavam Marx e **Engels**. As ideias da classe dominante tendem a ser as ideias dominantes de determinada sociedade. Podem estar concentradas, por exemplo, na Constituição dos países, caso do artigo 5.º de nossa Constituição: "Todos são iguais perante a lei". Esse é um reconhecimento teórico da igualdade social, pois no dia a dia alguns têm privilégios. Como o artigo não faz essa distinção, pode dar-nos a impressão de que não existem relações sociais desiguais. A ideologia se serve dessa lacuna para mascarar as injustiças sociais.

Leia mais sobre Friedrich Engels na seção *Comentários adicionais*.

Falamos, ainda, em "igualdade de oportunidades para todos" e, aqui, o problema está no acesso de todos a bens e serviços que garantem uma vida digna. O acesso depende, no entanto, da repartição da riqueza gerada pelo trabalho, e essa repartição é desigual, seja na forma de lucro, seja como renda, ou ainda como salário. Prova da desproporcional divisão da riqueza está, por exemplo, nos problemas gerados pela privatização da segurança, nos privilégios sociais existentes e nem sempre percebidos.

> *A ideologia é um instrumento do processo de dominação, pois disfarça as diferenças individuais e a desigualdade entre as classes sociais.*

Muito além da aparência

Apesar da participação desigual das classes sociais no processo de produção material e na composição do poder político, a ideologia faz com que as diferenças reais não apareçam como determinadas pela cultura e pela estrutura da sociedade, mas como se resultassem da simples diversidade das condições de vida dos indivíduos. Vimos que a ideologia vale-se de artifícios para nos convencer da suposta homogeneidade social. Nessa perspectiva, as instituições não são percebidas na pluralidade de interesses conflituosos, mas aparecem como um conjunto de partes que funcionam harmoniosamente.

Com esse processo de maquiagem da realidade, a ideologia controla os conflitos e promove a integração social, abrandando relações contraditórias, como as estabelecidas entre patrões e empregados. Está presente nos recursos que regulamentam o mundo do trabalho (instituições jurídicas, estratégias organizacionais, administração de pessoal) e nos recursos que facilitam sua aceitação (costumes, lazer, datas comemorativas, gestão participativa nas empresas, prêmio "operário-padrão"). Assim, a ideologia faz das práticas sociais seu laboratório.

Mundo do trabalho: um complexo de condições sociais que comporta não apenas o ambiente físico da atividade profissional e as formas de administrar o trabalho, mas sobretudo a tensão entre o capital e o trabalho e suas consequências, como o conflito, a ideologia e a construção da identidade daqueles que atuam sob o comando de outros.

A ideologia não deixa a realidade das classes sociais aparecer na crueza de seus interesses antagônicos – uma classe busca o lucro; a outra, o salário para a sobrevivência –, que são justamente a contradição fundamental da sociedade capitalista. Nesse confronto de interesses, entretanto, as classes sociais são complementares: não existe capitalista sem trabalhador, nem empregado sem patrão. A inter-relação das classes nos induz a crer na existência de uma sociedade justa, sem conflitos, integrada.

À medida que a ideologia nos apresenta a realidade isenta de contradições, passamos a ver com "naturalidade" a complementaridade dos opostos – "É natural existirem pobres e ricos" –, como se fosse da própria natureza dos processos sociais desenvolver-se desse modo e não de outro. O resultado disso é um acostumar-se às situações agressivas, às condições sub-humanas de vida, à exploração do trabalho, que vai apagando a sensibilidade e paralisando as reações de inconformismo. Sobre essa naturalização das ações sociais, o dramaturgo e poeta alemão Bertolt Brecht (1898-1956) nos dá uma lição:

> "Nós vos pedimos com insistência:
> Não digam nunca: isso é natural!
> Diante dos acontecimentos de cada dia,

Numa época em que reina a confusão,
Em que corre sangue,
Em que o arbitrário tem força de lei,
Em que a humanidade se desumaniza,
Não digam nunca: isso é natural!
Para que nada passe a ser imutável!"

BRECHT, Bertolt. In: PEIXOTO, Fernando. *Brecht: vida e obra*. Rio de Janeiro: Paz e Terra, 1979. p. 126.

Fenômeno complexo que privilegia a aparência da realidade, a ideologia "varre a sujeira" dos conflitos e desigualdades sociais para baixo do tapete. Daí sua força de convencimento: apresenta-nos uma sociedade dividida como se fosse homogênea.

A ideologia faz com que a aparência das relações sociais pareça o próprio real. Não é uma simples mentira nem ilusão, ela é real, porém deturpa nossa percepção da ordem capitalista. Ela é tão real quanto as relações objetivas que vivemos. Por isso, um dos efeitos da ideologia é o de incorporar-se às nossas ações, fazendo parte de nosso imaginário.

A ideologia é como uma mágica: parece, mas não é.

A ideologia é um fenômeno que encobre as contradições sociais, tomando a aparência das coisas como se fosse a realidade dos fatos.

A lógica da ideologia

Podemos, agora, enunciar o conceito de ideologia, desenvolvido neste capítulo: ideologia é um conjunto de ideias e representações articuladas de modo coerente sobre a realidade social, capaz de provocar ação. Tem origem nas relações históricas de produção material e seu objetivo é justificar a ordem socialmente estabelecida.

Ao desvendar as artimanhas da ideologia, compreendemos o fenômeno de adaptação diária dos trabalhadores ao processo de produção nas empresas, por exemplo. Pensamentos incorporados à cultura do povo ("O trabalho é necessário"; "O trabalhador é preguiçoso"; "Todos ganham com o trabalho"; "Quem não trabalha não come"; "O trabalho engrandece o homem") afetam a **prática** e a dimensão simbólica e, portanto, a **ideia** de trabalho em nossa sociedade. Esse conteúdo ideológico resulta em controle do processo de trabalho: operações de vigilância sobre o trabalhador, sua produtividade, seu ritmo, e até sobre suas necessidades primárias. Quando o trabalho não proporciona uma vida digna ao trabalhador, vale perguntar: qual trabalho engrandece o homem?

O que induz os homens a aceitar essa realidade e submeter-se à sua dinâmica, fazendo-os parecer mais objetos que sujeitos das atividades? O que leva o cidadão brasileiro a não demonstrar sua revolta, quando o equivalente a milhões e milhões de dólares é subtraído dos cofres públicos e utilizado para atender a interesses e caprichos particulares?

Há uma resposta que pode dar fundamento a essa indagação e indignação: a ideologia. Vivemos um contexto ideológico sempre que prevalece o não saber, a falta de informações completas e verdadeiras. Esse não saber nos leva a identificar o social com uma realidade pasteurizada, livre da dominação, dos conflitos, das contradições.

Essa é a lógica da ideologia: ambígua. Ela é ação e inação. Escamoteia a realidade dos fatos, ao mesmo tempo que pode nos revelar as armadilhas da dominação social. A ideologia não se impõe de modo absoluto, pois em seu movimento ela provoca nossa capacidade de crítica e conhecimento.

Outras concepções de ideologia

O termo ideologia possui vários significados além do exposto neste capítulo.

- **Sentido originário:** ideologia é uma palavra criada por Destutt de Tracy, em 1801, quando em seu livro *Projeto de elementos de ideologia* empregou-a como ciência que tem por objeto o estudo das ideias (fatos da consciência). Karl Marx e Friedrich Engels deram-lhe sentido político em meados do século XIX.
- **Sentido pejorativo:** a ideologia corresponde a ideias que se encontram deslocadas em relação aos fatos reais; pode ser confundida com **mentira** ou **utopia**. Daí o termo **ideólogo** referir-se àquele que voa em pensamento, sonha com uma sociedade em outras bases. Quando o pensamento teórico se desenvolve sobre os próprios dados e dificulta sua aplicação, impedindo uma explicação clara da realidade, também pode ser entendido no sentido ideológico pejorativo.
- **Sentido doutrinário:** a ideologia é entendida como o conjunto de ideias que exerce influência sobre grupos sociais e legitima formas de ação. Nesse sentido, a ideologia procura convencer para ganhar adeptos de doutrinas políticas, econômicas, filosóficas, religiosas, morais, que inspiram governos e partidos políticos, por exemplo.

É preciso aprender a linguagem da ideologia e apreender sua lógica. O fenômeno dos "caras-pintadas" nos proporcionou essa chance, ainda que tenha sido manipulado pelos meios de comunicação de massa e que seu símbolo – as paralelas com as cores da bandeira nacional – tenha sido apropriado pelos políticos profissionais.

Os "caras-pintadas" foram um lampejo de consciência política na história recente do Brasil. As passeatas de 1992 revelaram um lado escondido da realidade: a faixa presidencial caíra no chão e "o rei estava nu". Desvendara-se um dos tentáculos da corrupção. Os "caras-pintadas" desapareceram com a fugacidade do próprio movimento que os tornou públicos. No Brasil de hoje, que outras situações poderiam desencadear processos sociais capazes de desmascarar outras faces encobertas da ideologia?

Você começa a perceber como as coisas acontecem. Tal como o agasalho que usamos no inverno, a ideologia é a capa que recobre a realidade em sua essência. Muitas vezes, ao permanecermos na aparência das ideias e ações, passamos frio, ou seja, deixamos de compreender a realidade.

O que fazer para não permitir que a ideologia nos seduza como o flautista de Hamelin aos ratos, no conto dos irmãos Grimm? Há uma saída: desenvolver o espírito crítico. Deixar clara nossa posição diante dos fatos, analisá-los em suas múltiplas causas e princípios, desconfiar de explicações parciais, bem ao gosto da ideologia.

"O flautista de Hamelin" é um dos contos populares alemães compilados pelos irmãos Grimm no início do século XIX. Invadida por milhares de ratos, a cidade de Hamelin promete uma recompensa a um flautista que se propõe a acabar com a praga. Ao tocar sua flauta, ele encanta os ratos e os atrai para fora da cidade.

Ter espírito crítico significa reconhecer as contradições, denunciar a desigualdade e a aparente unidade das relações sociais que vivemos. O ser crítico implica devolver o sentido verdadeiro do conhecimento. E quem não quer estar do lado da verdade, enxergar claro o que acontece? É preciso, então, remover a ideologia, não deixar que prevaleça sua versão dos fatos, como se fosse a única. Ela é apenas uma forma de conhecimento da realidade; sempre parcial.

CIÇA, *Pagando o pato.* São Paulo: Circo, 1986. p. 32.

A ideologia reúne ideia e prática em uma lógica dissimuladora. Para enfrentá-la, é preciso desenvolver o espírito crítico.

Principais características da ideologia

- **Prescrição de normas:** a ideologia prescreve normas para a conduta humana, por isso tende a manter a ordem social. No entanto, essa mesma característica instiga os homens à ação, provando que a ideologia não se compõe de ideias abstratas ou desligadas do real, mas de ideias e representações que se concretizam e movem os interesses dos homens, tanto para a manutenção quanto para a transformação da realidade.

- **Representação social:** a ideologia tem a capacidade de representar a realidade, criando imagens e conceitos que dão significado às relações sociais objetivas. Ela trabalha com símbolos e criações mentais. Um exemplo é a concepção de pátria-mãe, que conota proteção e amparo a todos os cidadãos, como se não existissem diferenças de tratamento e assistência aos problemas sociais: crianças e adolescentes, mãe solteira, invalidez por doença, desemprego, mendicância, crime e marginalidade, favelização, para citar alguns.

- **Generalização do particular:** a ideologia ignora as especificidades dos fenômenos sociais. Trata de forma generalizada as diferentes realidades da família, da pátria, da educação, do trabalho, ocultando as condições sociais desiguais de realização dos interesses que movem os homens.

- **Discurso lacunar:** a ideologia apresenta meias-verdades. É um discurso lacunar, incompleto, mas expressa uma aparente coerência. A afirmação "o trabalho engrandece" é um exemplo de discurso lacunar, pois não esclarece de que tipo de trabalho se trata. O trabalho insalubre, estressante e mal remunerado também engrandece o trabalhador?

- **Explicação da realidade:** a ideologia explica o que acontece a partir do ponto de vista dos que dominam. Tende a justificar posições sociais privilegiadas e muitas vezes impede que autoridades políticas, econômicas, religiosas e científicas sejam questionadas. Nesse sentido, prevalece a opinião do deputado, do ministro, do religioso, do pesquisador, do intelectual, como porta-vozes da verdade. É o argumento da autoridade.

- **Inversão da realidade:** a ideologia detém-se nos efeitos dos fenômenos, encobrindo suas causas. Não é raro, por exemplo, as reivindicações populares por melhores condições de vida e de trabalho serem rotuladas como um problema de "falta de cultura", ou a fome de parcela significativa da população brasileira ser explicada pela falta do hábito de plantar de nosso povo.

- **Alienação:** a ideologia produz um afastamento do produtor em relação a seu produto, impedindo-o de achar significado em seu trabalho. A alienação projeta-se, também, em outras dimensões da vida, instalando o conformismo e a indiferença diante de determinadas situações sociais.

- **Fetichização da mercadoria:** a mercadoria fetichizada exerce domínio sobre o produtor e fascínio sobre o consumidor, como se tivesse vida própria. Imprime força às ações de troca social. A ideologia vale-se desse processo e transforma as relações entre os homens em relações entre coisas. Desse modo, quando trocamos dinheiro por algum objeto, geralmente não percebemos as relações sociais contidas na mercadoria.

- **Reificação:** a ideologia faz as qualidades das coisas aparecerem como seus atributos naturais. Assim, reificadas (coisificadas), as relações de trabalho, por exemplo, são valorizadas na forma de salários. A reificação dá vida humanizada a coisas inertes, sem deixar transparecer as relações sociais que as sustentam, como nesta afirmação: "A empresa julgou improcedente a solicitação do sindicato".

- **Naturalização:** a ideologia naturaliza as ações humanas, como certas formas de discriminação, para que aceitemos as desigualdades sociais e justifiquemos o fato de "sempre" ter sido assim. Aponta a verdade como inscrita na ordem das coisas, considerando uma ordem natural de acontecimentos em detrimento do processo histórico. Nesse raciocínio, é considerada "natural" a dominação de um grupo ou classe social sobre outro, e a hierarquia aparece como necessária.

- **Disfarce da realidade:** a ideologia disfarça a aparência das classes sociais originalmente divididas em razão do antagonismo de interesses no processo de produção e na repartição dos bens. A ideologia apresenta-nos uma realidade sem conflitos e sem contradições. Aposta na integração social, por exemplo, referindo-se ao progresso material como "fruto do trabalho de todos".

- **Ocultação:** a ideologia prima por ocultar o verdadeiro conhecimento da realidade. Dada a inter-relação de suas características, a ideologia tende a esconder as intenções predominantes nas ações, mascarando a existência de contradições na convivência social. Assim, ela é parcial, deixa opaca a realidade e auxilia a dominação. A ideologia oculta a essência dos fenômenos, deixando ver apenas sua aparência. Em seu discurso, por exemplo, a ideologia preserva a imagem de certas personalidades ao superestimar sua participação nos acontecimentos históricos. A narrativa desses fatos é o que chamamos de "história oficial".

Roteiro de estudo

As perguntas a seguir referem-se aos principais tópicos deste capítulo. Elas podem ajudá-lo a estudar e rever todo o conteúdo apresentado. Ao respondê-las, você estará analisando e sintetizando as ideias expostas.

1. Por que pátria é uma realidade vulnerável à interpretação ideológica?
2. Que conflitos a ideia de pátria pode esconder?
3. O que são **universais**? Exemplifique.
4. Por que Marilena Chaui denomina o Estado "comunidade ilusória"?
5. Por que se diz que o discurso ideológico é **lacunar**?
6. Explique a seguinte frase do texto: "O modo de produzir a subsistência condiciona o pensar e o agir sociais".
7. Explique a origem da ideologia.
8. O que é alienação?
9. Desmascare a ideologia destas afirmações:
   a) "Os pobres não enriquecem porque não se esforçam."
   b) "As crianças pobres não aprendem porque não são inteligentes."
10. O que é "mercadoria fetichizada"?
11. Explique o fenômeno da reificação.
12. Interprete e exemplifique: "A ideologia é o comprometimento da consciência social em proveito da classe que detém o poder".
13. Como as classes sociais que detêm o poder político e econômico dominam, também, ideologicamente?
14. Explique como o artigo 5.º de nossa Constituição ("Todos são iguais perante a lei") pode servir à ideologia.
15. Como a ideologia "naturaliza" as distorções sociais?
16. De que modo, na prática, se apresenta a lógica da ideologia?
17. Como podemos identificar a ideologia nas ações sociais?

Para refletir

1. A turma será dividida em grupos, e cada equipe deverá escolher uma característica da ideologia, conforme o quadro "Principais características da ideologia". A seguir, o grupo deverá encontrar uma forma de exemplificar o aspecto escolhido – fatos do cotidiano, letras de música, textos jornalísticos ou literários, entre outros –, para fazer uma apresentação dramatizada à classe.

2. Pesquise na imprensa escrita da semana um fato que tenha sido marcante para o país. A partir de sua leitura, interprete os aspectos ideológicos da notícia e do acontecimento.

3. Leia o texto a seguir. Algumas equipes da classe deverão listar argumentos para explicar a ação do homem; as demais equipes deverão explicar a atitude do garoto. Que leitura de ideologia podemos fazer desse texto de Scliar?

Nada como a instrução

O senhor não me arranja um trocado?, perguntou o esfarrapado garoto com um olhar súplice. Outro daria o dinheiro ou seguiria adiante. Não ele. Não perderia aquela oportunidade de ensinar a um indigente uma lição preciosa:

– Não, jovem – respondeu –, não vou lhe dar dinheiro. Vou lhe transmitir um ensinamento. Olhe para você, olhe para mim. Você é pobre, você anda descalço, você decerto não tem o que comer. Eu estou bem vestido, moro bem, como bem. Você deve estar achando que isso é obra do destino. Pois não é. Sabe qual é a diferença entre nós, filho? O estudo. As estatísticas estão aí: pobre estuda cinco anos menos do que o rico.

O menino o olhava assombrado. Ele continuou:

– Pessoas como eu estudaram mais do que as pessoas de sua gente. Em média, cinco anos mais. Ou seja: passamos cinco anos a mais em cima dos livros. Cinco anos sem nos divertir, cinco anos queimando pestanas, cinco anos sofrendo na véspera dos exames. E sabe por que, filho? Porque queríamos aprender. Aprender coisas como o teorema de Pitágoras. Você sabe o que é o teorema de Pitágoras? Não, seguramente você não sabe o que é o teorema de Pitágoras. Se você soubesse, eu não só lhe daria um trocado, eu lhe daria muito dinheiro, como homenagem a seu conhecimento. Mas você não sabe o que é o teorema de Pitágoras, sabe?

– Não – disse o menino. E virando as costas foi embora.

Com o que ele ficou muito ofendido. O rapaz simplesmente não queria saber nada acerca do teorema de Pitágoras. Aliás – como era mesmo o tal teorema? Era algo como o quadrado da hipotenusa é igual à soma dos quadrados dos catetos. Ou: o quadrado do cateto é a soma dos quadrados da hipotenusa. Ou ainda, a hipotenusa dos quadrados é a soma dos catetos quadrados. Enfim, algo que só aqueles que têm cinco anos a mais de estudos conhecem.

SCLIAR, Moacyr. Nada como a instrução. *Folha de S.Paulo*, São Paulo, 20 jul. 1998. Cotidiano, p. 3. Texto de ficção baseado na notícia "Rico estuda cinco anos mais", publicada no mesmo jornal em 17 jul. 1998.

Para ler e debater

Prepare-se para os debates lendo atentamente os textos. Reflita sobre as perguntas e anote seus argumentos para cada uma delas.

1. Comparem a primeira estrofe da "Canção do exílio", escrita por Gonçalves Dias em 1843, com as versões posteriores, do século XX. Comentem as diferenças e seu significado.

"Minha terra tem palmeiras
Onde canta o sabiá.
As aves que aqui gorjeiam,
Não gorjeiam como lá."

DIAS, Gonçalves. Canção do exílio. In: ______. *Poesia e prosa completas*. São Paulo: Nova Aguilar, 1998.

CIÇA, *Pagando o pato*. São Paulo: Circo, 1986. p. 80.

"Minha terra tem Palmeiras,
Corinthians e outros times
de copas exuberantes
que ocultam muitos crimes."

COSTA, Eduardo Alves da. *No caminho, com Maiakóvski*. São Paulo: Geração Editorial, 2003.

"Minha Dinda tem cascatas
Onde canta o curió
Não permita Deus que tenha
De voltar pra Maceió."

SOARES, Jô. *Canção do exílio às avessas*, 1992.

2. Se os tubarões fossem homens

"'Se os tubarões fossem homens', perguntou ao Sr. K. a filha da sua senhoria, 'eles seriam mais amáveis com os peixinhos?' 'Certamente', disse ele. 'Se os tubarões fossem homens, construiriam no mar grandes gaiolas para os peixes pequenos, com todo tipo de alimento, tanto animal como vegetal. Cuidariam para que as gaiolas tivessem sempre água fresca, e tomariam toda espécie de medidas sanitárias. Se, por exemplo, um peixinho ferisse a barbatana, então lhe fariam imediatamente um curativo, para que ele não lhes morresse antes do tempo. Para que os peixinhos não ficassem melancólicos, haveria grandes festas aquáticas de vez em quando, pois os peixinhos alegres têm melhor sabor do que os tristes. Naturalmente, haveria também escolas nas gaiolas. Nessas escolas os peixinhos aprenderiam como nadar para as goelas dos tubarões. Precisariam saber geografia, por exemplo, para localizar os grandes tubarões que vagueiam descansadamente pelo mar. O mais importante seria, naturalmente, a formação moral dos peixinhos. Eles seriam informados de que nada existe de mais belo e mais sublime do que um peixinho que se sacrifica contente, e que todos deveriam crer nos tubarões, sobretudo quando dissessem que cuidam de sua felicidade futura. Os peixinhos saberiam que esse futuro só estaria assegurado se estudassem docilmente. Acima de tudo, os peixinhos deveriam evitar toda inclinação baixa, materialista, egoísta e marxista, e avisar imediatamente os tubarões, se um dentre eles mostrasse tais tendências. Se os tubarões fossem homens, naturalmente fariam guerras entre si, para conquistar gaiolas e peixinhos estrangeiros. Nessas guerras eles fariam lutar os seus peixinhos, e lhes ensinariam que há uma enorme diferença entre eles e os peixinhos dos outros tubarões. Os peixinhos, eles iriam proclamar, são notoriamente mudos, mas silenciam em línguas diferentes, e por isso não podem se entender. Cada peixinho que na guerra matasse alguns outros, inimigos, que silenciam em outra língua, seria condecorado com uma pequena medalha de sargaço e receberia o título de herói. Se os tubarões fossem homens, naturalmente haveria também arte entre eles. Haveria belos quadros, representando os dentes dos tubarões em cores soberbas, e suas goelas como jardins onde se brinca deliciosamente. Os teatros do fundo do mar mostrariam valorosos peixinhos nadando com entusiasmo para as gargantas dos tubarões, e a música seria tão bela, que a seus acordes todos os peixinhos, com a orquestra na frente, sonhando, embalados nos pensamentos mais doces, se precipitariam nas gargantas dos tubarões. Também não faltaria uma religião, se os tubarões fossem homens. Ela ensinaria que a verdadeira vida dos peixinhos começa apenas na barriga dos tubarões. Além disso, se os tubarões fossem homens também acabaria a ideia de que os peixinhos são iguais entre si. Alguns deles se tornariam funcionários e seriam colocados acima dos outros. Aqueles ligeiramente maiores poderiam inclusive comer os menores. Isto seria agradável para os tubarões, pois eles teriam, com maior frequência, bocados maiores para comer. E os peixinhos maiores, detentores de cargos, cuidariam da ordem entre os peixinhos, tornando-se professores, oficiais, construtores de gaiolas, etc. Em suma, haveria uma civilização no mar, se os tubarões fossem homens'."

BRECHT, Bertolt. *Histórias do Sr. Keuner.* São Paulo: Brasiliense, 1982. p. 54-6.

1. Quem vocês acham que os peixinhos e tubarões representam nesse texto?
2. Para que os tubarões iriam dispensar cuidados aos peixinhos?
3. Qual é a necessidade de promover festas? Deem exemplos da realidade que vivemos.
4. Existe alguma semelhança entre as escolas dos peixinhos e as nossas?
5. Há uma razão que torna importante a formação moral dos peixinhos. Qual?
6. Tracem um paralelo entre as guerras dos peixes e as dos homens.
7. Qual é o significado de os peixes serem mudos?
8. Vocês conhecem "heróis" que se sacrificaram pelos "tubarões"?
9. Segundo Brecht, a pintura, a música e o teatro podem estar a serviço da ideologia. Discutam isso a partir do texto.
10. Que tipo de religião o autor critica na alegoria?
11. Vocês identificam alguma relação entre a "civilização no mar" e a divisão social do trabalho entre os homens?

3. O apólogo* de Menênio Agripa

De acordo com o historiador romano Tito Lívio, um grande número de plebeus, revoltados com a situação social, reuniu-se no Monte Sagrado, a uns cinco quilômetros de Roma, deixando os patrícios sem homens suficientes para combater os inimigos.

* Narrativa curta que contém uma lição de moral. Os personagens são, em geral, seres inanimados.

Para conseguir a volta dos plebeus, o Senado enviou-lhes o tribuno Menênio Agripa. Este, de origem plebeia, contou-lhes o seguinte apólogo:

"Quando os membros do corpo humano ainda não trabalhavam em harmonia como hoje, houve uma conspiração contra o estômago, que estaria sendo o único beneficiado do trabalho de todos. Assim, as mãos recusaram-se a levar os alimentos à boca; esta não abriu para recebê-los; os dentes, por sua vez, negaram-se a mastigá-los. Ora, esse complô contra o estômago acabou por prejudicar todo o organismo, que ficou extremamente debilitado".

Em seguida, o tribuno comparou a revolta dos membros do corpo com a dos plebeus, ou seja, plebeus e patrícios deveriam viver em mútua colaboração, cada um cumprindo sua função social. Do contrário, todo o organismo social sofreria as consequências.

Ouvido o apólogo, os plebeus desceram do Monte Sagrado para discutir com o Senado algumas reivindicações, que foram atendidas.

Texto da autora baseado em: Tito Lívio. *História de Roma*. São Paulo: Paumape, 1989-1990. 6.v. (Biblioteca Paumape de História; 1).

- Por que o apólogo de Menênio Agripa é ideológico?

4. País de "coronéis" dos meios de comunicação

"No Brasil, o direito à informação e à expressão da pluralidade de posições que caracteriza uma sociedade democrática não está sendo assegurado, nem o será facilmente.

Observa-se que, ao lado dos obstáculos políticos, existem obstáculos econômicos à liberdade de expressão. As informações, especialmente de interesse social e político, invariavelmente estão vinculadas à opinião/posição dos proprietários dos veículos de comunicação de massa. A ênfase dada a determinadas manchetes, o lugar reservado para alguns assuntos e o seu próprio conteúdo revelam mecanismos de manipulação psicológica e ideológica não suscetíveis ao controle democrático."

Melo, Jacira de. País dos coronéis dos meios de comunicação. In: Novaes, Adauto (Org.). *Rede imaginária: televisão e democracia*. São Paulo: Companhia das Letras, 1991. p. 295.

1. Comentem a força dos meios de comunicação de massa no Brasil.
2. Selecionem exemplos de discurso ideológico na imprensa para analisar e discutir.

Sugestões

Livros

Chaui, Marilena. *O que é ideologia*. São Paulo: Brasiliense, 1997. (Primeiros passos).

Dawbor, Ladislau. *O que acontece com o trabalho?* São Paulo: Senac, 2002.

Garcia, Nelson Jahr. *O que é propaganda ideológica*. 6. ed. São Paulo: Brasiliense, 1994. (Primeiros passos).

Marcondes Filho, Ciro. *Ideologia*. 7. ed. São Paulo: Global, 1991.

Filmes

A grande ilusão. Direção de Jean Renoir. França, 1937. (110 min).
O filme retrata o relacionamento entre prisioneiros franceses e soldados alemães num campo de concentração durante a Primeira Guerra Mundial. Mostra as barreiras que separam os homens, sejam originárias do nacionalismo, sejam relativas às diferenças socioculturais.

O ponto de mutação. Direção de Bernt Capra, Estados Unidos, 1990. (126 min).
Ao se contrapor à acelerada exploração técnica e industrial das fontes naturais do planeta, o filme discute alguns princípios do mecanicismo e da física clássica.

Segunda-feira ao sol. Direção de Fernando León de Aranoa. Espanha, 2002. (113 min).
Numa cidade espanhola, amigos enfrentam os problemas decorrentes do desemprego e do subemprego, como crises familiares e desagregação social.

Sonhos. Direção de Akira Kurosawa. Japão/Estados Unidos, 1989. (119 min).
Kurosawa faz uma leitura de aspectos simbólicos da cultura japonesa, com um sentido universal sobre valores sociais como a preservação ecológica e a estética.

Referências bibliográficas

Chaui, Marilena. *Cultura e democracia*. São Paulo: Moderna, 1980.

______. *O que é ideologia*. São Paulo: Brasiliense, 1980.

Dupas, Gilberto. *O mito do progresso*. São Paulo: Editora da Unesp, 2006.

Faria, Ana Lúcia G. de. *Ideologia no livro didático*. 10. ed. São Paulo: Cortez/Autores Associados, 1991.

Habermas, Jürgen. *Técnica e ciência enquanto "ideologia"*. São Paulo: Abril Cultural, 1975. (Os pensadores).

Lefort, Claude. *As formas da história*. São Paulo: Brasiliense, 1979.

Lukács, Georg. *História e consciência de classe*. 2. ed. Rio de Janeiro: Elfos/Porto: Publicações Escorpião, 1989.

Marcuse, Herbert. *A ideologia da sociedade industrial*. 4. ed. Rio de Janeiro: Zahar, 1973.

Marx, Karl. *Manuscritos econômico-filosóficos*. São Paulo: Abril Cultural, 1974. (Os pensadores).

______. *O capital*. 3. ed. Rio de Janeiro: Civilização Brasileira, 1975.

Marx, Karl; Engels, Friedrich. *A ideologia alemã*. São Paulo: Moraes, 1984.

Mészàros, István. *O poder da ideologia*. São Paulo: Ensaio, 1996.

______. *O século XXI: socialismo ou barbárie?* São Paulo: Boitempo, 2003.

Peixoto, Fernando. *Brecht: vida e obra*. Rio de Janeiro: Paz e Terra, 1979.

8 Cidadania e política

"O verdadeiro fundador da sociedade civil foi o primeiro que, tendo cercado um terreno, lembrou-se de dizer 'isto é meu' e encontrou pessoas suficientemente simples para acreditá-lo."

Rousseau

O que vamos estudar neste capítulo

O que é política?

A política e o cotidiano

A política a partir da Idade Moderna

A indiferença política

A cidadania

A participação política

Casas sangrando (1952), de Hundertwasser.

O que é política?

Muitas vezes achamos que não cabe a nós a responsabilidade pelo que acontece em nosso bairro, em nossa cidade ou em nosso país. Afinal, o que podemos fazer? Não somos políticos; é a tais homens, eleitos pelo povo, que compete resolver os problemas. Em nenhum momento nos perguntamos: se nos tivéssemos reunido com outras pessoas para discutir os problemas que nos afetam, se nos tivéssemos rebelado de alguma forma, esses fatos estariam acontecendo? Como interferir? Como atuar para mudar essa realidade tão dura?

Sergio Moraes/Reuters/LatinStock

Essa imagem faz parte de nosso cotidiano. Deveria causar revolta, mas a maioria das pessoas a vê todo dia, mais ou menos indiferente, nos noticiários da televisão, nos jornais e na rua.

Essas questões envolvem outra, mais ampla: o que é política?

Na vida diária, as pessoas se referem à política como a ação do Estado e da organização institucional. Assim, o termo é utilizado para descrever a atividade parlamentar de determinado político eleito ou a ação dos partidos políticos por ocasião de campanhas eleitorais ou, ainda, para se referir ao ato de votar e escolher representantes que exercerão mandato e decidirão em nome dos eleitores. A política apresenta-se como arte de governar.

Também se emprega o termo para expressar a multiplicidade de situações em que a política se manifesta: política econômica, política sindical, política ecológica, política das igrejas. Nesse sentido, entende-se a política como a atuação de instituições ou de segmentos da sociedade civil com a finalidade de alcançar determinados objetivos. Trata-se, pois, de uma política reduzida aos espaços institucionais, dos quais os indivíduos participam apenas ocasionalmente.

No entanto, a política não diz respeito apenas aos políticos, mas a todos os cidadãos. Se considerarmos que a palavra política se origina do grego *polis*, que significa "cidade", poderemos compreender sua amplitude. A pólis era uma unidade de vida social e política autônoma, da qual os cidadãos participavam ativamente, decidindo sobre os destinos da cidade. Mas só eram considerados cidadãos os homens livres, isto é, aqueles que, por possuírem escravos, estavam liberados do trabalho manual e da necessidade de suprir o sustento diário, seu e de sua família, podendo, assim, dedicar o tempo à política, ao debate público sobre as questões da cidade.

No decorrer da história, a definição de política mudou, assumindo diferentes sentidos. A sociedade política moderna tem outras características, geradas por novas relações econômicas e sociais sempre renovadas.

A política apresenta-se hoje como a arte de governar, de atuar na vida pública e gerir os assuntos de interesse comum. Não se restringe à atividade desenvolvida no âmbito do Estado, mas faz parte de nossa vida, permeia todas as formas de relacionamento social: no trabalho, na escola, nas ruas, no lazer e até nas relações afetivas.

> *Política consiste no conjunto das relações de poder vividas na sociedade.*

O poder não se restringe à organização do Estado; está presente em todas as relações sociais. Assim, na família, somos geralmente orientados pela afetividade e autoridade dos pais; na escola, pela dedicação e autoridade dos professores, que ensinam e avaliam nosso saber; no trabalho, os empregados se submetem a disciplina, horários e técnicas para manter ou aumentar a produtividade em sua unidade de trabalho, de acordo com as exigências da empresa; no hospital, os médicos decidem sobre o que é melhor para nossa saúde; nas igrejas, os padres e pastores orientam a vida dos fiéis. Enfim, todas as situações que vivemos envolvem relações de poder que engendram e mantêm a ordem social.

> *O poder consiste num conjunto de relações de força que indivíduos ou grupos sociais estabelecem entre si a partir de sua situação na sociedade.*

Ivania Sant'Anna/kino.com.br

Em nosso dia a dia, todas as situações envolvem relações de poder que asseguram a ordem social. Na escola, por exemplo, somos orientados pela dedicação e autoridade dos professores.

Quando falamos em "força", pensamos imediatamente na violência física, na imposição de uma vontade, no constrangimento. Mas nem sempre é assim. Aqui nos referimos à força como a capacidade de estimular ou inibir ações, não pela coerção ostensiva, mas sim pelo lento processo de formação de nosso comportamento e da assimilação de valores ao longo da vida. Nossos pais, nossos professores e as pessoas que amamos nos influenciam e nos orientam por meio dos vínculos afetivos que mantemos com eles. Trata-se de uma forma sutil de coerção e, por isso, mais eficaz e duradoura. Essa força consiste na autoridade e disciplina a que somos submetidos na família, na escola, nas igrejas, na sociedade em geral.

As relações de poder estabelecidas em nosso cotidiano fazem parte do contexto amplo da organização social e política moderna, em que a acumulação e a concentração de riquezas, que são a base da produção capitalista, geram relações sociais e políticas desiguais e excludentes. A vida organiza-se conforme uma hierarquia social em que alguns indivíduos ou grupos sociais estão em posição superior e podem influir na vida e na atividade de outros indivíduos ou grupos sociais em posição inferior. Há grupos que dominam, ordenam, dirigem, e outros que são dominados, obedientes, dirigidos. Nesse contexto, poder significa dominação exercida por meio da estrutura do Estado e que se estende a todas as relações sociais.

A política e o cotidiano

Se a política faz parte de nossa vida, estando presente em todas as relações sociais, por que essa forma de vivência não é consciente em nosso cotidiano? Por que a participação política do indivíduo é tão limitada?

Em parte, podemos entender essas questões ao considerar as condições modernas da política. Em geral, a forma de governo dos Estados modernos é a democracia representativa, caracterizada pela constituição de poderes autônomos entre si (Executivo, Legislativo e Judiciário), organizados com base na ordem jurídica instituída (Constituição, leis etc.), pelo exercício do voto secreto e universal e pela ação dos partidos políticos, que expressam a diversidade de pontos de vista sociais.

Nesse contexto, a participação política dos indivíduos parece limitar-se à escolha dos representantes para os cargos eletivos entre os candidatos de vários partidos. A ação política parece concentrar-se no Estado, na estrutura institucional e na atividade dos políticos eleitos pela sociedade. Estes, declaradamente ou não, representam os interesses de grupos sociais: há políticos que se empenham na defesa dos direitos civis, na ampliação dos espaços de participação política e no respeito à coisa pública, agindo com dedicação e transparência. Mas nem todos são assim. Há também os que se dedicam aos favorecimentos. Confundem o espaço público com o privado, ao utilizar-se do poder que lhes foi delegado para beneficiar grupos particulares.

A vida dos indivíduos, membros da sociedade civil, é afetada por decisões políticas tomadas pelo poder institucional, que elabora as leis que regulam a sociedade. Daí a importância de conhecermos o processo político e dele participarmos, pois todas as decisões de nossos representantes no Parlamento nos atingem direta ou indiretamente.

Angeli

INDIGNAÇÃO NO CONGRESSO NACIONAL

- É um absurdo! Se não posso superfaturar obras, vender meu voto, desviar verbas públicas e nem legislar em causa própria, me digam então: pra que raios eu fui eleito?

Vejamos alguns exemplos de como as decisões políticas nos afetam. As relações de trabalho são regulamentadas por uma legislação elaborada e sancionada por nossos representantes políticos; nela se estabelecem os direitos e deveres do empregador e do empregado. Nosso acesso aos benefícios sociais, como saúde e educação, também é prescrito por leis e ações advindas do Congresso Nacional. Se nos dispomos a reivindicar nossos direitos por meio de uma greve, podemos sofrer repressão policial. Em momentos de crise econômica e recessão, muitos trabalhadores perdem o emprego e procuram sobreviver como vendedores, lavadores de carros e outras formas de subemprego; seus filhos precisam abandonar a escola para auxiliar no orçamento da família e acabam, por exemplo, vendendo objetos nos semáforos.

Se observarmos um pouco mais a realidade brasileira, veremos que ocorre uma intensa concentração de renda nas mãos de uma pequena parcela da população, enquanto uma multidão se encontra nos limites da miséria. Há falta de escolas públicas, hospitais e moradias. Muitos camponeses lutam por uma distribuição equitativa da terra, que lhes dê condições de viver de seu trabalho com dignidade. As mulheres ainda são discriminadas profissionalmente. Presos comuns são massacrados em penitenciárias. Existem problemas de saneamento urbano, transporte, poluição. Enfim, a lista parece infindável.

Todos esses problemas nos dizem respeito e somos responsáveis por eles, pois participamos da vida da sociedade e dos conflitos que nela ocorrem. Muitas vezes, porém, não temos consciência disso, não percebemos como nossas escolhas individuais podem contribuir para consolidar uma situação instituída ou para expor as contradições sociais.

Nossa visão de mundo fragmentada reflete os valores de um sistema econômico que se alimenta da exploração do trabalho e funciona com base na troca, no mercado, no dinheiro, no lucro. Esses valores se manifestam em relações sociais em que prevalecem a competição, a concorrência e a hostilidade entre os indivíduos.

Clayton de Souza/AE

Favela Água Branca em São Paulo (foto de 2006). Situações como essa constituem um problema político, que diz respeito a todos nós.

Embora a divisão da sociedade em classes e os conflitos sociais sejam evidentes, a sociedade constantemente nos é apresentada como uma unidade. Na atividade política institucional que se manifesta em discursos ou ações de políticos ou do Estado, interesses de uma classe social são apresentados como interesses de toda a sociedade. Na sociedade civil, os meios de comunicação de massa, a escola, as igrejas, as empresas e a família veiculam uma interpretação parcial da realidade, em que o indivíduo, isolado, é responsabilizado pela situação em que se encontra, como se ela dependesse apenas de sua vontade, de suas características individuais (esforço, preguiça, perseverança etc.) ou das chances que a sorte lhe oferece. As explicações para os acontecimentos baseiam-se na natureza humana e não nas desigualdades e conflitos que caracterizam a estrutura social. Nesse contexto, fica difícil compreender e assumir nossa responsabilidade para com a coletividade.

A política a partir da Idade Moderna

As novas relações de produção que se formaram e se implantaram a partir do século XIII desencadearam profundas transformações nas relações sociais e políticas. O movimento econômico e a emergência da burguesia no cenário político fizeram-se acompanhar da instauração do Estado moderno como um organismo distinto da sociedade civil. Enquanto o Estado se organizou como uma máquina administrativa para governar a sociedade, assumiu também o papel de garantir tanto as liberdades civis e individuais quanto os valores e relações próprios de uma economia de mercado.

O pensamento político produzido nos séculos XVII e XVIII em torno da origem do poder nos mostra a preocupação dos filósofos em entender e justificar essas mudanças: o direito divino dos reis é questionado; passa-se a demonstrar que as relações sociais e políticas não procedem de uma ordem natural ou divina; recorre-se à razão para explicitar o fundamento do poder e sua legitimidade; são apresentadas novas noções sobre os indivíduos, a propriedade, a liberdade e a desigualdade, o público e o privado, os contratos sociais e o consentimento entre os homens.

Um dos direitos fundamentais instaurados a partir da Revolução Francesa é o de liberdade do indivíduo que, no curso da política, assumiu dois significados distintos mas interdependentes: a liberdade como autodeterminação do indivíduo autônomo, capaz de escolher e decidir por si mesmo, e a liberdade jurídica, que, conforme **Rousseau** e posteriormente **Kant**, é expressa pela lei que os homens, em comum acordo, prescrevem a si próprios e a que devem obedecer.

Leia mais sobre Rousseau e Kant na seção *Comentários adicionais*.

A teoria política que passa a predominar a partir das revoluções burguesas é o pensamento liberal, que tem em **Locke** um de seus principais expositores. Locke defende a liberdade e a tolerância quanto às crenças de cada um e afirma que a propriedade privada, instituída pelo trabalho, é um direito natural do indivíduo que cabe ao Estado garantir. A questão do que é o Estado e qual sua finalidade traz implícitas duas outras questões correlatas: qual a origem do poder político e como ele deve ser exercido. A finalidade do Estado, gerado pelo contrato social e legitimado pelo consentimento, é preservar os direitos naturais. Para tanto, deve funcionar como guardião das leis e árbitro dos conflitos. As regras econômicas ficam a cargo dos proprietários privados e das leis de mercado.

(**Revoluções burguesas**: movimentos revolucionários (populares e jurídicos) que instituíram os novos Estados modernos.)

Leia mais sobre Locke na seção *Comentários adicionais*.

A política também se rege por uma competição entre as forças organizadas em partidos ou em instâncias da sociedade civil, no seio da qual se organizam os poderes econômicos, os poderes ligados à comunicação de massa e os movimentos reivindicatórios dos trabalhadores em sindicatos ou partidos. A disputa do voto individual pela representação política caracteriza a democracia moderna, na qual periodicamente são escolhidos aqueles que irão ocupar, por certo tempo, as funções do exercício do poder nas várias instâncias que compõem o Estado.

Embora as relações entre Estado e sociedade tenham mudado no decorrer do processo histórico, podemos dizer que nas modernas sociedades democráticas o exercício do poder se faz pela combinação da coerção ostensiva (força policial ou militar, lei, justiça) com a formação do consenso da sociedade em torno de determinados objetivos. As contradições e conflitos gerados no processo social encontram expressão, na política, nas tendências que defendem os diversos interesses dos grupos sociais.

Os fuzilamentos de 3 de maio (1814), de Francisco Goya. Este é um dos quadros que retratam a resistência do povo espanhol à invasão das forças francesas de Napoleão que ocuparam a Espanha de 1808 a 1814 e que geraram uma guerra civil pela independência.

Se as revoluções do século XVIII desencadearam o processo de conquistas das classes burguesas, que encontraram expressão no Estado liberal, o século XIX foi marcado pela experiência das revoluções socialistas, que assinalaram o processo de organização das classes trabalhadoras e culminaram na Revolução de Outubro de 1917. Os socialistas se propunham a instaurar uma nova ordem social democrática, objetivo que exigia a expansão internacional do movimento; mas fracassaram as revoluções socialistas que irromperam na Europa, e a tarefa de reestruturação econômica a se realizar na Rússia mostrou-se gigantesca, além das dificuldades políticas geradas pela resistência tanto de forças internas quanto dos países capitalistas ocidentais. Assim, devido às circunstâncias e ao modo como foi conduzido, o projeto socialista inicial se desfigurou e desembocou num regime totalitário semelhante aos regimes ditatoriais que levaram o Ocidente à Segunda Guerra Mundial.

Por sua vez, a política posta em prática a partir da Segunda Guerra Mundial acentuava o papel do Estado na organização da economia por meio de investimentos ou subsídios à indústria e pela garantia dos direitos sociais (saúde, habitação, educação, transporte, seguridade) a todos os cidadãos. Até a década de 1960, os países capitalistas da Europa Ocidental não só conseguiram recuperar-se das devastações da guerra, mas ainda alcançaram um grande desenvolvimento econômico. Dentre os fatores que propiciaram esse desenvolvimento estão a revolução tecnológica e da informática nos países de capitalismo avançado, assim como a expansão da indústria baseada na linha de montagem em países subdesenvolvidos ou emergentes. Esse processo, porém, produziu grandes disparidades econômicas e sociais entre os países subdesenvolvidos e os de capitalismo avançado, e estes últimos, depois de um período áureo, começaram a sentir as primeiras manifestações da crise econômica na década de 1970.

O neoliberalismo, adotado inicialmente pela Inglaterra e pelos Estados Unidos, foi a proposta política que muitos países passaram a adotar para enfrentar a crise econômica. Essa política reduz a participação do setor público na economia, defende a ampliação do mercado e o libera da direção do Estado.

A política neoliberal tenta responder às necessidades de recuperação e expansão da economia capitalista, que, em seu processo, gera contradições internas que precisam ser superadas para a retomada do desenvolvimento. Essa política retira do Estado muitas de suas responsabilidades sociais a fim de incrementar o desenvolvimento e a expansão do modo de produção capitalista. Isso gera, no entanto, um aprofundamento das desigualdades sociais e efeitos devastadores na vida de trabalhadores e de grandes parcelas da população, relegadas a níveis desumanos de pobreza.

Neoliberalismo: diz-se da política adotada por países capitalistas e caracterizada pela redução do setor público na economia e pela ampliação do mercado, liberado da direção do Estado. Tende a acentuar a concentração de renda e a agravar a situação de pobreza das parcelas carentes da população.

David Brauchli/Reuters/LatinStock

Manifestante golpeia o Muro de Berlim, na Alemanha, em novembro de 1989.

O fim do regime soviético, simbolizado pela queda do Muro de Berlim em 1989, desencadeou um processo de profundas transformações no cenário político e econômico mundial. Enquanto se redefiniam as fronteiras geográficas e os países que formavam a antiga União Soviética tentavam se reorganizar no campo da política e da economia, os países capitalistas procuravam resolver os novos problemas colocados pelo sistema de produção e pelas novas relações de mercado.

A revolução tecnológica gerou um processo de mudanças aceleradas no modo de produção, que assumiu novos contornos na globalização da economia e implicou a reordenação das relações de trabalho. As máquinas substituíram parte do trabalho humano, a divisão de certas funções tornou-se mais elaborada, a especialização constante do trabalhador passou a ser uma necessidade, a mão de obra foi remanejada e, consequentemente, aumentou o desemprego e novas relações de trabalho foram implantadas, em substituição àquelas que se apresentavam precárias (por exemplo, os contratos de trabalho por tempo determinado e sem garantias sociais e trabalhistas). A produção de bens e serviços diversificou-se.

Globalização da economia: desenvolvimento de um mercado mundial baseado em um sistema internacional de trocas, com o incentivo à instauração de mercados comuns.

O desenvolvimento de um mercado mundial exige a derrubada das barreiras que dificultam o sistema internacional de trocas, com o incentivo à instauração de mercados comuns, estabelecidos a partir de longas negociações: assim, a criação da União Europeia foi seguida de movimentos de organização econômica, como o Nafta, que une os mercados americano, mexicano e canadense. Na América do Sul, o Mercosul tem o mesmo objetivo.

Nos países onde foi aplicada, a política neoliberal, aliada às exigências da globalização da economia, acentuou a concentração de rendas e agravou a condição de pobreza de grandes parcelas da população. Os problemas mais recentes gerados no processo de globalização são a falta de emprego e a crescente migração de povos em busca de trabalho. Em países como o Brasil, a implantação da política neoliberal vem consolidar as formas tradicionais de dominação, manter os privilégios de elites dominantes e aprofundar as desigualdades sociais.

Tuca Vieira/Folha Imagem

Prédio de luxo ao lado da favela de Paraisópolis, no bairro do Morumbi, em São Paulo (SP), em 2004.

A indiferença política

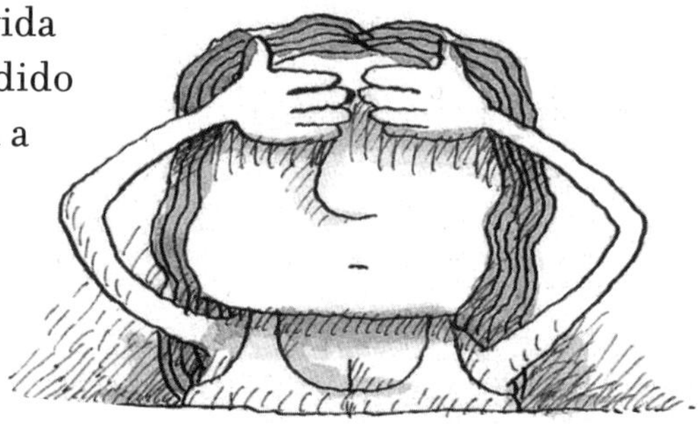

O desinteresse da maioria dos indivíduos pelos assuntos públicos é um dos grandes problemas políticos nas sociedades modernas. Os indivíduos são levados ao isolamento pelo predomínio de valores individualistas e de interesses estritamente particulares, assim como pela submissão às leis do mercado e do consumo. Nesse contexto, perde-se o sentido do que é comunitário e não se percebe a importância da participação na vida coletiva. O bem público deixa de ser entendido como o bem produzido por todos para toda a sociedade; é visto como um bem que não pertence a ninguém e, por isso, pode ser depredado ou apropriado por qualquer um. As formas de delegação do poder e a disseminação de um comportamento social fortemente influenciado pelos meios de comunicação de massa contribuem para que a indiferença política se instale. Além dos que não participam por desconhecer seu papel no processo político, há os indiferentes conscientes, aqueles que compreendem a situação, mas não tomam partido e encaram a vida política com ceticismo.

(**Ceticismo**: concepção segundo a qual o conhecimento do real é impossível à razão humana.)

Em ambos os casos, a indiferença e a consequente passividade desempenham um papel desagregador na política. Os indivíduos cuidam de suas atividades pessoais e deixam as decisões políticas nas mãos de pequenos grupos que, movidos por ambições e paixões particulares, traçam os destinos de um povo.

Da indiferença dos indivíduos podem nascer a política autoritária, a corrupção e todas as formas de desmando. A falta de transparência na política e a ausência de controle e de mecanismos de cobrança por parte dos cidadãos em relação à atuação dos políticos ocorrem, em grande medida, porque muitos se omitem, tornam-se apáticos, renunciam à possibilidade de criar alternativas de intervir na política, desconhecem seus direitos e não se empenham por realizar uma democracia autêntica.

Quando os males acontecem, os indiferentes eximem-se da responsabilidade, porque não participaram ativamente na construção dos fatos. Esquecem-se de que a ausência e a omissão também são formas de participação. De qualquer modo, todos estão implicados.

HONRA AO MÉRITO

- Esta foi quando me safei da CPI dos Correios, esta outra, por ter me livrado da CPI do Mensalão e esta aqui, foi agora na dos Sanguessugas!

Angeli

A cidadania

Na sociedade moderna, nascida das transformações que culminaram na Revolução Francesa, o indivíduo é visto como homem (pessoa privada) e como cidadão (pessoa pública). O termo cidadão designava originalmente o habitante da cidade. Com a consolidação da sociedade burguesa, passa a indicar a ação política e a participação do sujeito na vida da sociedade.

Como vimos no capítulo 6, cidadão é o indivíduo que possui direitos e deveres para com a coletividade da qual participa – existem interesses comuns que o cidadão precisa respeitar e defender por meio da atuação na vida pública. A noção de cidadania nasceu no contexto da formação do Estado moderno e dos interesses da sociedade burguesa; tem como pressuposto um novo conceito de indivíduo como uma experiência própria da modernidade. A base do individualismo moderno é a noção de sujeito autônomo, singular e independente, capaz de decidir e tomar nas mãos o próprio destino. A noção de autonomia, por sua vez, funda-se no pensamento como a atividade de conhecimento e de domínio da natureza. O individualismo está na base da organização dos governos e das democracias modernas, nas quais a vontade individual se manifesta no voto.

Individualismo: teoria que concede ao indivíduo o mais elevado grau de valor, considerando-o mais importante que a comunidade.

O exercício da cidadania consiste em usufruir direitos e cumprir deveres, ações que dependem do tipo de poder político instituído. Nas sociedades modernas, a participação política dos cidadãos é limitada pela divisão de classes, que não possibilita a todos os indivíduos o acesso igualitário aos bens materiais e culturais produzidos na sociedade. A desigualdade social não permite a efetivação das liberdades constitutivas da sociedade civil, entre elas a liberdade política de participação nos assuntos públicos, que não se realiza igualmente para todos. A sociedade desenvolve-se centrada na desigualdade social e econômica, ao mesmo tempo que defende a igualdade legal como base das relações políticas. Quanto maior a desigualdade entre os homens, maior a fragilidade de uma política fundada em uma estrutura legal, porque na realidade os direitos não se concretizam.

Nesse sentido, a República brasileira, em mais de um século de existência, ainda não conseguiu realizar uma política democrática. Os princípios básicos das democracias modernas, como o direito de todos os indivíduos à liberdade de pensamento, associação, credo, locomoção, manifestação da opinião por intermédio da imprensa e da propaganda, são garantidos por lei. Tais princípios são a base necessária para a participação do cidadão na sociedade capitalista. Mas o acesso a esses mecanismos é restrito. Vejamos um exemplo: o domicílio de qualquer cidadão é inviolável e o direito à proteção é garantido por lei. No entanto, frequentemente vemos na televisão os barracos das favelas serem invadidos pela polícia sem nenhuma consideração. Tais ações demonstram como esses cidadãos, relegados a uma situação de pobreza, são alvo de ações arbitrárias e sofrem a discriminação social.

O desemprego, a miséria, o analfabetismo, as formas de violência que afetam a vida de grande parte da população brasileira impedem o exercício efetivo da cidadania. A discriminação se torna ainda mais evidente quando se trata de enfrentar nossas diferenças raciais e culturais: mesmo constituindo parcela relevante da população, são poucos os negros que frequentam as universidades ou exercem funções empresariais e administrativas. Os indígenas, com suas tradições e riquezas culturais, têm sido dramaticamente discriminados e dizimados ao longo de nossa história.

Enfrentar o grande desafio de assegurar e ampliar o exercício da cidadania em nosso país implica questionar o caráter excludente de nosso modelo econômico e, ao mesmo tempo, efetivar e aprimorar a democracia. Necessitamos de uma política democrática que viabilize mudanças econômicas para resolver nossos graves problemas sociais, reconhecer e defender os direitos de todos os cidadãos e garantir o pluralismo e os direitos das minorias.

Por isso, em nossa sociedade, o exercício da cidadania não é apenas uma questão de aprendizagem, mas também de luta por condições dignas de vida, trabalho e educação. É preciso criar espaços de manifestação na sociedade civil nos quais os interesses comuns possam ser defendidos e os indivíduos possam tomar consciência do papel que desempenham na sociedade.

O voto é um instrumento importante, embora limitado, de participação política. Ante a desarticulação social e a apatia política, pode tornar-se um simples ritual legitimador de uma elite no poder. Existem outras maneiras de participar, não só em grandes movimentos políticos, que abrem espaço para uma atuação mais direta e eficaz, mas também na vida cotidiana. O aprendizado político se faz nos pequenos espaços sociais, pelo relacionamento diário com os outros, em que se aprende a conviver e respeitar as diferenças.

Claudius

A participação política

O caminho para discutir e propor uma nova direção à sociedade depende do empenho de cada um de nós, de nossa participação na organização de movimentos sociais que defendam com afinco direitos da comunidade. Existe um grande número desses movimentos reivindicatórios: movimentos estudantis, comunidades de base, movimentos de luta pela moradia, movimentos de luta contra o desemprego, movimentos dos sem-terra. Todos têm um significado político, pois defendem interesses coletivos que acarretam mudanças sociais.

Esses movimentos, nascidos da necessidade de resolver problemas cotidianos não enfrentados pelas instituições públicas responsáveis, são de vital importância para a conquista da cidadania. Organizados a partir da vontade e determinação de indivíduos e grupos sociais em defesa de seus direitos, rompem os limites estreitos oferecidos pelo Estado para a participação do cidadão e redefinem a política, mostrando-a como atividade dinâmica de ação efetiva.

Da discussão de problemas imediatos, esses movimentos avançam para a compreensão do conjunto de relações em que o problema está inserido, descobrem sua capacidade de inventar e criar soluções e, muitas vezes, percebem a necessidade de transformações radicais. À medida que se organizam internamente, esses grupos constroem a vida coletiva, a comunidade, e conseguem externar sua força de reivindicação.

Museum of Modern Art, Nova York.

A dança (primeira versão, 1909), de Henry Matisse. Inspirado na farândola, dança popular de Florença, exprime a alegria de viver. Os dançarinos de mãos dadas formam uma roda inclinada, sugerindo um movimento no sentido dos ponteiros do relógio e o esforço de uma ação coletiva.

Na sociedade brasileira, a concentração do poder decisório no aparato estatal e a tradição política conservadora e autoritária, além de provocarem graves problemas econômicos e sociais, tornaram ainda mais difíceis a ampliação do espaço público e a criação de mecanismos de participação da sociedade civil na política.

As manifestações de rua, as lutas dos trabalhadores sem terra, a organização sindical e a atuação da imprensa na crítica às ações do governo são fatos relevantes para a constituição de uma sociedade democrática. É necessário que a sociedade civil amplie esses espaços de participação.

As possibilidades de mudança são maiores quando a sociedade se organiza e participa ativamente da política. Nesse processo, os indivíduos se renovam, amadurecem e compreendem que a cidadania que se conquista é limitada; é a cidadania possível dentro dos limites de uma sociedade dividida.

Roteiro de estudo

As perguntas a seguir referem-se aos principais tópicos deste capítulo. Elas podem ajudá-lo a estudar e rever todo o conteúdo apresentado. Ao respondê-las, você estará analisando e sintetizando as ideias expostas.

1. Em geral, a quem as pessoas atribuem a responsabilidade política na sociedade?
2. Como se instauram as relações de poder?
3. O que é força? Qual sua extensão?
4. Por que a noção de poder remete à noção de força?
5. Como se realiza o exercício do poder nas sociedades modernas?
6. Cite fatos que demonstram a relação entre as decisões políticas e a vida dos indivíduos na sociedade.
7. Como se explica que grande parte da sociedade aceite passivamente a existência e a manutenção de privilégios a apenas uma parcela da população?
8. Quais podem ser as causas da inconsciência política e da consequente indiferença dos indivíduos pelas questões políticas?
9. Explique por que a omissão política é uma forma de participação.
10. Qual a importância da participação política?
11. O que se entende por "cidadão"?
12. Mencione alguns obstáculos ao exercício efetivo da cidadania no Brasil.

Para refletir

1. Entreviste um jornalista, um professor e um operário sobre sua função política na sociedade, a partir da atividade que desempenham. Traga os resultados da pesquisa para discutir em sala de aula.

2. A cidadania implica direitos e deveres do indivíduo para com a coletividade. O exercício da cidadania muitas vezes é dificultado por situações como:
   - desigualdade social, que não permite a todas as pessoas o acesso aos bens materiais e culturais produzidos na sociedade;
   - discriminação de sexo, cor, idade;
   - desconhecimento dos direitos e deveres do cidadão.

   Em grupo, faça uma pesquisa em sua comunidade e levante fatos que comprovem a dificuldade para se exercer a cidadania. As conclusões devem ser apresentadas e debatidas em classe.

3. Em grupo, discuta as questões abaixo e elabore um texto sobre o assunto. Os textos devem ser expostos na classe em forma de painel.
   - O direito dos jovens de votar aos 16 anos os transforma em cidadãos ou eles ainda precisam conquistar a cidadania?
   - Como os jovens podem participar politicamente?

Para ler e debater

Prepare-se para os debates lendo atentamente os textos. Reflita sobre as perguntas e anote seus argumentos para cada uma delas.

1. Do principado civil

"Quando um cidadão, não por suas crueldades ou outra qualquer intolerável violência, e sim pelo favor dos concidadãos, se torna príncipe de uma pátria – o que se pode chamar principado civil [...], digo que se chega a esse principado ou pelo favor do povo ou pelo favor dos poderosos. É que em todas as cidades se encontram estas duas tendências diversas e isto nasce do fato de que o povo não deseja ser governado nem oprimido pelos grandes e estes desejam governar e oprimir o povo.

Destes dois apetites diferentes nasce nas cidades um destes três efeitos: principado, liberdade, desordem. O principado é estabelecido pelo povo ou pelos grandes, segundo a oportunidade que tiver uma destas partes; percebendo os grandes que não podem resistir ao povo, começam a dar reputação a um dos seus elementos e o fazem príncipe para poder, sob sua sombra, satisfazer seus apetites. O povo também, vendo que não pode resistir aos grandes, dá reputação a um cidadão e o elege príncipe para estar defendido com a sua autoridade. [...] Porque o objetivo do povo é mais honesto do que o dos poderosos; estes querem oprimir e aquele não ser oprimido. [...] O pior que um príncipe pode esperar do povo hostil é ser abandonado por ele. Mas, da inimizade dos grandes, não deve temer só que o abandonem, como também que o ataquem, pois têm estes maior astúcia e têm sempre tempo de salvar-se, procurando aproximar-se dos prováveis vitoriosos."

Alinari/TopFoto/Keystone

Retrato de Nicolau Maquiavel (1600), do pintor italiano Santi di Tito.

MAQUIAVEL, Nicolau. *O príncipe*. São Paulo: Abril Cultural, 1973. p. 45-6. (Os Pensadores).

1. Conforme o texto, como se realiza o antagonismo de classes?
2. Qual a diferença de objetivos políticos das classes sociais em luta?
3. Qual a atualidade desse escrito de Maquiavel?

Leia mais sobre Maquiavel na seção *Comentários adicionais*.

2. A desigualdade

Musée National du Château et des Trianons, Versalhes

Retrato de Jean-Jacques Rousseau (século XIX), do pintor francês Edouard Lacretelle.

"O verdadeiro fundador da sociedade civil foi o primeiro que, tendo cercado um terreno, lembrou-se de dizer 'isto é meu' e encontrou pessoas suficientemente simples para acreditá-lo. Quantos crimes, guerras, assassínios, misérias e horrores não pouparia ao gênero humano aquele que, arrancando as estacas ou enchendo o fosso, tivesse gritado a seus semelhantes: 'Defendei-vos de ouvir esse impostor; estareis perdidos se esquecerdes que os frutos são de todos e que a terra não pertence a ninguém!'. Grande é a possibilidade, porém, de que as coisas já então tivessem chegado ao ponto de não poder mais permanecer como eram, pois essa ideia de propriedade, dependendo de muitas ideias anteriores que só poderiam ter nascido sucessivamente, não se formou repentinamente no espírito humano. Foi preciso fazer-se muitos progressos, adquirir-se muita indústria e luzes, transmiti--las e aumentá-las de geração para geração, antes de chegar a esse último termo do estado de natureza."

ROUSSEAU, Jean-Jacques. *Discurso sobre a origem e os fundamentos da desigualdade entre os homens.* São Paulo: Abril Cultural, 1973. p. 265-6. (Os Pensadores).

1. Conforme **Rousseau**, qual é a origem das desigualdades entre os homens?
2. Como o texto trata a questão do poder?

Leia mais sobre Rousseau na seção *Comentários adicionais*.

3. Indiferentes

"Odeio os indiferentes. Como Federico Hebbel, acredito que 'viver quer dizer tomar partido'. Não podem existir os apenas homens, os estranhos à cidade. Quem verdadeiramente vive não pode deixar de ser cidadão e partidário. Indiferença é abulia, é parasitismo, é covardia, não é vida. Por isso, odeio os indiferentes.

A indiferença é o peso morto da história. É a bola de chumbo para o inovador, é a matéria inerte na qual frequentemente se afogam os entusiasmos mais esplendorosos. [...]

A indiferença atua poderosamente na história. Atua passivamente, mas atua. É a fatalidade; é aquilo com o que não se pode contar; é aquilo que confunde os programas, que destrói os planos mais bem construídos. É a matéria bruta que se rebela contra a inteligência e a sufoca. O que acontece, o mal que se abate sobre todos, o possível bem que um ato heroico (de valor universal) pode gerar, não se deve tanto à iniciativa dos poucos que atuam, quanto à indiferença de muitos. O que acontece não acontece tanto porque alguns o queiram, mas porque a massa dos homens abdica de sua vontade, deixa fazer, deixa enrolarem os nós que, depois, só a espada poderá cortar; deixa promulgar leis que, depois, só a revolta fará anular; deixa subir ao poder homens que, depois, só uma sublevação poderá derrubar. [...] Os fatos amadurecem na sombra porque mãos, sem qualquer controle a vigiá-las, tecem a teia da vida coletiva e a massa não sabe, porque não se preocupa com isso. Os destinos de uma época são manipulados de acordo com visões restritas, os objetivos imediatos, as ambições e paixões pessoais de pequenos grupos ativos, e a massa dos homens ignora, porque não se preocupa."

GRAMSCI, Antonio. *La città futura*. Turim, 11 fev. 1917.

1. Comente estes trechos de **Gramsci**:

   "Indiferença é abulia, é parasitismo, é covardia, não é vida."

   "A indiferença atua poderosamente na história. Atua passivamente, mas atua."

2. De que modo a indiferença política pode ser uma das causas de políticas autoritárias e inescrupulosas?

Leia mais sobre Gramsci na seção *Comentários adicionais*.

4. O sentido da política

"A pergunta sobre o sentido da política e a desconfiança em relação à política são muito antigas, tão antigas quanto a tradição da filosofia política. Elas remontam a Platão e talvez até mesmo a Parmênides e nasceram de experiências muito reais de filósofos com a pólis: significa como a forma de organização do convívio humano determinou aquilo que entendemos hoje por política de forma tão exemplar e decisiva, que até mesmo a palavra para isso, em todos os idiomas europeus, deriva daí. [...]

A política, assim aprendemos, é algo como uma necessidade imperiosa para a vida humana e, na verdade, tanto para a vida do indivíduo como da sociedade. Como o homem não é autárquico, porém depende de outros em sua existência, precisa haver um provimento da vida relativo a todos, sem o qual não seria possível justamente o convívio. Tarefa e objetivo da política é a garantia da vida no sentido mais amplo. Ela possibilita ao indivíduo buscar seus objetivos, em paz e tranquilidade, ou seja, sem ser molestado pela política – sendo, antes de mais nada, indiferentes as esferas da vida em que se situam esses objetivos garantidos pela política, quer se trate, no sentido da Antiguidade, de possibilitar a poucos a ocupação com a filosofia, quer se trate, no sentido moderno, de assegurar a muitos a vida, o ganha-pão e um mínimo de felicidade. Como, além disso, conforme Madison observou um dia, trata-se nesse convívio de homens e não de anjos, o provimento da vida só pode realizar-se através de um Estado, que possui o monopólio do poder e impede a guerra de todos contra todos. [...]

O que distinguia o convívio dos homens na pólis de todas as outras formas de convívio humano que eram bem conhecidas dos gregos era a liberdade. Mas isso não significa entender-se aqui a política justamente como um meio para possibilitar aos homens a liberdade, uma vida livre. Ser livre e viver-numa-pólis eram, num certo sentido, a mesma e única coisa. A propósito, apenas em um certo sentido, posto que, para poder viver numa pólis, o homem já devia ser livre em outro sentido – ele não devia estar subordinado como escravo à coação de um outro nem como trabalhador à necessidade do ganha-pão diário. Primeiro, o homem precisava ser livre ou se libertar para a liberdade, e este ser livre do ser forçado pela necessidade da vida era o sentido original do grego *shole* ou do romano *otium*, o ócio, como dizemos hoje. Essa libertação, diferente da liberdade, era um objetivo que podia e devia ser atingido através de determinados meios. O meio decisivo era a sociedade escravagista, o poder com o qual outros eram forçados a assumir a preocupação com a vida diária. Ao contrário de todas as formas de exploração capitalista que perseguem sobretudo objetivos econômicos e servem ao enriquecimento, no caso da exploração do trabalho escravo na Antiguidade tratava-se de liberar os senhores por completo do trabalho a fim de dispô-los para a liberdade da coisa política. [...] O objetivo não era pura e simplesmente a liberdade tal como ela se realizava na pólis, mas sim a libertação pré-política para a liberdade na pólis. O sentido da coisa política é os homens terem relações entre si em liberdade, para além da força, da coação e do domínio. Iguais com iguais que só em caso de necessidade, ou seja, em tempos de guerra, davam ordens e obedeciam uns aos outros; porém, exceto isso, regulamentavam todos os assuntos por meio da conversa mútua e do convencimento recíproco. A coisa política entendida nesse sentido grego está, portanto, centrada em torno da liberdade, sendo liberdade entendida negativamente como o não ser dominado e não dominar e, positivamente, como um espaço que só pode ser produzido por muitos, onde cada qual se move entre iguais."

Topham Picturepoint/TopFoto/Keystone

Hannah Arendt em foto de 1970.

ARENDT, Hannah. *O que é política?* Rio de Janeiro: Bertrand Brasil, 2004. p. 45-8. (Fragmentos das obras póstumas).

1. Conforme o texto de **Hannah Arendt**, qual o sentido da política na Grécia antiga?
2. Que diferenças você percebeu entre a política grega e a política moderna?
3. Qual o sentido grego de liberdade política?

Leia mais sobre Hannah Arendt na seção *Comentários adicionais*.

Sugestões

Livros

Martinez, Paulo. *Direitos de cidadania: um lugar ao sol*. São Paulo: Scipione, 1996. (Ponto de apoio).

Da coleção Primeiros Passos, da Editora Brasiliense (São Paulo):

- *O que é cidadania* – Maria de Lourdes Manzini Couvre, 1996.
- *O que é democracia* – Denis L. Rosenfield, 1998.
- *O que são partidos políticos* – Francisco Weffort, 1985.
- *O que é participação política* – Dalmo de Abreu Dallari, 1984.
- *O que é poder* – Gérard Lebrun, 1994.
- *O que é política* – Wolfgang Leo Maar, 1994.

Filmes

Aguirre, a cólera dos deuses, 1972, direção de Werner Herzog, Alemanha.

Por volta de 1560, após a conquista do Peru por Pizarro, alguns aventureiros espanhóis, comandados por Don Lope de Aguirre, partem pelos Andes, até as águas do Rio Amazonas, em busca do Eldorado, a fabulosa e lendária cidade do ouro, que diziam existir no interior da Floresta Amazônica. A aventura mostra os delírios e a ambição dos exploradores e pode auxiliar nos debates sobre a questão do poder.

Dançando no escuro, 2000, direção de Lars von Trier, Dinamarca.

Mostra a vida de Selma, uma imigrante que trabalha numa fábrica no interior dos Estados Unidos. Vítima de uma doença hereditária, tenta evitar que o filho tenha o mesmo destino. Com esse objetivo, faz economias para que seu filho possa ser operado. O filme mostra a história dos trabalhadores oprimidos, explorados, que sofrem todas as limitações que o sistema econômico lhes impõe. Foi vencedor da Palma de Ouro de melhor filme e do prêmio de melhor atriz no festival de Cannes.

Danton: o processo da Revolução, 1982, direção de Andrzej Wajda, França/Polônia.

Narra o processo da Revolução Francesa, mais precisamente o período jacobino, que culmina em 1794 na execução do líder revolucionário Georges Danton. O filme contrapõe a atitude libertária de Danton ao espírito burocrático de Robespierre.

Koyaanisqatsi: uma vida fora de equilíbrio, 1982, direção de Godfrey Reggio, Estados Unidos.

O filme, composto apenas com imagens e música, mostra aspectos da sociedade industrial moderna e das grandes concentrações urbanas, bem como a degradação do homem e a poluição do meio ambiente, decorrentes da exploração desregrada da natureza e dos homens.

Missing: o desaparecido, 1982, direção de Costa-Gravas, Estados Unidos.

Durante os dias que se seguiram ao golpe militar no Chile, que derrubou Allende, em 1973, um executivo norte-americano chega a Santiago para localizar seu filho desaparecido em meio à repressão estabelecida pelo regime de Pinochet. Suas investigações mostram o terror instaurado por essa ditadura, fazendo-o abandonar gradativamente sua postura indiferente e apolítica ante a situação.

Sacco e Vanzetti, 1971, direção de Giuliano Montaldo, Itália.

Trata da experiência real de dois imigrantes italianos acusados de assassinato e levados a julgamento em 1921, nos Estados Unidos. A acusação tem um fundo político, porque esses dois imigrantes eram anarquistas. Proibido no Brasil durante a ditadura militar, esse filme mostra uma realidade política que se tem repetido na história contemporânea.

Referências bibliográficas

Arendt, Hannah. *Entre o passado e o futuro*. São Paulo: Perspectiva, 1979.

______. *O que é política?* Rio de Janeiro: Bertrand Brasil, 2004. (Fragmentos das obras póstumas).

Aristóteles. *A política*. São Paulo: Hemus, 1966.

Châtelet, F. (Org.). *História da filosofia*. Rio de Janeiro: Zahar, 1974.

Deleuze, Gilles. *Para ler Kant*. Rio de Janeiro: Francisco Alves, 1976.

Espinosa, Baruch de. *Tratado político*. São Paulo: Abril Cultural, 1973. (Os Pensadores).

Fortes, Luis Roberto Salinas. *Rousseau: o bom selvagem*. São Paulo: FTD, 1989. (Prazer em conhecer).

Hegel, G. W. F. *Princípios da filosofia do Direito*. Lisboa: Guimarães, 1986.

Hobbes, Thomas. *Leviatã*. São Paulo: Abril Cultural, 1974. (Os Pensadores).

Kant, Immanuel. *A paz perpétua*. Porto Alegre: L&PM, 1989.

______. *Ideia de uma história universal de um ponto de vista cosmopolita*. São Paulo: Brasiliense, 1986.

La Boétie, Etienne. *Discurso da servidão voluntária*. São Paulo: Brasiliense, 1982.

Locke, John. *Segundo tratado sobre o governo*. São Paulo: Abril Cultural, 1973. (Os Pensadores).

Maquiavel, N. *Comentários sobre a primeira década de Tito Lívio*. Brasília: Ed. da Universidade de Brasília, [s.d.].

______. *O príncipe*. São Paulo: Abril Cultural, 1973. (Os Pensadores).

Marx, Karl. *Crítica à filosofia do Direito de Hegel*. Lisboa: Presença, [s.d.].

______. *O 18 Brumário de Luís Bonaparte*. São Paulo: Abril Cultural, 1974. (Os Pensadores).

______; Engels, F. *O manifesto comunista*. Rio de Janeiro: Zahar, 1978.

Montesquieu. *Do espírito das leis*. São Paulo: Abril Cultural, 1973. (Os Pensadores).

Novaes, Adauto (Coord.). *O avesso da liberdade*. São Paulo: Companhia das Letras, 2002.

______. *Civilização e barbárie*. São Paulo: Companhia das Letras, 2004.

Platão. *A República*. São Paulo: Difel, 1965.

Rousseau, Jean-Jacques. *Discurso sobre a origem e os fundamentos da desigualdade entre os homens*. São Paulo: Abril Cultural, 1973. (Os Pensadores).

______. *O contrato social*. São Paulo: Abril Cultural, 1973. (Os Pensadores).

Weber, Max. *A ética protestante e o espírito do capitalismo*. São Paulo: Pioneira, 1983.

Weffort, F. (Org.). *Os clássicos da política*. São Paulo: Ática, 1989. 2 v. (Clássicos de filosofia política).

9

Trabalho e realização

"À medida que a esfera do trabalho se alarga, a do sorriso diminui."

Octavio Paz

O que vamos estudar neste capítulo

O conflito entre trabalho e realização
O trabalho na Antiguidade greco-romana
A experiência medieval
O trabalho na economia de mercado
A ética capitalista do trabalho
O valor dado ao trabalho
Na razão do mercado, o medo
O apogeu do mundo liberal
Trabalho e alienação
A realização no mercado consumidor
Os caminhos para a realização

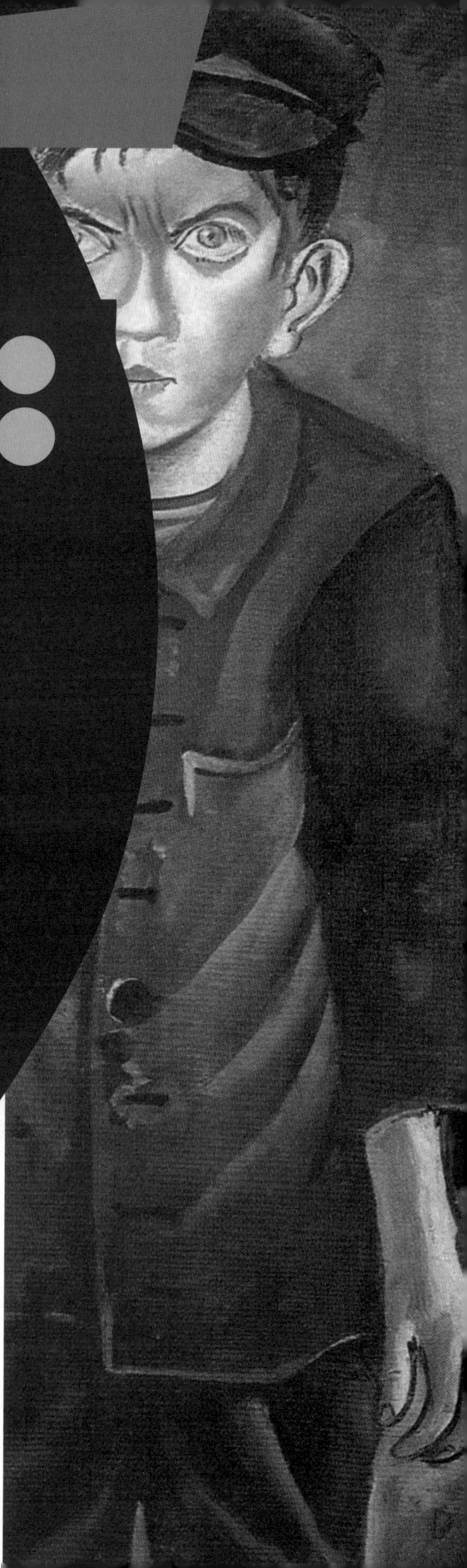

Jovem operário (1920), de Otto Dix.

O conflito entre trabalho e realização

Miniatura do século XV.

Definir a realização humana é tão difícil quanto definir a felicidade. A realização humana é sempre um vir a ser, um projeto eternamente inacabado. O homem realizado, no sentido absoluto, não existe. Tanto a felicidade como a realização, consideradas absolutas, não são propriedades do ser humano.

Isso significa que o homem é um eterno irrealizado? De certa forma, sim. É a busca incessante da realização que permite transformar o meio natural e fazer história. A vida em sociedade, assim como o progresso tecnológico ou a guerra, é resultado dessa transformação que o ser humano efetiva, sempre almejando a felicidade.

É na ação transformadora que o homem encontra momentos de satisfação, de realização de seus projetos, ainda que, ao mesmo tempo, esteja gerando novas ansiedades. Quando completa um projeto qualquer – escrever um livro, plantar uma árvore ou construir uma casa –, realiza uma vontade sua e isso o faz feliz, estimulando-o a iniciar um novo projeto. Esse processo é uma forma de trabalho.

Se por **trabalho** entendemos **toda atividade humana que transforma a natureza**, a relação entre trabalho e realização parece evidente. Essa relação é tão antiga quanto a história da humanidade. Dos gregos antigos às sociedades industrializadas norte-americana ou japonesa de hoje, passando pela experiência socialista, o homem procura a realização por meio do trabalho.

> *Denominamos trabalho a ação transformadora (material ou intelectual) do homem, realizada na natureza e na sociedade em que vive.*

Mas por que trabalho e realização parecem viver um eterno conflito? Se a realização do homem está no trabalho, por que ele necessita ser educado para o trabalho? Por que é necessário convencê-lo da necessidade do trabalho?

É comum associarmos trabalho e sofrimento, provavelmente em razão do esforço doloroso que o homem teve de empreender para dominar a natureza, pois ela desde os primórdios lhe foi hostil.

Já no Antigo Testamento encontramos essa visão do trabalho como punição. Dirigindo-se a Adão, expulso do Éden, Deus disse-lhe: "Do suor de teu rosto comerás o teu pão". E condenou a mulher a sofrer no trabalho de parto: "Multiplicarei grandemente a dor da tua concepção; em dor darás à luz filhos" (Gênesis 3,19;16).

A própria etimologia da palavra trabalho guarda o sentido de tortura. **Trabalho** tem origem no vocábulo latino *tripalium*, aparelho de tortura composto de três paus, que também servia para imobilizar animais difíceis de ferrar.

O conflito entre trabalho e realização deve-se ao fato de o homem ter organizado a sociedade de tal modo que, para a maioria dos indivíduos, o trabalho que fazem não são projetos seus, como também não são seus os frutos dos esforços. Nessa circunstância, longe de ser sinônimo de criação e de transformação, o trabalho que desenvolvem torna-se opressivo e estafante. Por exemplo, será que construir as imensas pirâmides egípcias era projeto das centenas de escravos ou era vontade do poderoso faraó? Da mesma forma, de quem era o projeto da construção do Palácio de Versalhes, na França, ou da Usina de Itaipu, na América Latina?

Mas será que esses trabalhadores não encontraram alguma satisfação pessoal na construção dessas obras? Se considerarmos que alguns tipos de trabalho podem ser criativos, a resposta é sim. Por exemplo, o artesão que esculpiu a lápide do túmulo de Júlio César pode ter encontrado uma grande realização no trabalho que fez. Mas que satisfação poderia ter encontrado o escravo que carregou as pedras do túmulo e nada mais sentiu do que a dor da exploração física?

Se para essas pessoas o trabalho é sinônimo de tortura e frustração, seriam elas eternamente infelizes? Paradoxalmente, como concebe **Jean Lacroix**, ao mesmo tempo que o trabalho é alienação, "é remédio para essa alienação". O homem trabalha porque, estranho na natureza, precisa compreendê-la e transformá-la. Pelo esforço de seu trabalho, vai torná-la humana, como também pelo trabalho encarna em si valores morais e humaniza-se.

Leia mais sobre Jean Lacroix na seção *Comentários adicionais*.

Logo, o trabalho, inerente ao homem como ser social, é tanto penúria e alienação quanto criação transformadora e realização.

Historicamente, as sociedades experimentaram relações de trabalho quase sempre pautadas pela exploração do homem pelo homem. Mas o ser humano, mesmo quando se sente impotente, é inventivo e produz seus espaços de liberdade e criação, onde encontra um grau de felicidade.

É dessa maneira que se explica a existência de espaços próprios desse ou daquele segmento social. São verdadeiros guetos de resistência que possibilitam o prazer. Assim, por exemplo, existiam espaços na cultura escrava no Brasil que eram impenetráveis ao senhor de engenho, como há espaços invioláveis de resistência cultural entre os trabalhadores de hoje. Mesmo que essas resistências sejam destruídas – e muitas vezes o são –, elas são reconstruídas em outros lugares sociais e de maneiras diferenciadas. É um processo de eterna luta, como nos mostram alguns exemplos históricos.

O trabalho na Antiguidade greco-romana

A existência de cidadãos e escravos na sociedade grega, considerada o berço da democracia, era assim explicada pelo filósofo **Aristóteles**:

> "Todos aqueles que nada têm de melhor para nos oferecer que o uso do seu corpo e dos seus membros são condenados pela natureza à escravidão. É melhor para eles servir que serem abandonados a si próprios. Numa palavra, é naturalmente escravo quem tem tão pouca alma e tão poucos meios que deve resolver-se a depender de outrem [...] O uso dos escravos e dos animais é aproximadamente o mesmo."
>
> ARISTÓTELES. *Política*. São Paulo: Martin Claret, 2002.

Leia mais sobre Aristóteles na seção *Comentários adicionais*.

Museo Mandralisca, Cefalu/Alinari/The Bridgeman Art Library/Keystone

Vaso grego (cerca de VI-V a.C.) retratando trabalho de peixeiro.

Assim, para Aristóteles a diferença social entre os homens era natural, não havendo contradição na divisão que se impunha entre o trabalho manual e as atividades intelectuais e políticas.

Na cultura grega, cabiam aos cidadãos a organização e o comando da pólis (cidade). Ao cidadão era proibido o trabalho braçal, já que ele deveria ter o tempo livre (ócio) para a reflexão, o exercício da cidadania e o bem-governar.

As funções dos escravos, entretanto, eram restritas à atividade inferior de transformação da natureza em um bem determinado pela vontade das camadas superiores. Por ser rotineiro e não exigir capacidade reflexiva, o trabalho manual era considerado atividade degradante, relegada a escravos e não cidadãos.

Em Roma, permaneceu a divisão entre a arte de governar e o trabalho braçal, que era visto como degradante e destinado aos povos dominados, tidos como seres inferiores. Trabalhar, para o cidadão romano, era "negar o ócio" (*negotium*), negar o tempo livre e o lazer.

A experiência medieval

A Idade Média ocidental-cristã não alterou substancialmente o conceito de trabalho. Organizada com base numa economia de subsistência, grande parcela da população, apesar de livre em relação aos senhores proprietários, estava presa à terra, em luta pela sobrevivência.

A Igreja Católica, pregando a adoração a Deus, defendia o desapego às riquezas terrenas. Preocupada em organizar e manter seu poder temporal, ela condenava o trabalho como forma de enriquecimento. O trabalho era visto apenas como meio de subsistência, de disciplina do corpo e de purificação da mente. Assim, servia como instrumento de dominação social e de condenação a qualquer questionamento à ordem instituída. Se entre os gregos a escravidão era justificada como algo natural, na Idade Média cristã a servidão era justificada pela ordem divina.

A ociosidade entre as classes senhoriais, assim como ocorrera na Antiguidade greco-romana, não era sinônimo de preguiça, mas de abster-se das atividades manuais para se dedicar a funções mais nobres, como a política, a guerra, a caça, o sacerdócio – enfim, ao exercício do poder.

Aos servos cabiam as atividades agrícolas ou artesanais. Obedecendo a um ritmo de trabalho próprio da economia de subsistência, era permitido aos trabalhadores possuir suas ferramentas e dominar o saber técnico da produção. Essa proximidade com uma economia natural concedia aos trabalhadores uma relativa liberdade no uso de seu tempo, apesar da ausência de direitos políticos.

O trabalho na economia de mercado

A crise da ordem feudal, fundada na subsistência e na servidão, e o desenvolvimento do comércio e das atividades manufatureiras propiciaram o surgimento de uma nova estrutura social: o sistema capitalista, com base na divisão da sociedade em classes sociais.

O crescimento do mercado não só conviveu por algum tempo com antigas formas de servidão como fez renascer a escravidão de novo tipo: o trabalho compulsório dos africanos nas colônias da América.

Para as elites que comandavam a implantação desse sistema, o **trabalho livre** era, porém, a forma ideal. Essa é por excelência a concepção burguesa da liberdade individual do homem: ele é livre para usar a força de seu corpo como uma máquina natural e para escolher de modo soberano o que deseja para si mesmo. Se ao escravo na América não era dada a oportunidade da escolha, ao trabalhador europeu era concedido o direito soberano da liberdade.

Mas a busca da produção de excedentes para a troca no mercado, mediante a introdução de novas técnicas de produção e de organização do trabalho, fazia desaparecer a propalada livre escolha. Afinal, como seria possível o trabalhador sobreviver numa economia de mercado, senão submetendo-se às imposições de quem detinha os recursos que o sistema exigia? Assim, o artesão, que na manufatura medieval detinha as ferramentas e uma autonomia no uso de seu tempo, desapareceu, submetendo-se ao império do capital.

Ocorreu, portanto, a separação entre o trabalhador e a propriedade dos meios de produção (capital, ferramentas, máquinas, matérias-primas, terras). Desse modo, podemos afirmar que a essência do sistema capitalista está na **separação entre o capital e o trabalho**.

Essa separação criou dois tipos de homens livres: o **trabalhador livre assalariado**, que vivia exclusivamente de seu trabalho, ou seja, da venda de sua força de trabalho, e o **burguês**, ou **capitalista**, proprietário dos meios de produção. A novidade em relação aos modelos anteriores de sociedade é que, ao conceder a liberdade para todos os indivíduos, a sociedade estabeleceu uma espécie de contrato social, em que ficavam definidos os direitos e deveres de cada parte. Instituía-se nesse momento a divisão da sociedade em **classes sociais**.

Museu de Belas Artes, Pau (França).

Bolsa de algodão de Nova Orleans (detalhe), de Edgar Degas. As bolsas, de valores ou mercadorias, são instituições típicas do capitalismo.

O novo conceito dado ao trabalho tinha uma dupla face: de um lado, o trabalho como fruto da vontade e de objetivos livremente determinados (o trabalho dos proprietários dos meios de produção); de outro, o trabalho mecânico e subordinado a uma vontade exterior (o trabalho dos indivíduos que não possuem os meios de produção). O período da Revolução Industrial, nos séculos XVIII e XIX, foi o momento em que essa separação se consolidou.

A ética capitalista do trabalho

Vem do Renascimento a crença de que o trabalho é inerente ao homem. Nasceu com os modernos a ideia do trabalho como essência da natureza humana. O fim da servidão medieval determinou ao homem a liberdade de conquistar, com o suor de seu rosto, o reconhecimento como cidadão. A cidadania não era mais um privilégio natural ou "vontade divina", sem que o homem pudesse intervir. Agora, diferentemente do que ocorria na Antiguidade clássica e no pensamento medieval, o trabalho adquiria legitimidade na conquista da cidadania. Foi essa compreensão da igualdade entre os homens que fomentou o aparecimento das utopias modernas. Uma delas é a da realização pelo trabalho.

Maquiavel dizia que os homens trabalham por necessidade ou por escolha, afirmando haver mais virtude no trabalho no segundo caso. Portanto, já se encontrava em Maquiavel – um precursor do pensamento moderno – a ideia do trabalho como algo positivo, capaz de promover a virtude e a realização.

Leia mais sobre Maquiavel na seção *Comentários adicionais*.

Outra inovação a ser destacada é que o trabalho, até então condenado como fator de enriquecimento pessoal, adquire na ética capitalista o sentido de tábua da salvação divina. A riqueza não é mais vista como pecado, mas como a **vontade de Deus**. Trata-se de uma **vontade** que se confunde com os interesses do mercado e do lucro, e que valoriza o trabalho como força passível de gerar riquezas. Ele deixa de existir apenas para atender às necessidades humanas básicas. Sua finalidade principal é produzir riqueza acumulada, agora sinônimo de realização e felicidade.

Martinho Lutero, por exemplo, embora contrário ao lucro e à usura, não deixou de contribuir para o espírito capitalista. Ele condenava o enriquecimento à custa de outros, afirmando ser esse um sinal de **ausência da graça divina**. Mas pregava obediência e conformação à situação de cada um na sociedade.

Ora, essa lógica de depositar nas mãos de Deus o sucesso material constitui um dos instrumentos mais eficazes da ética capitalista. Ao ligar o trabalho à expiação e pregar que a providência divina determina tanto a profissão quanto o sucesso das pessoas , Lutero justificava o enriquecimento não como resultado da exploração do homem pelo homem, mas como fruto do esforço pessoal e da graça de Deus.

Por consequência, a ociosidade, mesmo entre as classes abastadas, passou a ser sinônimo de negação de Deus. Só se mostrava a verdadeira fé pelo trabalho incessante e produtivo. O trabalho era a oração da moral burguesa e capitalista. Quem se resignasse à pobreza não merecia a salvação divina.

> *Esta é a nova moral: a valorização do trabalho produtivo como sinônimo de progresso e de salvação divina.*

Teóricos do novo sistema descobriram no trabalho a fonte de toda riqueza, individual e coletiva. Em 1776, **Adam Smith** afirmava que a riqueza de uma nação dependia essencialmente da produtividade baseada na divisão do trabalho. Por essa divisão, as operações de produção de um bem, que antes eram executadas por um único homem (artesão), deveriam ser decompostas e executadas por diversos trabalhadores, especializados em tarefas específicas e complementares.

Leia mais sobre Martinho Lutero e Adam Smith na seção *Comentários adicionais*.

Com a produção mecanizada, o trabalho passou a ser glorificado como a essência da vida em sociedade. Não se concebe mais a possibilidade de existir ordem social fora da moral do trabalho produtivo.

Fica claro que a revolução tecnológica dos séculos XVIII e XIX, mais do que um **progresso**, significou a generalização de um projeto de controle social. As teses das classes dominantes revelam que o desejo de expansão de mercado e de aumento de suas riquezas passava pela necessidade da universalização dessa nova ordem social.

O que estava em jogo era o fim da autonomia do trabalho artesanal e a reunião e domesticação dos trabalhadores na fábrica. A divisão do trabalho defendida por Adam Smith teria a função de destruir o **saber-fazer** do artesão, subordinando-o à nova tecnologia da maquinofatura.

Museu de Arte da Cracóvia, Romênia.

As primeiras fábricas.

Para que essa sociedade voltada para o trabalho se viabilizasse, houve necessidade de construir um corpo disciplinar que envolvesse todos os indivíduos, dentro e fora da fábrica. A **ordem burguesa da produtividade** tornava-se a regra que deveria gerir todas as instâncias do social. Para isso, instituiu-se um discurso moralizante que visava cristalizar no conjunto da sociedade a **ética do tempo útil**.

O tempo útil do trabalho produtivo deveria funcionar como um "relógio moral" que cada indivíduo levaria dentro de si.

O uso do tempo de uma forma que não seja útil nem produtiva, diversa do ritmo imposto pela fábrica, passou a ser sinônimo de preguiça e degeneração. Só o **trabalho produtivo**, fundado na máxima utilização do tempo, dignificava o homem.

Para tornar vitoriosa a nova ordem, procurou-se eliminar qualquer forma de resistência. Impôs-se um modelo de sociedade em que só o trabalho produtivo fabril imperava. Quem estivesse fora desse modelo era socialmente expurgado. A grande massa de europeus que migraram para a América no século XIX pode ser tomada como exemplo desse expurgo.

Bettman/CORBIS

Família de imigrantes italianos desembarcando na Ilha de Ellis, em Nova York, no final do século XIX.

O valor dado ao trabalho

O contexto da sociedade capitalista de mercado definiu um valor para o trabalho. Que valor era esse? Vejamos como o próprio Adam Smith respondeu a essa questão, em 1776:

> "Cada homem vive do seu trabalho, e o salário que recebe deve pelo menos ser suficiente para o manter. Em muitas ocasiões esse salário deve até ser um pouco mais alto; se não, ser-lhe-ia impossível constituir família, e a raça desses homens não passaria da primeira geração. [...] Os trabalhadores comuns, as camadas mais baixas, devem ganhar pelo menos o dobro daquilo de que necessitam para sua própria subsistência, a fim de que, quando se juntam dois trabalhadores de sexos diferentes, possam dar à luz e sustentar duas crianças."
>
> SMITH, Adam. *Investigação sobre a natureza e as causas da riqueza das nações*. 2. ed. São Paulo: Abril Cultural, 1979. p. 58.

Fornecer ao trabalhador o mínimo necessário para sobreviver e procriar novos operários. Era esse o ensinamento que o fundador da ciência econômica dava aos capitalistas contemporâneos da Revolução Industrial. Assim como para os escravos da Antiguidade e os servos da Idade Média, a realização que os trabalhadores assalariados deveriam esperar de seus esforços na produção fabril era a de poder sobreviver e procriar. Portanto, do mesmo modo que na antiga sociedade greco-romana, os prazeres do espírito ficavam reservados à elite. O trabalhador, em geral, deveria bastar-se no exercício do trabalho braçal.

Para o sistema fabril, o trabalho produtivo tinha por fim gerar uma riqueza que não deveria ser apropriada pelo trabalhador.

Apesar de o trabalhador ser livre e de a máquina ser anunciada como a que libertaria o homem do esforço físico, aconteceu exatamente o contrário. As máquinas serviram tanto para aumentar a produtividade como para impor a disciplina do tempo e do trabalho, com o objetivo de controlar as formas de autonomia ou resistência operárias, principalmente por meio da ameaça do desemprego.

Na razão do mercado, o medo

A **máxima produtividade**, proposta pelos teóricos do liberalismo – como Adam Smith –, transformava a sociedade do trabalho em sociedade da barbárie, marcada pela luta entre o capital e o trabalho. A utopia do crescimento infinito, sem contradições, parecia haver atingido o seu limite.

Diante das tensões surgidas, as elites sustentavam a necessidade de fazer algo além da repressão e da caridade, para evitar um desastre social maior. O perigo iminente era o **espectro da revolução**, que se alastrava à medida que aumentava a exploração do trabalho.

Os escritos de **Karl Marx** e **Friedrich Engels**, a partir do *Manifesto comunista*, de 1848, radicalizavam a crítica ao sistema de fábrica. Para esses pensadores, não existia possibilidade de reformas dentro do sistema. Só a erradicação da exploração do capital sobre o trabalho, liderada pelas massas proletárias, traria soluções sociais positivas.

Friedrich Engels

Karl Marx

Leia mais sobre Karl Marx e Friedrich Engels na seção *Comentários adicionais*.

As denúncias sobre as condições miseráveis dos trabalhadores fizeram as classes dirigentes perceberem que essa situação era consequência do próprio projeto liberal. As elites eram obrigadas a reconhecer o problema não como degeneração genética dos pobres, mas como uma questão social que envolvia toda a sociedade, pobres e ricos.

O próprio Engels, escrevendo em 1892, reconhecia algumas melhorias nas condições dos trabalhadores de Londres, provenientes das ameaças engendradas pela pobreza:

> "As repetidas epidemias de cólera, febre tifoide, varíola etc. fizeram com que os burgueses ingleses compreendessem a necessidade urgente de sanear as cidades, se não queriam ser, eles próprios e suas famílias, vítimas desses flagelos."
>
> MARX, Karl. ENGELS, Friedrich. *A situação da classe operária na Inglaterra.* São Paulo: Global, 1985. p. 366. Prefácio à edição alemã de 1862.

O apogeu do mundo liberal

A resposta da sociedade industrializada às tensões do século XIX não foi única. De modo geral, a intensa industrialização trouxe desemprego e marginalização, mas a convulsão social obrigou as elites dessas sociedades a conversar com os trabalhadores. É notório nesse período o crescimento dos partidos políticos e a participação popular por meio do voto. Essa ação, porém, respondia apenas aos grupos mais organizados de trabalhadores.

Outra "solução" encontrada foi a busca de maior produtividade, sofisticando mais a divisão do trabalho iniciada com a industrialização do século XVIII. Pela ótica dos patrões, era preciso formar o **homem dócil**, em oposição ao trabalhador politizado e sindicalizado. Para isso, precisava-se quebrar mais ainda a sua resistência. O **taylorismo** e o **fordismo** surgiram como estratégias para "domesticar" o trabalhador.

O TAYLORISMO

O **taylorismo** é um sistema de relações de trabalho elaborado com base nos estudos do norte-americano **Frederick W. Taylor**. Os princípios tayloristas de produtividade e tempo útil já se encontravam nos escritos de Adam Smith, de 1776. Taylor apenas aperfeiçoou essas concepções, utilizando-se de um sofisticado sistema de controle.

Leia mais sobre Frederick W. Taylor na seção *Comentários adicionais*.

> *O taylorismo pretende-se um método científico de racionalizar a produção, economizando tempo mediante a eliminação ao máximo de gestos e atitudes improdutivas.*

Segundo Taylor, a produção dependia muito da boa vontade do trabalhador. Como só trabalhava porque era obrigado, o trabalhador, sempre que não estava sob o olhar do patrão ou do contramestre, fazia "corpo mole" e "matava o serviço".

Para aumentar a produção e garantir ao capitalista a expansão de seu mercado e de seus lucros, era preciso acabar com a indolência e a preguiça dos trabalhadores. Para isso, Taylor propunha aperfeiçoar a divisão entre o trabalho intelectual (planejamento, concepção e direção) e o trabalho manual (produção direta). A função do trabalho intelectual era eliminar qualquer autonomia do trabalhador braçal na produção. Enquanto o primeiro pensa e dirige, o segundo não pensa (ou não deve pensar) e obedece. Taylor sugeria o estudo detalhado de todas as operações de produção, decompondo as tarefas em movimentos elementares e ritmados pela velocidade da máquina. O tempo produtivo do trabalhador é medido pelo ritmo cronometrado da máquina.

Para executar essas tarefas pouco complexas, Taylor idealizava o operário do tipo **bovino**: o "homem-boi", imbecil, forte e dócil. Desse modo, eliminava-se aquele trabalhador politizado e resistente ao controle. O método, ao pretender "punir os indolentes" e "premiar os produtivos", ocultava o interesse na "domesticação" do trabalhador-cidadão.

O FORDISMO

O **fordismo**, introduzido por **Henry Ford** na fabricação em massa de automóveis, foi uma continuidade do taylorismo. Sua principal inovação – a **linha de montagem** – consistia na inclusão de uma esteira rolante que transportava as peças de montagem. Impedido de locomover-se, pois as peças eram levadas até ele, o trabalhador se confundia com a própria máquina e era obrigado a manter um ritmo-padrão de tempo e de produção. Esse método exigia apenas atividade motora e dispensava a possibilidade de iniciativa própria.

Leia mais sobre Henry Ford na seção *Comentários adicionais*.

Ford despersonalizou a tal ponto o trabalhador que, mesmo com a elevação dos salários, verificou-se um alto índice de rotatividade nas fábricas. Tornada insuportável a vida dentro da produção, o trabalhador, sempre que encontrava uma oportunidade, pressionava para obter maiores salários ou demitia-se.

Dissimulados em "progresso tecnológico", o taylorismo e o fordismo ainda hoje brutalizam o trabalhador, reduzindo-o a um mero autômato cumpridor de ordens e de ritmos estranhos a sua vontade e a sua natureza. Ambos são formas de organização da produção que estão disseminadas em praticamente todos os tipos de trabalho, como nas fábricas, nos grandes escritórios, nos bancos e nas escolas.

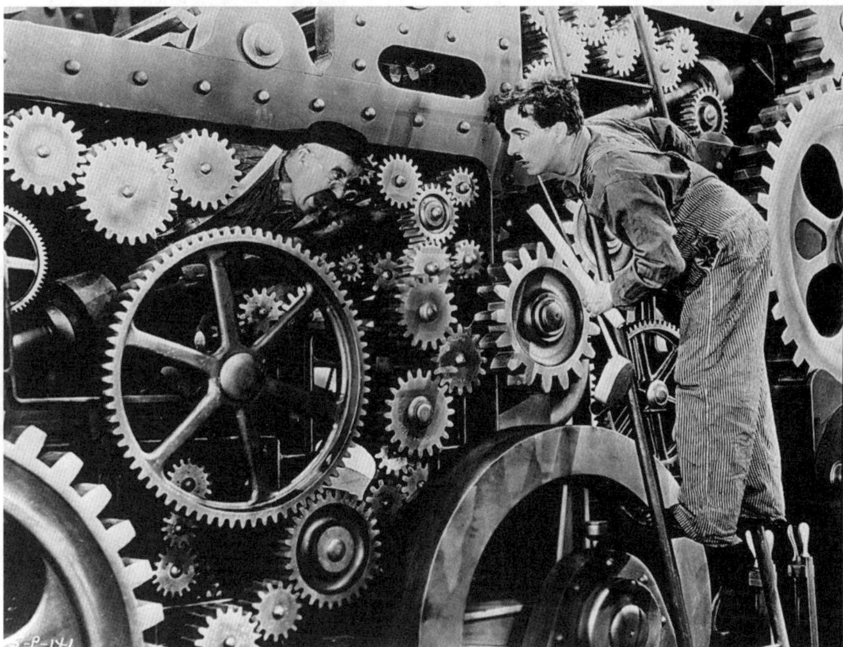

Album/LatinStock

O filme *Tempos modernos* (1936), de Charles Chaplin, é uma das melhores críticas aos métodos idealizados por Taylor e Ford.

Trabalho e alienação

Nas sociedades contemporâneas, o trabalho, ao mesmo tempo que é a realização do homem como sujeito social e histórico, é sua negação. O homem só cria e se realiza quando trabalha, quando age transformando seu meio natural e social. No entanto, é esse mesmo trabalho que rouba sua liberdade e sua vontade própria. O homem nega-se enquanto constrói sua identidade nas relações de trabalho.

Como trabalhador, o indivíduo não tem vontade própria sobre **o que** e **como** produzir – esse poder de decisão não lhe pertence, como não lhe pertence o fruto de seu trabalho. A identidade que o trabalho lhe proporciona é algo estranho a sua vontade. Essa identidade lhe é imposta; ele não se reconhece nela.

Confinado ao local da produção, o trabalhador não define seu ritmo de trabalho, seu salário, suas condições de moradia, seu tempo de lazer. Transforma-se em um sujeito **alienado**.

Sua identidade, ao mesmo tempo que é sua, não lhe pertence. Foi-lhe atribuída por outro. Ou, mais precisamente, é o mercado que a define.

Aquilo que o trabalhador produz tem mais importância que ele, produtor. O que importa, no mercado, não é o trabalhador, mas o valor que ele produz para esse mercado – a mercadoria. É essa mercadoria que define suas condições de vida e de trabalho; define, enfim, sua identidade.

Acervo dos Palácios do Governo do Estado de São Paulo.

Operários (1933), de Tarsila do Amaral.

A **alienação** é, portanto, o processo da **coisificação** do homem por meio do trabalho: aquilo que era coisa sem vida (a matéria, o produto) ganha vida, pois passa a determinar o valor do próprio trabalhador. Contudo, o homem (que tem a vida), ao subordinar-se às imposições do mercado e não exercer a vontade própria, transforma-se em coisa, perde a sua humanidade. Ou, como afirma **Octavio Paz**, "ao mesmo tempo que o trabalho humaniza a natureza, desumaniza o homem".

Leia mais sobre Octavio Paz na seção *Comentários adicionais.*

O extremo dessa desumanização revela-se na condenação de milhões de indivíduos à pobreza absoluta em todo o mundo. Embora o homem tenha conquistado direitos como salário mínimo, aposentadoria, redução da jornada de trabalho e férias, persistem o trabalho servil ou escravo, a falta de terra para os pequenos agricultores, o subemprego, a exploração do trabalho infantil e a prostituição de meninos e meninas, entre outros problemas. Uma infinidade de indivíduos assalariados produz riqueza mas só acumula miséria.

A alienação, entretanto, não é exclusiva dos miseráveis. Mesmo entre aqueles que recebem altos salários, é fácil constatar o elevado grau de insatisfação e ansiedade. Parcela dessa insatisfação é fruto da sociedade de consumo, caracterizada pela ausência de paradigmas éticos e de sociabilidade. Essa escassez de valores culturais e, sobretudo, morais gera a perda da identidade e a consequente ansiedade. É o que atestam os altos índices de alcoolismo e uso de drogas, a violência sexual e os suicídios em países considerados desenvolvidos, como o Japão, a Inglaterra ou os Estados Unidos.

Joedson Alves/AE

Pascal Rossignol/Reuters/LatinStock

Pessoas catam lixo no Lixão de Brasília (DF), em 2003, e homem sem-teto enfrenta o inverno de Paris (França) em 2006. As condições precárias de vida estão em toda parte, desumanizando o homem.

A realização no mercado consumidor

Aristóteles afirmava que tudo de que o homem precisava para ter uma vida cômoda já havia sido descoberto. A humanidade estava materialmente realizada e só lhe restava dedicar-se à elevação do espírito. Consequentemente, apesar de haver sentenciado a realização material, o filósofo indicava a impossibilidade da satisfação espiritual absoluta do homem. Os aspectos materiais da vida não são suficientes para a felicidade humana.

No começo do século XX, o economista **John Keynes** mostrava-se preocupado com a possibilidade de no futuro as pessoas tornarem-se proprietárias de todos os bens disponíveis no mercado, de modo que não lhes restasse mais nada a adquirir. Se isso acontecesse, o sistema entraria em colapso. Graças, porém, à impossibilidade da satisfação humana, a economia de mercado encontra-se hoje a pleno vapor.

Leia mais sobre John Keynes na seção *Comentários adicionais*.

Parece que, de algum modo, a ideia da realização sempre esteve ligada à satisfação material. Nas economias de mercado, realizar-se significa, em geral, consumir bens materiais – para proporcionar mais lazer ou para ostentar a aparência de poder.

Laerte/Folha Imagem

É comum ouvirmos que realização significa "vencer na vida". E esse vencer é basicamente acumular bens materiais e ostentar poder. É vencedor aquele sujeito que possui carro do ano, veste-se com as melhores grifes e frequenta locais "badalados".

A obsessão pelo vencer – que é a mesma pelo poder – é uma das principais doenças das sociedades contemporâneas. A partir dela, destrói-se qualquer ética da convivência solidária. A vontade individual de vencer predomina, não importando os meios para realizá-la. Símbolo da civilização atual, o consumismo egocêntrico produz a barbárie, em que as relações sociais se transformam em um ringue de boxe – vence o mais forte ou o mais esperto.

O atual processo de **globalização** propõe como elemento de estabilidade social, econômica e política o velho paradigma das leis de mercado. Vigentes no século XIX, essas leis liberais foram responsáveis por duas guerras mundiais e pelo desastre nazifascista que dizimou milhões de vidas humanas. O lema dessa ordem que se recicla é da "ideologia do mercado": só sobrevive quem tem competência. Ora, que expectativas teremos a oferecer aos milhões de indivíduos socialmente excluídos e que nunca tiveram acesso à educação formal, ao emprego e a uma vida minimamente digna?

Se aceitarmos essa lógica liberal da exclusão, quantas pessoas em nossa sociedade conseguiriam melhorar suas condições de trabalho e vida? Como seria possível encontrar alguma realização no Brasil, por exemplo, onde milhões vivem abaixo da linha de pobreza? Não se percebe que, para a maioria da população, a possibilidade de vencer de acordo com as regras do mercado é uma ilusão construída e incentivada pela sociedade de consumo, dita agora globalizada. A criação dessa expectativa esconde um fato fundamental: esse "paraíso dos vencedores" não é destinado a todos, mas apenas a uma minoria – o que revela quão perversa é essa lógica.

Os caminhos para a realização

Podemos voltar agora à questão inicial deste capítulo, sobre a possibilidade de o homem encontrar alguma realização no trabalho.

O pensador polonês **Adam Schaff**, referindo-se às sociedades altamente industrializadas e automatizadas, demonstra um otimismo extremo em relação à realização do homem. Assim como Aristóteles, Schaff acredita que o homem já conquistou tudo de que precisa para ser feliz:

Leia mais sobre Adam Schaff na seção *Comentários adicionais*.

> "Nada é mais necessário ao homem para tomar as decisões efetivas. A sociedade informática proporcionará os pressupostos para uma vida humana mais feliz; eliminará aquilo que tem sido a principal fonte de má qualidade de vida das massas na ordenação do cotidiano: a miséria ou, pelo menos, a privação. Abrirá possibilidades para a plena autorrealização da personalidade humana [...] O homem receberá tudo o que constitui o fundamento de uma vida mais feliz."
>
> SCHAFF, Adam. *História e verdade*. 4. ed. São Paulo: Martins Fontes, 1987.

Essa opinião de Schaff – um marxista convicto – não está isolada no meio intelectual dos países desenvolvidos. Porém, a pergunta do poeta japonês Toshitsugu Yagi nos revela o outro lado da mesma moeda: "Será que os trabalhadores assalariados do Japão de hoje não vivem uma vida pior do que a dos escravos antigos?".

Toshifumi Kitamura/AFP

Operários da empresa automobilística japonesa Nissan, em Kanagawa (Japão), em 2007.

E se aplicássemos ao Brasil a mesma pergunta do poeta? Vejamos como o sociólogo Herbert de Souza posicionou-se sobre o assunto:

> "O Brasil tem uma indústria com duas caras – e a mesma moeda. Moderna na tecnologia, atrasada nas relações de trabalho. Sua classe média espreme-se entre a ideologia do senhor e as agruras dos pobres. Teme o destino de um e respeita o poder do outro.
>
> A industrialização brasileira não encurtou o abismo entre pobres e ricos. Os senhores viraram empresários, mas continuam a viver em novas versões da casa-grande. Os escravos viraram trabalhadores, mas continuam morando na senzala, em dormitórios feitos para isolar o pobre depois do serviço."
>
> SOUZA, Herbert de. O pão nosso. *Veja 25 anos: reflexões para o futuro*. São Paulo: Abril, 1993, p. 16. (Complemento de *Veja*, ed. 1.306, 26 (38), 22 set. 1993.)

Como afirmamos desde o início, a dificuldade de realização é imanente ao homem. O extremo egoísmo do ser humano, explorando e humilhando seu semelhante, não está presente só no capitalismo ou nas sociedades contemporâneas. É um comportamento que transpassa toda a história da humanidade.

O filósofo **Thomas Hobbes** já havia refletido sobre o egoísmo humano. Para ele, o homem nasce com tendência à insociabilidade: a natureza do homem é idêntica à do animal, "o homem é o lobo do homem". Segundo Hobbes, são próprios do homem o egoísmo e o instinto de conservação; ele se inclina naturalmente para a guerra. Por isso, seria necessário criar regras racionais de sociabilidade para garantir a própria conservação, que só ocorreria com a paz. Ao acreditar que o conformismo era indispensável para essa paz, a teoria de Hobbes leva todo cidadão a dominar suas paixões e a obedecer ao Estado.

Leia mais sobre Thomas Hobbes na seção *Comentários adicionais*.

Contudo, ter consciência dessa dificuldade para a realização do homem não significa abandonar o barco à deriva. Isso representaria assumir a postura derrotista de que "o mundo sempre foi assim e não vai mudar nunca". É uma posição alienada, do sujeito que se deixa dominar pela vontade dos outros. É seguir o conselho de Aristóteles, que sugeria ser melhor aos trabalhadores a situação de escravo do que ter vontade própria. É aceitar a condição de "homem-boi" ou a ideia de que "o uso dos escravos e dos animais é aproximadamente o mesmo".

A alienação do homem, imposta pelo logro do consumismo e pela máxima de "levar vantagem em tudo", não é uma força indestrutível. O homem, em sua resistência consciente ou não, produz espaços alternativos que permitem o resgate de sua liberdade de criação e de realização. Imaginar o fim dessa "resistência criadora" seria imaginar o fim da história.

Se nos limitássemos à sociedade pós-industrial, teríamos como exemplo uma série de momentos em que o homem não foi simplesmente um alienado. Já nos séculos XVIII e XIX, em plena Revolução Industrial, tanto o movimento dos **quebradores de máquinas** como as grandes utopias revolucionárias pregavam o fim da exploração.

Hoje, se já não predomina mais a fé nessas utopias libertárias, nem por isso o homem deixou de buscar saídas nas mais variadas instâncias sociais:

- no movimento *hippie* da década de 1960, que pregava a libertação da opressão do consumismo econômico;
- nas propostas da formação das pequenas repúblicas comunitárias, formuladas principalmente pelos grupos de esquerda no Brasil (década de 1970);
- na proposta das comunidades de base de setores religiosos;
- nos trabalhos comunitários do início da década de 1980, diante da forte onda de desemprego no país;
- no movimento ecológico, que critica os modelos irracionais de desenvolvimento;
- na queda das ditaduras socialistas que, em nome de uma suposta democracia dos trabalhadores, cometeram as maiores atrocidades;

- no movimento dos "caras-pintadas", um grito de basta à corrupção e de resgate da ética na política;
- na luta contra o desemprego e a violência, em especial na década de 1990 e no início do século XXI, pois esse quadro tem se agravado, sobretudo nos grandes centros urbanos.

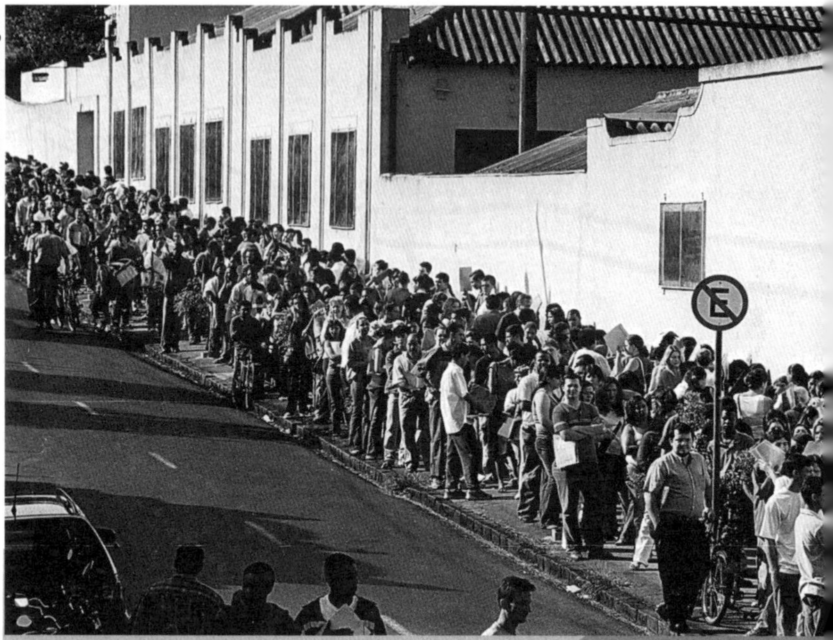
Joel Silva/Folha Imagem

Fila de candidatos a vaga de emprego num hipermercado de Ribeirão Preto (SP), em 2004.

Enfim, o homem vem há muito procurando caminhos que o conduzam à felicidade. A sociedade civil organizada tem indicado com convicção as soluções, pois o princípio do trabalho humanamente significativo é claro: é o que proporciona ao sujeito que trabalha espaços de liberdade e de criação, e não opressão e tortura.

O que seriam esses "espaços de liberdade e de criação"? Como seria possível criá-los, em nossa sociedade?

Uma relação de trabalho é dignificante quando possibilita ao homem desenvolver de maneira autônoma formas de cultura e de lazer; quando lhe permite morar com decência e educar seus filhos para a cidadania, e não para o mercado de trabalho; enfim, quando não desumaniza os sujeitos e lhes dá oportunidade para conquistar a cidadania plena. E toda a sociedade sai ganhando com isso: diminuem a violência, as doenças, as angústias.

Ora, por que ainda não se colocou em prática essa concepção de organização social? Pelo egoísmo dos homens, sempre querendo mais e mais lucros, e pela impotência das massas, decorrente do processo da alienação.

Romper com esse impasse constitui um processo político de luta, em que a igualdade social não será concedida, mas conquistada. Se a felicidade absoluta é improvável, é possível viver com mais dignidade e mais humanidade. Lutar para eliminar os bolsões de pobreza absoluta em que vivem milhões de pessoas é conquistar condições mínimas de felicidade, o que supõe a solidariedade entre os homens.

Caminhar na direção de uma vida mais satisfatória significa romper com o reinado da alienação, em que a vontade da maioria é dominada por poucos. Significa resgatar os princípios do homem-cidadão e transformar o debate sobre a valorização do trabalho numa questão política. A conquista da dignidade não interessa apenas àqueles que vivem do trabalho; é fundamental para toda a sociedade.

Roteiro de estudo

As perguntas a seguir referem-se aos principais tópicos deste capítulo. Elas podem ajudá-lo a estudar e rever todo o conteúdo apresentado. Ao respondê-las, você estará analisando e sintetizando as ideias expostas.

1. "O pensar requer ócio." Analise essa frase de Aristóteles no contexto da sociedade grega antiga.
2. O que é "trabalho alienado"? Ele é exclusivo das sociedades capitalistas industrializadas?
3. O que é o taylorismo?
4. Identifique os pontos comuns nas concepções de trabalho de Smith e Taylor.
5. Explique a seguinte afirmação: No contexto da formação do capitalismo, a ética do trabalho foi estendida para toda a sociedade.
6. Com base no que foi dito sobre os sistemas taylorista e fordista, analise estas afirmativas do pensador Octavio Paz: "À medida que a esfera do trabalho se alarga, a do riso diminui"; "Tornar-se homem é aprender a trabalhar, a se mostrar grave e sério"; "Ao mesmo tempo que o trabalho humaniza a natureza, desumaniza o homem".
7. O consumismo pode ser visto como uma expressão da alienação. Analise esse pensamento.
8. Que relação existe entre trabalho e cidadania?
9. Como o processo de globalização que vivemos hoje interfere em nosso trabalho e em nossa realização pessoal?

Para refletir

1. Realize uma pesquisa com os seus pais ou professores sobre o seguinte tema: "Minha profissão e minhas realizações pessoais". Discuta os resultados em classe.
2. Leia o texto a seguir e discuta em grupo as questões propostas. A seguir, cada equipe deve fazer um cartaz ou uma dramatização tendo como tema o aspecto que mais despertou sua atenção no texto. Os trabalhos devem ser apresentados e discutidos em classe.

Crítica de Tuiávii, chefe da tribo Tiavéa, no arquipélago de Samoa (Polinésia), sobre a utilização que o homem branco europeu ("Papalagui") faz do tempo

"Pouca gente há na Europa que tenha tempo, de fato; talvez ninguém mesmo. [...] Quase todos andam olhando para o chão e balançando com os braços para caminhar o mais depressa possível. Se alguém os faz parar, dizem, mal-humorados: 'Não me aborreças, não tenho tempo, vê se aproveitas melhor o teu'. Dá a impressão de que aquele que anda depressa vale mais e é mais valente do que aquele que anda devagar. [...]

Só uma vez que deparei com um homem que tinha tempo, que nunca se queixava de não tê-lo, mas era pobre, sujo e desprezado. Os outros passavam longe dele, ninguém lhe dava importância. [...] Quando lhe falei, fez uma careta e disse, tristemente: 'Nunca soube aproveitar o tempo; por isso, sou pobre, sou um bobalhão'. Tinha tempo, mas não era feliz.

O Papalagui emprega todas as forças que tem e todos os seus pensamentos tentando alongar o tempo o mais possível. [...] Mas para que todo esse esforço? O que Papalagui faz com o tempo?

Acho que o tempo lhe escapa tal qual a cobra na mão molhada, justamente porque o segura com força demais. O Papalagui não espera que o tempo venha até ele, mas sai ao seu alcance, sempre, sempre, com as mãos estendidas e não lhe dá descanso, não deixa que o tempo descanse ao sol. O tempo tem de estar sempre perto dele, cantando, dizendo alguma coisa. Mas o tempo é quieto, pacato, gosta de descansar, de deitar-se à vontade na esteira. O Papalagui não sabe perceber onde está o tempo, não o entende e é por isto que o maltrata com os seus costumes rudes.

Ó amados irmãos! Nunca nos queixamos do tempo; amamo-lo conforme vem, nunca corremos atrás dele, nunca pensamos em ajuntá-lo nem em parti-lo. Nunca o tempo nos falta, nunca nos enfastia. Adiante-se aquele dentre nós que não tem tempo! Cada um de nós tem tempo em quantidade e nos contentamos com ele. Não precisamos de mais tempo do que temos e, no entanto, temos tempo que chega. Sabemos que no devido tempo havemos de chegar ao nosso fim e que o grande espírito nos chamará quando for sua vontade mesmo que não saibamos quantas luas nossas passaram. Devemos livrar o pobre Papalagui, tão confuso, da sua loucura! Devemos devolver-lhe o verdadeiro sentido do tempo que perdeu. Vamos despedaçar a sua pequena máquina de contar o tempo e lhe ensinar que, do nascer ao pôr do sol, o homem tem muito mais tempo do que é capaz de usar."

TUIÁVII. *O Papalagui.* São Paulo: Marco Zero, s.d. p. 51-2.

1. Vocês concordam com a crítica que o chefe Tuiávii faz do uso do tempo nas sociedades industrializadas?
2. Por que o uso do tempo é diferenciado entre o homem da sociedade industrializada e o indígena?
3. Relacionem o conceito de "tempo útil" apresentado neste capítulo e a crítica do chefe Tuiávii.

3. Leia o texto a seguir e depois escreva um depoimento sobre como você se sente sobre a relação entre vestibular e realização. Exponha seu depoimento aos colegas.

"Dez em cada dez japoneses pretendem obter um diploma de nível superior. Há muitas universidades e um bom número de vagas. Mas, para a maioria dos estudantes, não basta simplesmente passar no vestibular, elaborado de acordo com os critérios de cada universidade. O sucesso só é alcançado quando se consegue aprovação nos exames das melhores universidades. É uma questão de honra para os estudantes e para as suas famílias, culturalmente rígidas no que se refere à educação. Ingressar em uma das melhores universidades japonesas significa não só prestígio na sociedade, como também um alto salário para o estudante. Por isso, tanta pressão da família para que o secundarista japonês se esforce na conclusão do ensino médio. Cerca de 55% dos jovens entre 18 e 24 anos conseguem passar no vestibular. Os que não conseguem se sentem humilhados, fracassados, o que explica [...] até mesmo suicídios entre os jovens que se sentem desmoralizados quando não superam essa etapa."

ISTOÉ, n. 1509, suplemento Seu Futuro, 1998. p. 17.

4. Em equipe, pesquisem a letra das músicas "Pedro pedreiro" e "Construção", de Chico Buarque de Holanda, e leiam a letra da marchinha "Pedreiro Valdemar", de Wilson Batista e Roberto Martins (trecho reproduzido a seguir).

Debatam a visão dos compositores sobre a situação do trabalhador na construção civil. Depois, cada grupo elabora um cartaz ou uma história em quadrinhos sobre o tema. Os trabalhos devem ser expostos e analisados em classe.

Pedreiro Valdemar

"Você conhece o pedreiro Valdemar?
Não conhece?
Mas eu vou lhe apresentar
De madrugada toma o trem na Circular
Faz tanta casa e não tem casa pra morar!
Leva a marmita embrulhada no jornal
Se tem almoço nem sempre tem jantar
O Valdemar que é mestre no ofício
Constrói um edifício e depois não pode entrar."

BLECAUTE. Pedreiro Valdemar. In: *A música brasileira deste século por seus autores e intérpretes* (CD). Sesc São Paulo, 2001.

Para ler e debater

Prepare-se para os debates lendo atentamente os textos. Reflita sobre as perguntas e anote seus argumentos para cada uma delas.

1. O trabalho humaniza o universo e o próprio trabalhador

Se o trabalho nos dá a chave das relações fundamentais entre o homem e a natureza, convém lhe atribuir um alto significado metafísico. Meditar sobre o trabalho é compreender que o homem não é nem um puro espírito (cuja atividade jamais encontraria obstáculos), nem um ser puramente biológico (incapaz de recuo com relação à natureza e preocupado apenas com a satisfação imediata do instinto). Como escreve Jean Lacroix, "a atividade vital do animal não é o trabalho; a contemplação do puro espírito não é o trabalho. O trabalho é o espírito sempre penetrando com dificuldade numa matéria e espiritualizando-a". Assim, o trabalho exprime bem a condição do homem, espírito encarnado. O trabalho é a própria moral em ação, visto que a moral nada mais é que a encarnação dos valores no real. E não só o trabalho humaniza o universo, torna-o incessantemente mais habitável, cria obras úteis, mas ainda humaniza o próprio trabalhador: "Todo trabalho", dizia **Mounier**, "trabalha para fazer um homem, ao mesmo tempo que uma coisa". O trabalho é o melhor exorcismo do egoísmo natural. Sem dúvida que o trabalhador faz para si mesmo e declara, na ocasião, que o fim do trabalho é o salário! Mas ao lado desse fim subjetivo, o trabalho encontra, na própria obra que é realizada, um fim objetivo. Trabalhar é, apesar de tudo, sair de si mesmo. Os psiquiatras bem sabem, pois tratam seus doentes pela ergoterapia; o doente mental a quem se pode confiar um pequeno trabalho reencontra algum equilíbrio ao se tornar útil, ao se ocupar, ao se esquecer um pouco de si mesmo. Dará o trabalho uma ordem à existência, uma regularidade salutar ao equilíbrio? O tempo no qual vive o ocioso é descontínuo e heterogêneo; ele se escoa ao sabor das paixões. O tempo do trabalhador, regulado pela sereia ou pelo sino, impõe à sua vida cotidiana um equilíbrio salutar. O homem imita, então, as sabedorias das coisas e impõe a seu coração caprichoso seguir o ritmo regular do mundo. O próprio **Augusto Comte** (que foi tratado de depressão nervosa) enunciou uma fórmula de psicoterapia excelente: "Regular o interior pelo exterior". "É preciso", dizia ele, "tornar o homem tão regular quanto o céu" (trata-se, evidentemente, do céu dos astrônomos). No mesmo sentido, um velho provérbio nos adverte sabiamente: "Mãos vadias, coração louco". Assim o trabalho nos liberta de nós mesmos e nos faz entrar em comunhão com o universo. Saint-Exupéry faz a mesma observação em *Cidadela*: "O trabalho te obriga a desposar o mundo. Aquele que trabalha encontra pedras, desconfia das águas do céu ou as deseja, e assim se comunica, se amplia e se ilumina. E cada um de seus passos se faz ressonante".

Mas não basta dizer que o trabalhador está liberto e integrado no universo: é preciso acrescentar que ele se vê estreitamente ligado à sociedade dos homens. Trabalhar é encontrar seu lugar no interior de um organismo social do qual todos os elementos são solidários.

HUISMAN, Denis; VERGEZ, André. *Curso moderno de filosofia*. Rio de Janeiro/São Paulo: Freitas Bastos, 1967. p. 262-3.

Leia mais sobre Mournier e Comte na seção *Comentários adicionais*.

Ergoterapia: o mesmo que terapia ocupacional. Método curativo na psiquiatria que consiste em ocupar o doente com trabalhos manuais, para reabilitá-lo, dar sentido a sua vida e reintegrá-lo socialmente. A ergoterapia parte do princípio de que permanecer ativo é uma necessidade básica dos seres humanos.

1. Segundo o texto, o que significa atribuir ao trabalho um significado metafísico?
2. O que significa a afirmação de que o trabalho humaniza o universo e o próprio homem?

2. A experiência taylorista da Rússia socialista

Os métodos de controle de produção introduzidos por Taylor obtiveram tal êxito na economia de mercado que acabaram influenciando a economia socialista da Rússia. A necessidade de tornar vitoriosa a revolução bolchevique de 1917 fez com que os principais líderes soviéticos defendessem a introdução do taylorismo nas suas fábricas. Junto com a reconstrução da economia russa, construiu-se um conceito de "nação socialista" que deveria ser superior às nações capitalistas. Para isso, Lênin e outros líderes defendiam a introdução, na Rússia, do que havia de mais sofisticado no mundo capitalista. A meta era construir uma sociedade industrial superior à capitalista. Para atingir tal objetivo, o esforço de cada trabalhador soviético teria de ser um exemplo de obediência e produtividade.

A justificativa dada pelos líderes soviéticos para a adoção da tecnologia taylorista era de que, enquanto no mundo capitalista ela servia para explorar os homens, no mundo socialista ela seria sinônimo de libertação do homem em relação ao esforço físico e às longas jornadas de trabalho.

Porém, na prática, não foi bem assim. As denúncias de totalitarismo na sociedade soviética são bem mais antigas do que a queda do Muro de Berlim, em 1989. A superexploração do trabalho humano é contemporânea mesmo à implantação da economia socialista. O centralismo imposto às nações de economia socialista foi de um extremo autoritarismo. A vontade do Partido e do Estado, sempre falando em nome das massas proletárias, não procurava sequer ocultar o caráter draconiano que deveria ter o sistema econômico e político. Toda essa disciplina férrea, que identificava a política soviética com as do nazi-fascismo, era justificada em nome da construção de um propalado "Estado socialista". A máxima da ordem disciplinar era submeter as vontades individuais ao bem coletivo, expresso na vontade dos líderes e do Estado soviético.

Draconiano: muito rigoroso; severo. O termo foi inspirado no legislador ateniense Drácon (séc. VII a. C.), famoso pela dureza das leis que instituiu.

Régis Bossu/Sygma/Corbis/LatinStock

Comemorações pela queda do Muro de Berlim, na Alemanha, em novembro de 1989.

Assim, a mesma promessa dada aos trabalhadores do mundo capitalista, de trabalhar o máximo para poder construir um mundo novo para si e para seus filhos, reproduzia-se nas nações do bloco socialista. A ideia nazifascista de que as vontades individuais deveriam ser extirpadas como sinônimo de degeneração humana encontrava solo fértil na Rússia socialista.

1. Que explicações podemos encontrar para a adoção do taylorismo e de medidas totalitárias nas sociedades socialistas, segundo o texto?

2. Que relação pode haver entre as condições de trabalho e de realização e a derrocada do socialismo nos países do Leste europeu?

3. A globalização e a crise do social

"O atual padrão mundial de acumulação e desenvolvimento, assentado no domínio das informações, do saber e das novas tecnologias – e não apenas do capital e do poder de coerção –, reduz a oferta de empregos produtivos e reforça as tendências de exclusão de uma parcela cada vez maior de seres humanos das condições e dos frutos do desenvolvimento, agravando o desemprego, a miséria e as diversas formas de alienação. Ao valorizar a competição que favorece o mais poderoso e/ou mais apto (e nesse sentido revalorizando a desigualdade em detrimento da solidariedade, da justiça e da equidade), a reestruturação em curso vem estimulando novos e velhos preconceitos sociais, religiosos, nacionais, étnicos.

O desenvolvimento capitalista – universalizador e diferenciador da humanidade – é hoje soberano e reina em todos os quadrantes do planeta praticamente sem concorrência.

A globalização da sociedade humana se consuma sob a égide desse modo de produção e de seu estilo de vida social. O planeta configura-se hoje como um espaço social unificado e desigualmente dividido. A divisão do trabalho e da riqueza entre norte e sul articula-se com as profundas diferenças intra-regionais e nacionais. Os indicadores de miséria e exclusão social são assustadores na Ásia, na África e na América Latina. Mas também estão presentes, embora em outra escala, nas sociedades de capitalismo avançado, de consumo de massa e de *welfare state*.

[...] O desemprego e o subemprego, estruturalmente críticos e endêmicos no chamado 'Terceiro Mundo', crescem em proporções ameaçadoras à estabilidade sociopolítica nas nações capitalistas mais avançadas. [...] Mais da metade da população economicamente ativa na África, Ásia e América Latina situa-se fora do mercado formal de trabalho e, assim, do acesso aos meios de desenvolvimento e de exercício dos direitos de cidadania.

No caso brasileiro, esta crise/esgotamento do modelo de regulação do Estado tornou-se ainda mais explícita com a exigência da sociedade civil e as reivindicações de diferentes categorias e movimentos sociais por direitos de cidadania. As instituições estatais-corporativas de controle e coerção perderam progressivamente a sua eficácia, deixando, assim, de serem funcionais à reprodução da ordem.

Por tudo isso, parece razoável supor que a crise do Estado brasileiro se insere em uma crise dos Estados nacionais e de suas formas objetivas de regulação. Esta crise torna-se mais ampla e complexa quando a associamos à desarticulação das entidades coletivas das classes subalternas, enquanto atores sociais e políticos, e à reestruturação da economia mundial e das relações internacionais."

ABREU, Haroldo. *Proposta: experiências em educação popular.* Rio de Janeiro, ano 23, n. 64, mar. 1995. p. 13-6.

1. Como o processo da globalização afeta o dia a dia do trabalhador no Brasil? Cite alguns exemplos.
2. Vocês conhecem algumas medidas que estão sendo tomadas na sua comunidade para enfrentar o desemprego? Descrevam e debatam em sala de aula os resultados concretos dessas experiências.

4. Trabalho infantil: ontem e hoje

Condições de vida e trabalho na França do século XIX

"O médico Louis Villermé escreveu em 1840 sobre as condições dos trabalhadores nas fábricas francesas. Homens, mulheres e crianças trabalhavam de 12 a 14 horas por dia: 'Muitos, cinco mil em dezessete mil, eram obrigados, pela carestia das rendas, a instalar-se nas aldeias vizinhas. Alguns habitavam a duas léguas e um quarto da manufatura onde trabalhavam. [...] O trabalho começava às cinco da manhã e acabava às cinco da tarde, tanto no verão como no inverno. [...] [Suas casas eram] miseráveis instalações onde dormiam duas famílias, cada uma a seu canto, sobre a palha colocada sobre o tijolo e retida por duas tábuas. [...] Não é um trabalho, uma tarefa, é uma tortura e infligem-na a crianças de seis a oito anos. [...] É esse longo suplício de todos os dias que mina sobretudo os operários nas fábricas de fiação de algodão'."

LAFARGUE, Paul. *O direito à preguiça.* Lisboa: Estampa, 1977. p. 23-4.

A realidade do trabalho infantil

"[...] A exploração do trabalho infantil constitui-se num grave problema social. A Constituição proíbe qualquer trabalho infantil antes de a criança completar 14 anos de idade, salvo na condição de aprendiz, situação permitida apenas a partir dos 12 anos. Mesmo assim, tal atividade deve ser reconhecidamente leve, excluindo-se, por exemplo, o trabalho exercido nas indústrias, nas oficinas e na agricultura.

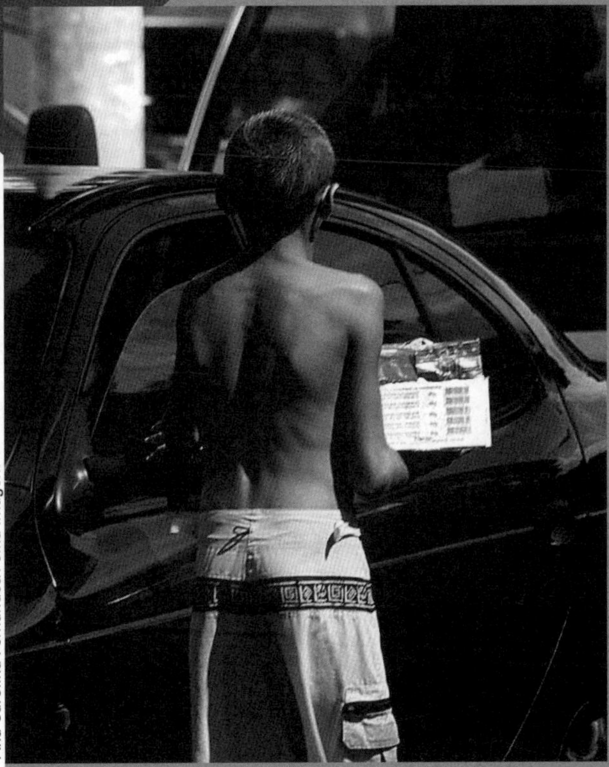

Ana Carolina Fernandes/Folha Imagem

Menino de 13 anos vendendo balas em uma esquina do bairro do Leblon, no Rio de Janeiro (RJ), em 2003.

Registro um fato importante: estando a criança ou o adolescente trabalhando, é fundamental que lhe seja assegurada a oportunidade de educação. Dentro da chamada mão de obra invisível, as crianças e os adolescentes não aparecem nas estatísticas oficiais e não têm direitos trabalhistas e benefícios previdenciários garantidos.

Mas, segundo a OIT (Organização Internacional do Trabalho), formam no Brasil um exército silencioso de 7,5 milhões de menores, que não têm infância e trabalham como adultos. Técnicos do Ministério do Trabalho já constataram crianças com chupeta na boca e uma enxada em suas mãos. A tragédia infantojuvenil no campo deve ser hoje a grande preocupação do governo federal. As crianças ingressam no trabalho a partir dos 6 ou 7 anos. Trabalham em média dez horas, em troca de uma remuneração que varia de R$ 2,00 a R$ 6,00 por dia. Tais valores são ainda menores se a mão de obra for feminina. As crianças trabalham, mas não veem a cor do dinheiro, porque o pagamento vai direto para a mão dos pais como forma de complementação salarial.

O emprego da mão de obra infantil na agricultura pode ser constatado em quase todas as regiões do país, conforme os dados a seguir: São Paulo – colheita de laranjas e indústrias de calçados (convivendo com o cheiro da cola); Rio de Janeiro – colheita da cana-de-açúcar e de laranjas; Goiás – lavouras de tomate; Mato Grosso do Sul – carvoarias e colheita da erva-mate; Bahia – sisal; Alagoas – produção do fumo; Ceará, Piauí, Rio Grande do Norte – salinas; Paraíba – redes, colchas e mantas etc. No Nordeste, a maioria das crianças trabalha na cultura da cana-de-açúcar. Somente na Zona da Mata pernambucana são mais de 70 mil crianças e adolescentes, representando 30% da força de trabalho no setor canavieiro. Próximo à moagem da cana-de-açúcar, esse número eleva-se para 120 mil crianças trabalhando. [...]"

SILVA, Benedita da. A realidade do trabalho infantil. *Folha de S.Paulo*, São Paulo, 12 dez. 1996. Opinião. p. 1-3.

1. O que se pode deduzir sobre as condições de trabalho na França do século XIX, no contexto da Revolução Industrial?
2. Debatam sobre as causas do trabalho infantil no Brasil de hoje.

5. Trabalho escravo no Brasil de hoje

"As páginas dos jornais estão repletas de notícias sobre escravidão de homens, mulheres e crianças no Brasil e no mundo. É difícil calcular o número de pessoas; a diversidade de cifras apresentadas é desconcertante, mas também reveladora [...]; além disso, não está estabelecido de forma inequívoca o que seja trabalho escravo, variando os critérios de acordo com o entendimento de quem registra os casos. [...]

A Comissão Pastoral da Terra (CPT), sem dúvida a entidade nacional que mais se destacou na tarefa de registrar e de sistematizar, e a fonte mais proeminente de denúncias de prática de 'trabalho escravo' no país, tem adotado os seguintes critérios de classificação: 1) sujeição caracterizada pela dívida; 2) presença de pistoleiros que impedem os trabalhadores de deixarem a área de serviço; 3) existência de cantinas no interior das propriedades nas quais os trabalhadores são obrigados a adquirir mercadorias a preços extorsivos; e 4) maus-tratos e condições de trabalho, alimentação e moradia não condizentes com a dignidade humana.

Rickey Rogers/Reuters/LatinStock

Trabalhadores escravos voltam para suas barracas após um dia de trabalho derrubando árvores na fazenda Bom Jesus, em Açailândia (MA), em 2003. No mesmo ano esses trabalhadores foram libertados em ação do Ministério do Trabalho.

Os próprios termos utilizados nas transações efetuadas entre recrutadores de mão de obra, donos de pensão e empregadores sugerem que 'direitos de propriedade' são exercidos sobre os trabalhadores recrutados para os serviços de desmatamento, reflorestamento, carvoarias, modernas usinas de cana etc.: fala-se em 'compra' e 'venda' de pessoas e estipulam-se 'preços' por 'lote' ou por 'cabeça' (dependendo do tipo e das qualidades dos trabalhadores – homens, mulheres ou crianças, jovens ou velhos). O mesmo acontece com mulheres, menores ou não, também imobilizadas por dívida, as quais servem nas casas de prostituição próximas aos empreendimentos agropecuários e aos garimpos: o 'preço' varia conforme sejam 'elegantes' ou não e as virgens são leiloadas de modo que os exploradores obtenham o máximo de lucro nas transações."

ESTERCI, Neide. Capitalismo, escravidão e ilusão do trabalho livre. *Tempo e presença.* Rio de Janeiro/São Paulo, 15 (268): 24-5, mar./abr. 1993.

1. Antes de ler o texto, quantos de vocês tinham conhecimento da existência de escravidão no Brasil atualmente? Relatem o que sabiam.

2. Vocês saberiam identificar as causas da escravidão hoje?

3. Que soluções vocês indicariam para o problema do trabalho escravo no Brasil de hoje?

Sugestões

Livros

ARBEX, José; TOGNOLI, Cláudio Júlio. *Mundo pós-moderno*. São Paulo: Scipione, 2000. (Ponto de apoio).

MAGNOLI, Demétrio; ARBEX, José; OLIC, Nelson Bacic. *Panorama do mundo 3*. São Paulo: Scipione, 2000. (Ponto de apoio).

MARTINEZ, Paulo. *Direitos de cidadania: um lugar ao sol*. São Paulo: Scipione, 2000. (Ponto de apoio).

Filmes

Eles não usam black-tie. Direção de Leon Hirszman. Brasil, 1981. (120 min).

Temeroso de perder o emprego, um jovem operário decide "furar" a greve de funcionários da empresa onde trabalha. Contudo, seu pai é o líder do movimento, e ambos entram em conflito. A história permite estabelecer um paralelo entre trabalho e realização.

Fala tu. Direção de Guilherme Coelho. Brasil, 2004. (74 min.).

Retrata o drama de *rappers* pobres que buscam uma vida melhor. Permite refletir sobre a situação dos jovens que vivem na periferia das grandes cidades brasileiras.

Rapper: cantor e compositor de *rap*, sigla para ***rhythm and poetry*** ("ritmo e poesia", em inglês), gênero musical originário dos Estados Unidos na década de 1970.

Tempos modernos. Direção de Charles Chaplin. Estados Unidos, 1936. (87 min.). Entre outros pontos, critica o trabalho em linha de montagem. Possibilita uma reflexão sobre os sistemas taylorista e fordista.

Referências bibliográficas

Albornoz, Susana. *O que é trabalho*. São Paulo: Brasiliense, 1986. (Primeiros passos).

Arendt, Hannah. *A condição humana*. Rio de Janeiro: Forense Universitária, 1981.

Braverman, Harry. *Trabalho e capital monopolista: a degradação do trabalho no século XX*. Rio de Janeiro: Zahar, 1981.

Carmo, Paulo S. de. *A ideologia do trabalho*. São Paulo: Moderna, 1992. (Polêmica).

CNBB. *Solidários na dignidade do trabalho*. Campanha da Fraternidade 1991. São Paulo: Salesiana Dom Bosco, 1991.

Cunha, Newton. *A felicidade imaginada: a negação do trabalho e do lazer*. São Paulo: Brasiliense, 1987.

De Decca, Edgard. *O nascimento das fábricas*. São Paulo: Brasiliense, 1982. (Tudo é História, 51).

Frigotto, Gaudência (Org.). *Educação e crise do trabalho: perspectivas de final de século*. Petrópolis: Vozes, 1998.

Jaeger, Werner. *Paideia: a formação do homem grego*. 2. ed. São Paulo: Martins Fontes, 1989.

Lafargue, Paul. *O direito à preguiça*. Lisboa: Estampa, 1977.

Marx, Karl; Engels, Friedrich. *O manifesto comunista*. Rio de Janeiro: Zahar, 1978.

Oliveira, Carlos R. de. *História do trabalho*. São Paulo: Ática, 1987. (Princípios, 93).

Paz, Octavio. *Point de convergence: du romantisme à l'avant-garde*. Paris: Gallimard, 1976.

Rago, Luzia M.; Moreira, Eduardo F. P. *O que é taylorismo*. São Paulo: Brasiliense, 1984. (Primeiros passos).

Rousselet, Jean. *A alergia ao trabalho*. Lisboa: Edições 70, 1974.

Schaff, Adam. *História e verdade*. 4. ed. São Paulo: Martins Fontes, 1987.

Smith, Adam. *Investigação sobre a natureza e as causas da riqueza das nações*. 2. ed. São Paulo: Abril Cultural, 1979.

Souza, Herbert de. O pão nosso. *Veja 25 anos: reflexões para o futuro*. São Paulo: Abril, 1993. (Complemento de *Veja*, ed. 1306, 26 (38), 22 set. 1993.)

Szmrecsányi, Tamás (Org.). *Keynes*. São Paulo: Ática, 1978.

Tuiávii. *O Papalagui*. São Paulo: Marco Zero, s.d.

Weber, Max. *A ética protestante e o espírito do capitalismo*. São Paulo: Pioneira/Brasília: Editora UnB, 1981.

10

Tecnologia: caminhos e descaminhos

A moderna civilização tecnológica parece indicar que o homem abriu uma via, na qual não pode mais parar de perseguir avanços com uma ousadia cada vez maior.

O que vamos estudar neste capítulo

O desenvolvimento da tecnologia

As revoluções tecnológicas da informação: a emergência de novos paradigmas

Globalização, capitalismo e tecnologia

Fundamentos da sociedade da informação

Usos da tecnologia

Abusos da tecnologia: uma questão de civilização ou mero detalhe?

Ciência e técnica não são boas ou más em si mesmas... nem neutras!

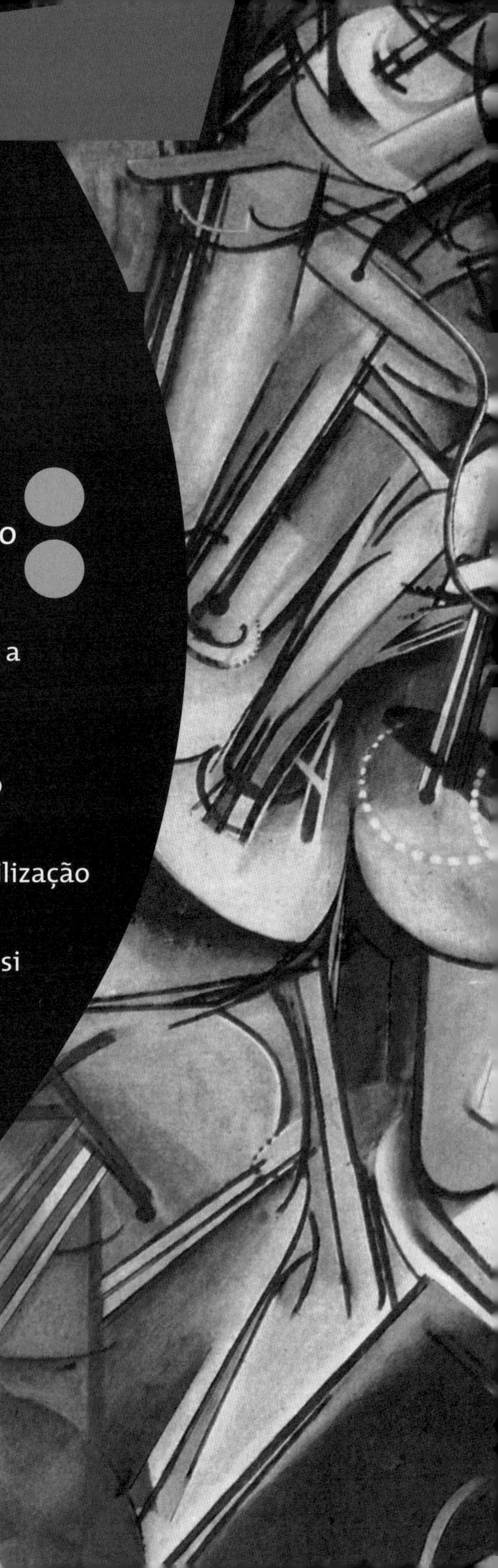

Nu descendo a escada n.º 2 (1912-6), de Marcel Duchamp.

O desenvolvimento da tecnologia

Segundo a mitologia grega, Dédalo e seu filho Ícaro estavam presos na ilha de Creta por ordem do rei Minos. Dédalo, genial arquiteto, sussurrou ao filho: "A fuga pode ser impedida por mar e por terra, mas não pelo ar e pelo céu". E continuou: "Os homens não têm asas, mas nós as construiremos, e então poderemos voar".

AKG Images/LatinStock

Ícaro (óleo sobre tela, 1907), do pintor italiano Galileo Chini.

Ícaro achou demasiadamente ousado o plano do pai, mas se convenceu de que o desafio era a única saída para a liberdade.
Providenciaram, então, dois pares de asas, feitas de penas atadas com fios de linho e cobertas com camadas de cera.
Dédalo recomendou a Ícaro que não voasse muito rente ao mar nem muito perto do Sol. No entanto, o filho, deslumbrado com a beleza do firmamento, aproximou-se temerariamente do Sol, e o calor acabou derretendo-lhe as asas.
Ícaro caiu nas águas do mar e morreu. Seu pai, porém, conseguiu voar até a ilha mais próxima.
Do uso da pedra lascada na Pré-História à sofisticadíssima sociedade informatizada de hoje, constatamos que, como em tudo o que é humano, a tecnologia não escapa à ambiguidade. Da tragédia de Ícaro, que não levou em conta a precariedade técnica das asas, à detonação das bombas atômicas sobre Hiroxima e Nagasáqui, a tecnologia sempre mostrou que não é isenta de distorções, perigos e manipulação pelo poder. Ela pode estar a serviço tanto da vida como da morte.
De Dédalo a Santos Dumont passaram-se 25 séculos de desafios. Por fim, o mito torna-se realidade:

O homem supera os pássaros.
Mas estes nunca transportaram bombas em suas asas.

O desenvolvimento tecnológico pode ser estudado de vários pontos de vista:

- A técnica é concebida como **exterior** ao ser humano, uma separação entre corpo humano e máquina, entre técnica e natureza.
  Atualmente, essa visão é alvo de muitas críticas, pois a tecnologia não se reduz a problemas puramente tecnológicos. É uma concepção decorrente do otimismo

quanto ao desenvolvimento tecnológico, oriundo do aprofundamento da Segunda Revolução Industrial no Ocidente (até 1960), que antecede a atual fase pós-industrial.

Do ponto de vista da organização industrial e do trabalho, essa visão do desenvolvimento tecnológico está associada à organização fordista do trabalho, já analisada no capítulo anterior.

- A segunda concepção de desenvolvimento tecnológico e suas sucessivas inovações, nas sociedades contemporâneas, são representadas desde o final da década de 1960 pelo filósofo francês **Gilbert Simondon**, que interpreta a questão da tecnologia por um prisma mais complexo. Para ele, um ente ou artefato técnico nunca existe plena e satisfatoriamente como produto finalizado ou independente da vontade de seu idealizador ou construtor. Isso implica uma continuidade e possíveis diálogos entre indivíduos e máquinas.

Leia mais sobre Gilbert Simondon na seção *Comentários adicionais*.

- Uma visão mais crítica e radical do papel da tecnologia, no sentido oposto à primeira e complementar à segunda, considera o progresso tecnológico um processo humano de interiorização das técnicas, associando a técnica à natureza humana e à cultura. Tal processo é designado **intimização** humana da técnica. Esta última visão sobre o desenvolvimento da tecnologia é abordada por alguns sociólogos franceses da ciência, **Bruno Latour** e **Michel Callon**, pelo filósofo tunisiano **Pierre Lévy** e pelo filósofo alemão **Jürgen Habermas**. Ela decorre da sofisticação de novos processos científico-tecnológicos do final do século XX, associados à nova engenharia genética e aos avanços da biotecnologia.

Leia mais sobre Bruno Latour, Michel Callon, Pierre Lévy e Jürgen Habermas na seção *Comentários adicionais*.

A intimização humana da tecnologia tem repercussões não apenas na esfera econômica e tecnológica, mas também na ética, pois contribui para subverter o sentido de vida natural e daquilo que até então constituía o entendimento sobre o ser humano e sua identidade como espécie. Assim, a bioética enfrenta desafios talvez mais radicais que os vividos pelo evolucionismo darwinista no final do século XIX. A intimização questiona os aspectos subjetivos das antigas e das novas identidades dos seres humanos, à luz das tecnologias revolucionárias da biologia molecular e da engenharia genética.

Doravante, a humanidade terá de debater questões ligadas ao presente e ao futuro da natureza, em razão da transgenia (intervenção e alteração do código genético das plantas e dos animais), da engenharia genética (reprodução e terapias humanas) e da manipulação e utilização das células-tronco.

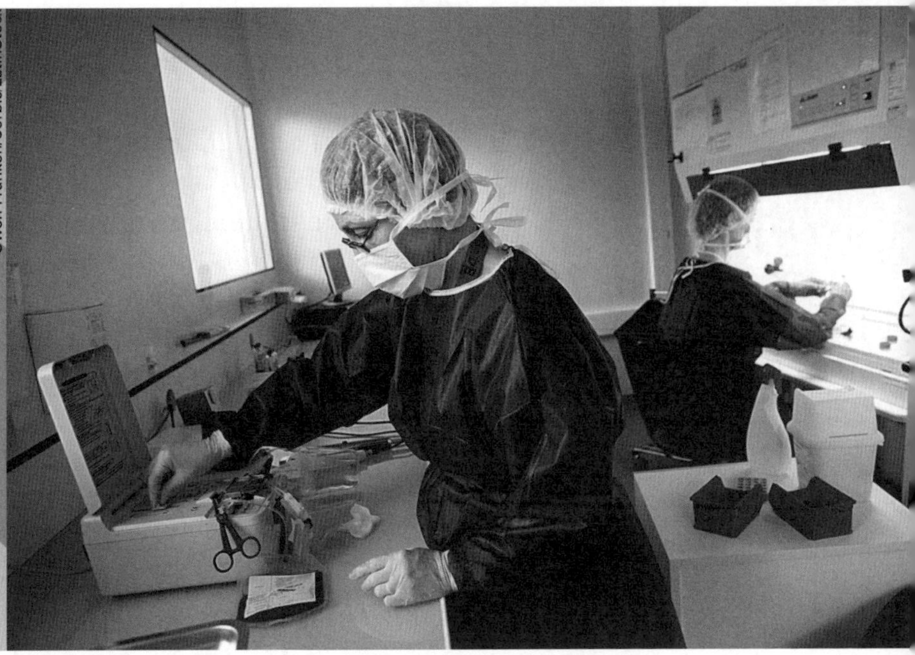

Owen Franken/Corbis/LatinStock

Os avanços científico-tecnológicos têm trazido à tona questões éticas para a humanidade. Na foto de 2006, médicas preparam células-tronco para enxerto, em Paris (França).

Células-tronco: também conhecidas como **células-mãe** ou **células estaminais**, são células que têm a capacidade de se dividir dando origem a células semelhantes às progenitoras e de se transformar (num processo também conhecido por diferenciação celular) em outros tecidos do corpo, como ossos, nervos, músculos e sangue. Devido a essa característica, as células-tronco são importantes principalmente na aplicação terapêutica, pois podem ser úteis em terapias de combate a doenças cardiovasculares, neurodegenerativas, diabetes tipo 1, acidente vascular cerebral, doenças hematológicas, traumas na medula espinhal e doenças renais. O principal objetivo das pesquisas com células-tronco é usá-las para recuperar tecidos danificados por essas doenças e traumas.

As revoluções tecnológicas da informação: a emergência de novos paradigmas

Uma das primeiras revoluções tecnológicas está associada às técnicas e artefatos aplicados à agricultura no período Neolítico.

Tecnologia é geralmente um termo associado às **duas revoluções industriais** das modernas sociedades ocidentais: a primeira representada pelo uso do vapor e a segunda, pelo motor a explosão, graças à exploração de combustíveis fósseis e às tecnologias de comunicação.

Nenhuma delas, no entanto, tem a importância da **terceira revolução**, ainda em curso, associada às tecnologias da comunicação e da informação.

Nasa/SPL/LatinStock

Representação feita em computador de satélites lançados pela Nasa em 2006. Satélites artificiais podem ter função científica, militar, de telecomunicações, entre outras. Estes satélites, por exemplo, estudam as emissões solares, fenômeno que afeta as telecomunicações.

As telecomunicações são apenas uma forma de processamento da informação. As tecnologias de transmissão e conexão estão, simultaneamente, cada vez mais diversificadas e integradas na mesma rede operada por computadores.

Por isso se diz que as novas tecnologias de informação constituem um novo paradigma (modelo) informacional, articulando inovações, microrrevoluções e ciências em um grande sistema integrado.

Os sistemas de inovação e de microrrevoluções em diversas áreas de conhecimento e de tecnologia tornam-se interdependentes. Assim é o caso entre biologia e microeletrônica, em relação aos materiais e aos métodos. As pesquisas biológicas na identificação dos genes humanos e segmentos do DNA necessitam do grande poder da informática.

Alguns economistas, porém, já consideram que a humanidade está promovendo, no início do novo milênio, a **quarta revolução industrial**, com a "economia da biomassa". A quarta revolução industrial decorre da crise ambiental em escala planetária (mudanças climáticas, com aquecimento global) e obriga à utilização de matérias-primas orgânicas (biomassa) para a geração de energia, não apenas para produzir combustíveis, mas como porta de entrada para a revolução biotecnológica, tendo como foco as cadeias de carbono, para produzir material que substitua plásticos, metais e fármacos, muitos deles derivados do petróleo.

O perigo dessa próxima "revolução verde" reside, contudo, em acentuar o modelo de desenvolvimento econômico e social dominante, que visa fundamentalmente ao poderio das nações mais avançadas tecnologicamente e cujo estilo de vida (consumismo) compromete as condições de vida no planeta.

Outro perigo iminente da adoção dessas tecnologias de biomassa é o de transformar países produtores de matérias-primas agrícolas em novos protetorados ou novas colônias monocultoras, a serviço dos interesses dos países altamente consumidores de energia.

De qualquer maneira, a quarta revolução será inédita por seu aspecto socioambiental, mais do que pela matriz tecnológica considerada em si mesma.

Globalização, capitalismo e tecnologia

Historicamente, o capitalismo como sistema econômico, político, cultural e militar tem passado por metamorfoses em suas estruturas internas e externas. Como grande impulsionador da acumulação do capital, ele baseava a expansão na conquista de territórios, com o propósito de ampliar o volume da mão de obra, sujeita à exploração.

Foi a dominação do capital sobre o trabalho que, segundo Marx, radicalizou a luta de classes em escala mundial.

A expansão do Ocidente em direção a outras regiões do planeta produziu um efeito avassalador ao substituir as práticas de exploração pela de exclusão humana. Isso criou um formidável contingente humano descartável (lixo humano).

O capitalismo revoluciona permanentemente o sistema de produção e a base técnica, desfigurando ao mesmo tempo as estruturas políticas e sociais que lhe dão suporte.

O sistema politicamente liberal e culturalmente apoiado na crença do valor do trabalho, sinônimo de realização material e moral do ser humano, converte-se hoje em precarização do trabalho pela eliminação progressiva dos antigos empregos, produzindo mais insegurança e incerteza no planejamento coletivo e individual.

Politicamente liberal (liberalismo): o liberalismo político é uma concepção e uma prática política correspondentes à primeira fase da Revolução Industrial, em que havia certa expectativa de que individualmente o ser humano conseguiria realizar o ideal proposto por Adam Smith, de se tornar um produtor independente.
O neoliberalismo é uma radicalização política do liberalismo elaborada no final do século XX, caracterizada pela defesa do fim do Estado e das políticas públicas, deixando para o mercado a função saneadora dos problemas sociais e humanos.

Fundamentos da sociedade da informação

Na base da sociedade da informação está o *chip*, ou microprocessador. É esse minúsculo componente eletrônico que pavimenta a estrada percorrida pelas tecnologias da informação e das comunicações. A indústria, o comércio, os entretenimentos, a vida familiar, o trabalho, a administração pública, a medicina, a pesquisa, a difusão da informação e a produção de conhecimentos são movidos pelas novas alavancas tecnológicas da sociedade da informação. Ela é sustentada hoje por dez tecnologias, de acordo com o jornalista Ethevaldo Siqueira, em sua obra *Tecnologias que mudam nossa vida*. Em síntese, são elas:

1. **A microeletrônica** – em 1971, foi criado o 4004, primeiro microprocessador, ou *chip*, que reúne numa única pastilha de silício transistores, resistores, capacitores, diodos, memórias e tudo o que compõe uma unidade de processamento central (*central processing unit*, a CPU).
2. **O computador** – com o desenvolvimento de processos de comunicação máquina-máquina, está nascendo a chamada computação sem limites. A comunicação máquina-máquina deverá superar a comunicação homem-máquina.
3. **O *software*** – pode-se afirmar, figuradamente, que o *software* é a inteligência humana transferida para as máquinas.

4. **A internet** – é a alavanca de transformação da economia e da vida humana, em especial a internet de banda larga, que permite acesso em alta velocidade.
5. **As tecnologias sem fio** (*wireless*): computador e telefone celular – com tais recursos, o novo "cidadão tecnológico" (o "incluído digital", em oposição ao "excluído digital") pode comunicar-se, trabalhar e até divertir-se em qualquer lugar e a qualquer hora.
6. **A fotônica** – em lugar da corrente elétrica modulada que percorre os cabos metálicos, como no caso dos fios telefônicos, o transporte da informação agora é feito pela luz. As comunicações ópticas convertem eléctrons em fótons – partículas luminosas –, daí o nome fotônica ou optoeletrônica.
7. **O armazenamento de massa** – ao longo de uma década, a capacidade típica de armazenamento dos discos rígidos dos PCs talvez venha a saltar dos atuais 120 gigabytes para 120 terabytes (120 trilhões de bytes). É bem provável que não mais sejam utilizados discos rígidos, mas pastilhas de silício de alta densidade de armazenamento.
8. **A nanotecnologia** – é a tecnologia "invisível", futuramente onipresente nos espaços e nos corpos. *Nano* em grego quer dizer "muito pequeno". Como tecnologia das coisas muito pequenas, a nanotecnologia começa a construir máquinas e robôs de dimensões moleculares ou mesmo atômicas, associando a micromecânica à microeletrônica.

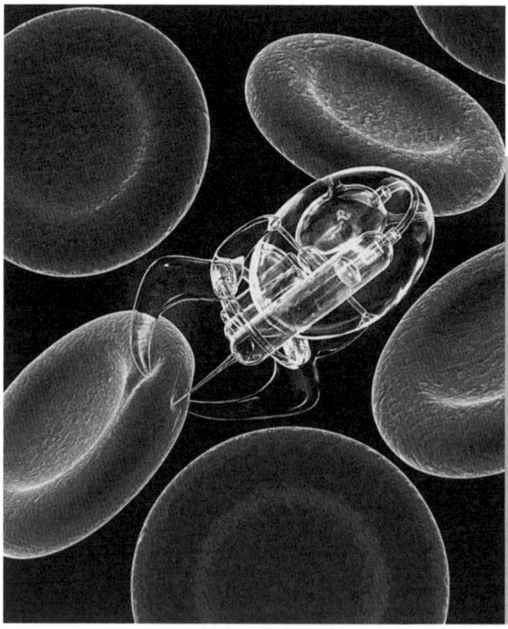

Coneyl Jay/SPL/LatinStock

Representação computadorizada de um uso da nanotecnologia que ainda não é possível, mas que pode concretizar-se no futuro. Nessa ilustração feita em computador, uma microscópica seringa "navega" entre as células vermelhas do corpo humano para injetar substâncias ou colher amostras.

9. **As redes** – dentro de uma década, as *broadband networks*, ou B-Nets, estarão interconectando casas, escolas, hotéis, escritórios, bancos, restaurantes, aeroportos, estádios e *shopping centers*.
10. **A convergência digital** – o mundo transformou-se numa plataforma digital. Tudo se reduz a *bits*: voz, sons, ruídos, dados, textos, vídeo ou imagens fixas. A menor unidade de informação nesse mundo digital é o *bit*, abreviatura internacional de *binary digit* (dígito binário, em inglês).

Usos da tecnologia

A nova infraestrutura econômica vem acoplada ao novo modelo de gerenciamento da informação e das telecomunicações no país, com impactos sobre privatizações, associações empresariais multinacionais, regulação estatal e aquisição individual de celulares e computadores.

Desenvolvem-se novos conceitos a partir da aplicação das tecnologias da informação. O computador comanda praticamente todos os sistemas e serviços que constituem a "inteligência predial"; edifícios tendem a ser autossuficientes em geração de energia; controles permitem combinar iluminação natural e artificial; o funcionário não precisa mais ter mesa, bastando escolher o lugar de trabalho que quiser; todos os controles da casa podem ser reunidos num único dispositivo.

Na economia, os impactos são principalmente a ampliação do comércio eletrônico (*e-commerce*), que mobiliza bilhões de dólares anualmente; o aumento da exportação de *softwares*; o surgimento de conceitos de inovação, rede de valor e tecnologias produtivas mais limpas; a criação de novos perfis profissionais; o nascimento de polos tecnológicos (cidades tecnológicas).

Rede de valor: o conceito de *rede de valor* incorpora tanto os fluxos físicos de materiais, componentes e produtos acabados entre os parceiros da rede de uma determinada indústria, quanto os fluxos de informação e conhecimentos que possibilitam a integração dessas entidades e seu bom funcionamento como um todo único.

Na medicina, ampliam-se a informatização e ocorre uma aproximação com a realidade virtual: registro médico eletrônico (informatização do prontuário do paciente); sistemas de imagem digital (dois procedimentos diagnósticos mais relevantes nessa área são atualmente o *positron emission tomography* (PET, ou tomografia por emissões de pósitrons) e a ressonância magnética funcional, ambos capazes de mapear, com alta definição, o local de uma alteração funcional, bem como quantificá-la); telemonitoração (monitoração cardíaca transtelefônica); intercâmbio de informações sobre um paciente entre dois ou mais médicos (telemedicina); transmissão de imagens médicas captadas por escâner; informatização hospitalar.

Transtelefônico: referente a transtelefonia, sistema que consiste na captura dos sinais eletrocardiográficos (sinais elétricos emitidos pela atividade cardíaca) do paciente por um pequeno aparelho colocado sobre seu tórax. Esses sinais são transformados em sinais sonoros, que são transmitidos pelo sistema de telefonia convencional a uma central. Essa central registra, analisa e arquiva os sinais em computador.

Telemedicina: serviços de saúde prestados a distância por meio de tecnologias de informação e de comunicação. Com essas tecnologias, profissionais de saúde da localidade do paciente podem fornecer informações a outros que se encontrem em hospitais com mais recursos para diagnóstico e tratamento. Permite também trabalhos colaborativos, educação a distância, aperfeiçoamento e atualização dos profissionais da área.

A oferta desses serviços para a maioria da população brasileira, pelo Sistema Único de Saúde (SUS), é de suma importância para os direitos humanos, uma vez que 75% da população brasileira não dispõe de um plano particular de saúde.

A educação a distância (EaD), com os conteúdos abertos, constitui um dos grandes movimentos no mundo educacional de hoje, assim como a disponibilização na *web* pelo Instituto de Tecnologia de Massachusetts (MIT) de todo o material acadêmico relacionado a seus cursos de graduação e pós-graduação, para ajudar estudantes de todas as universidades do mundo a reduzir os efeitos restritivos da comercialização de informação acadêmica. Essa iniciativa é encorajada pela Unesco, e o *site* pode ser acessado por qualquer pessoa (http://ocw.mit.edu/index.html).

O *e-learning* (em inglês, aprendizagem eletrônica), modalidade de educação a distância realizada por meio da internet, está em pleno desenvolvimento no mundo todo e permite que o aprendiz participe de seu curso no momento que lhe for mais conveniente.

Nos processos educacionais, as tecnologias da informação têm fundamental relevância. Contudo, o uso do computador por si só não é uma garantia para o acesso a patamares de conhecimento mais avançados, uma vez que por enquanto essa ferramenta é incapaz de lidar com o pensamento complexo não previsível, participação em diálogos, acompanhamento de decisões intuitivas e promoção direta da criatividade.

A famosa pergunta "A tecnologia substitui o professor?" pode ser respondida pelo sim e pelo não. As atividades de organização rotineira, como respostas padronizadas, orientações gerais sobre a elaboração do trabalho final do curso e sugestões bibliográficas, tudo isso pode ser registrado em computadores e consultado pelos alunos.

Mas as atividades mais nobres dos professores, como o planejamento de um curso ou de uma aula, a apreciação de um texto a ser analisado pela classe ou a avaliação de um ensaio escrito pelo aluno, dificilmente serão realizadas pelos meios tecnológicos atualmente disponíveis. Isso reforça a ideia de que a função social do professor dificilmente será abolida, pois implica uma dimensão socioeducacional que vai além da tecnologia.

Abusos da tecnologia: uma questão de civilização ou mero detalhe?

A tecnologia pode salvar o homem das doenças e da fome, abreviar seu sofrimento, substituí-lo nas tarefas mais árduas, garantir-lhe melhor qualidade de vida. Mas pode também acelerar a destruição da vida na Terra, desequilibrar os ecossistemas pelo uso descontrolado dos recursos naturais, pelo excesso de produção e pelo desperdício de energia. A máquina é o resultado da engenhosidade e do trabalho humanos. O homem é senhor da técnica. Pode usá-la tanto para beneficiar a humanidade como para subjugar boa parte da espécie humana aos caprichos de poucos, ou, ainda, para autodestruir-se, como acontece nas guerras.

Talvez a maior contradição da atual civilização tecnológica esteja na capacidade de produzir riquezas sem, no entanto, distribuí-las ao conjunto da humanidade. O acesso à tecnologia e a seus frutos é o grande desafio do século XXI para mais da metade da população mundial, que nem sequer chegou ao estágio da Revolução Industrial.

A tecnologia traduz ou reproduz a matéria (natureza) por meio de um conjunto de artefatos técnicos – como ventiladores, geladeiras, televisões, automóveis, computadores, aviões, aquecedores elétricos, luz artificial etc. Esse processo de artificialização da matéria está levando a percepção humana a distanciar-se fisicamente da natureza. O ser humano vai perdendo, assim, contato com a dimensão primitiva da natureza, passando a vivê-la e a representá-la como natureza "construída" e modificada.

Durante o século XIX, a escola positivista (liderada na França por **Auguste Comte**), herdeira da concepção cartesiana de ciência, acreditava que, com o progresso técnico, os homens seriam necessariamente mais racionais em todos os campos de atividade: na política, na ética, nos negócios, nas relações entre as nações, na construção da paz etc.

Leia mais sobre Auguste Comte na seção *Comentários adicionais*.

Concepção cartesiana de ciência: com o advento da modernidade ocidental, e consequentemente com o pensamento racional na base da explicação dos fenômenos, a realidade passa a ser representada cada vez de modo mais isolado e independente das diversas partes que a compõem. René Descartes inaugura uma nova concepção filosófica ao explicar a realidade, de um lado, pelas coisas do mundo (realidade física) e, de outro, pelas coisas do espírito (consciência humana). São duas entidades que não têm relação entre si, por serem constitutivamente diferentes, segundo Descartes.

Desde então, as avaliações sobre o papel da tecnologia oscilam entre uma postura ingênua, em que se acredita piamente nos benefícios do progresso, e uma postura cética, que considera a técnica nociva à humanidade, como foi o caso do escritor russo **Leon Tolstói**. Para ele, a vida moderna não tem sentido, uma vez que a própria ideia de progresso é uma ideia provisória, sempre a ser completada. Já **Max Weber**, sociólogo alemão, afirma que o homem contemporâneo pode "cansar-se da vida", mas jamais "saciar-se dela".

Leia mais sobre Leon Tolstói e Max Weber na seção *Comentários adicionais*.

Esse drama existencial do homem contemporâneo é oriundo do caráter provisório de sua existência, justamente porque a noção de progresso cria nele o sentimento de que a vida é inconclusa e, por estar em permanente mudança, não pode jamais proporcionar satisfação plena. Enfim, o indivíduo moderno, ao buscar um padrão materialista de vida, revela mais estresse do que se buscasse o equilíbrio entre o material e o espiritual.

A cada nova conquista originada pelo avanço tecnológico, surge uma gama de novos problemas. Longe estão os homens, ainda, de chegar ao País das Maravilhas. Hoje, coexistimos, por exemplo, com o chamado **desemprego tecnológico**. Justamente as sociedades mais desenvolvidas, ao buscar alternativas tecnológicas para aumentar a produtividade do trabalho, acabaram deixando as pessoas sem emprego. Essa é uma característica que veio para ficar; é um elemento estrutural das sociedades avançadas. Nelas, o desemprego é causado pelo excesso de riqueza. Nas sociedades subdesenvolvidas, ao contrário, a precária incorporação tecnológica produz desemprego por falta de riqueza ou por sua má distribuição.

Outros problemas decorrentes do avanço tecnológico nas sociedades atuais vinculam-se à produção da energia nuclear, à manipulação do material genético humano, às tecnologias de armamentos e à produção de alimentos. Não há ramos da atividade científica em que não se possa fazer demonstração dessa ambiguidade. Além do mau uso do saber para fins muito diversos dos previstos originalmente, seria necessário denunciar a especialização e a fragmentação de todas as disciplinas científicas, cada vez mais desvinculadas do contexto social, do qual, por princípio, seriam indissociáveis.

Assim, frequentemente a organização tecnológica da sociedade contemporânea acaba produzindo resultados diferentes dos esperados. A tecnologia resolve uma situação, mas acaba criando outros complicadores, derivados da própria resolução. Os efeitos inesperados (e muitas vezes perversos) da tecnologia podem ser mais bem identificados no caso das doenças. A descoberta de drogas pode facilitar a sobrevida dos seres humanos em relação a bactérias ou vírus, mas não impede o surgimento de outros microrganismos mais resistentes e até invulneráveis, como é o caso do vírus da aids. Não se sabe até que ponto o surgimento desses microrganismos resistentes deve-se ao efeito de um combate mal dirigido contra doenças ou pragas da agricultura.

Os efeitos inesperados acontecem também em áreas além do campo científico. Um exemplo clássico da sociologia ocorreu na Europa após a Segunda Guerra Mundial, em decorrência das medidas redistributivas de renda. Com a melhoria da qualidade de vida, um dos resultados inesperados foi a queda da taxa de natalidade, comprometendo seriamente a reprodução humana de alguns países europeus. O desemprego tecnológico, já citado, é também um fenômeno famoso no campo econômico. Contudo, esses efeitos inesperados não têm um caráter de fatalidade, visto que, uma vez identificados, podem ser corrigidos.

Estas duas notícias publicadas no jornal *Folha de S.Paulo* ilustram a ocorrência de efeitos inesperados dos avanços no campo científico:

"Peixes do sexo masculino desenvolvem características femininas quando expostos a hormônios sexuais que chegam aos rios misturados aos esgotos. Provavelmente os hormônios chegam aos rios com a urina de mulheres que tomam anticoncepcionais. Um estudo da Universidade de Brunel, Inglaterra, indicou que os peixes estão adquirindo características hermafroditas por causa do estrogênio lançado nos rios."

FOLHA de S.Paulo, São Paulo, 11 set. 1994. Caderno Mais!

"Vários remédios amplamente utilizados no tratamento do câncer podem danificar os cromossomos dos espermatozoides e prejudicar a transmissão do material genético às gerações seguintes. Um estudo da Universidade de Asahikawa, Japão, mostrou que 53% dos óvulos de cobaias submetidos a um quimioterápico anticâncer apresentaram anormalidades genéticas."

FOLHA de S.Paulo, São Paulo, 11 set. 1994. Caderno Mais!

As notícias a seguir, publicadas na *Gazeta do Povo*, de Curitiba, e no jornal *O Estado de S. Paulo*, mostram o perigo do uso simultâneo de diferentes remédios, que pode levar à parada cardíaca, entre outros efeitos, e os impactos da química sobre o risco de extinção das abelhas nos Estados Unidos:

"Medicamentos diferentes, quando usados de forma simultânea, podem reagir entre si, dando origem a um processo conhecido como interação medicamentosa [...]. Levantamento da farmacóloga e professora da Universidade de Brasília (UnB) Patrícia Medeiros de Souza aponta algumas dessas reações. Segundo ela, a combinação entre antibióticos e anticoncepcionais, por exemplo, pode anular o funcionamento da pílula."

INTERAÇÃO entre medicamentos pode trazer sérios prejuízos à saúde.
Gazeta do Povo, Curitiba, 25 mar. 2007. Ciência, p. 32.

"O desaparecimento de milhões de abelhas em todo os Estados Unidos tem deixado os apicultores com a pulga atrás da orelha [...]. As primeiras ocorrências sérias surgiram logo após o Natal [de 2006], no estado da Flórida [...]. Desde então, a síndrome que os especialistas batizaram como Distúrbio do Colapso das Colônias (CCD) causou a diminuição de 25% dos enxames no país. [...] os cientistas trabalham com todo tipo de hipótese, entre elas a de que algum pesticida tenha provocado danos neurológicos nas abelhas e alterado seu senso de orientação, o que impediria os animais de encontrar o caminho de volta para as colmeias."

MILHÕES de abelhas desaparecem nos Estados Unidos. *O Estado de S. Paulo*, São Paulo, 29 mar. 2007. Disponível em: <www.estadao.com.br/ciencia/noticias/2007/mar/29/279.htm>. Acesso em: 4 maio 2007.

Uma das consequências culturais do uso das novas tecnologias da informação é a "retribalização" de comunidades de internautas nos *sites* interativos, como o **Orkut**. Nessas interações, redefinem-se identidades que expressam desejos e fantasias, muitas em nome da amizade, mas outras atendendo a impulsos de agressividade, como as comunidades de violência contra animais, racismo, pedofilia, pornografia e outras manifestações patológicas.

Ciência e técnica não são boas ou más em si mesmas... nem neutras!

O grande desafio das comunidades científicas é: como produzir e aplicar conhecimentos sem isolar a ciência dos objetivos humanos e sociais? Como definir as prioridades científicas sem deixar de levar em conta os sujeitos da ação histórica e suas respectivas culturas? Em nome de que e de quem são decididas as políticas científico-tecnológicas, bem como as prioridades de investimento?

A ciência, a exemplo de outros domínios da realidade social, é um campo atravessado por conflitos de interesses e de valores culturais. Por meio desses conflitos é possível, talvez, perceber como as sociedades avaliam e resgatam seu passado.

Resgatar o passado, no atual contexto de profundas mudanças, pode significar, de um lado, lamentar um mundo desaparecido, manifestando uma visão nostálgica e idealizada sobre o "elo perdido"; de outro, levar em conta outros saberes, permeados de racionalidades diferentes das científicas. Seria então o caso de considerar a necessidade de um diálogo entre essas diferentes expressões de saberes.

Carlos Ivan/Agência O Globo

O mundo contemporâneo vive o desafio de equilibrar os avanços tecnológicos com a preservação dos recursos naturais e das culturas autóctones. Daí a necessidade de formar cidadãos capazes de resgatar o patrimônio natural e cultural da humanidade. Na foto, jovens cuidam de uma horta de plantas medicinais em uma escola municipal do Rio de Janeiro (RJ), em 2005.

Nessa última perspectiva, excluir desse diálogo a tradição dos saberes populares locais é priorizar a racionalidade científica e a regulação cega do mercado. O mercado, embora fundamental para as sociedades produtivistas, é incompetente para conviver com culturas que lhe são estranhas. É indiferente ao passado e pouco sensível ao futuro.

A América Latina e, particularmente, o Brasil estão divididos no jogo de forças entre modernidade e tradição cultural. Mais do que escolher um dos termos do dilema, terão de saber combiná-los. Terão de priorizar estratégias claras em relação a seus recursos naturais, à preservação de suas culturas autóctones, ricas de conhecimentos e de ensinamentos sobre manejo sustentável de seus recursos, alimentação, plantas medicinais e preservação de rios, florestas e espécies animais e vegetais. Daí a necessidade de planejamento estratégico das universidades e das políticas públicas associadas às organizações sociais, para a formação de pesquisadores e educadores capazes de proceder ao resgate desse patrimônio genético, econômico e cultural.

A cultura deve ser considerada um princípio ativo, afirmativo de identidades, não apenas o reflexo de uma história que passou. Nos espaços frágeis, diante de ações devastadoras, o debate cultural, científico e político deve dar as cartas para as possíveis alternativas econômicas. Não é apenas uma questão de lógica; é uma questão vital para romper com culturas hegemônicas de apropriação destruidora da natureza.

A ciência, ao apresentar-se como a forma dominante de explicação do mundo, torna-se ideologia. Parece combater ilusões, mas às vezes é incapaz de combater suas próprias convicções. Ela se tornou uma das principais forças produtivas das sociedades contemporâneas, institucionalizando-se e tornando-se a principal forma de organização. Ao dissociar-se do controle ético (a ciência serve sempre para melhorar as condições de vida de seus criadores?), tornou-se razão de mercado e interventora nas sociedades, por meio das tecnociências.

A tecnologia, apesar de não ser nem boa nem má em si mesma, nem neutra, deve ser objeto permanente de crítica social. Seu uso adequado poderá permitir um acesso amplo para a maioria, se não para todos, e hoje, mais do que nunca, é um imperativo para gerar informação e conhecimento. Mas, por serem sociais seu uso e suas finalidades, dependerá permanentemente da possibilidade de as sociedades tomarem consciência da importância da técnica para todos e da possibilidade de converter-se em benefício para a vida na Terra, deixando de apenas favorecer o consumo desenfreado, no sistema produtivo de mercado.

A **revalorização** dos saberes culturais é uma forma interessante de recuperar a memória das sociedades humanas sem inclinar-se para a nostalgia do elo perdido, como já foi ressaltado. Ao restituir às culturas o reconhecimento de sua sabedoria, fazemos autocrítica dos erros cometidos, restabelecendo o que foi destruído ou o que está sob ameaça de extinção, como na área da proteção florestal, hídrica, do ar, da saúde, da biodiversidade e do clima.

A ciência contemporânea não pode, pois, deixar de fazer um balanço de seus fundamentos e de seus resultados, à luz de juízos éticos: para que e para quem serve a ciência? Quais são os resultados visados e quais são os alcançados?

Das cavernas (em cujas paredes se imprimiam sinais e imagens rudimentares) ao computador (que registra signos virtuais e passageiros), transformaram-se as condições materiais da comunicação, além dos motivos e dos objetivos da comunicação.

O **conhecer** tornou-se objeto de ensino-aprendizagem. As sociedades crescentemente "tecnicizadas" e altamente "cientificizadas" impõem um tempo cada vez maior para a aquisição de habilidades técnico-profissionais, sem garantir emprego para todos os seus aprendizes. O conhecimento tornou-se ofício obrigatório, sem a necessária contrapartida da autorrealização daqueles que empreendem o duro caminho do aprendizado. Ao tornar-se técnico, o conhecimento descarta a possibilidade de se conhecer algo de modo desinteressado, pelo prazer de conhecer e de buscar o desconhecido.

A especialização de saberes parciais segmentou a árvore do conhecimento em ramos que ignoram o tronco comum do qual fazem parte. A natureza é apreendida como algo estranho, exterior e distante da vida humana, mediada pela tecnologia e artificializada em sociedade. Tudo deve ser convertido em valor agregado, para ser reconhecido pelo mercado. Segundo essa lógica, nada pode ser fortuito, espontâneo e desinteressado.

A contemporaneidade é o reino da informação. Atualmente, há muita informação, mas também "ruído", isto é, informação irrelevante que torna difícil localizar aquilo que é essencial. A "sociedade do conhecimento" alimenta a própria produção, que impõe formas de organização e de ordenamento do mundo. Mas não aboliu o reino da ambiguidade e, justamente por isso, instaura uma tensão permanente entre ocultamento/desvendamento, entre informação e desinformação. Sendo uma sociedade que produz "ruído", há uma abundância de significados e sensações sobre o mundo, pois o mercado produz independentemente das necessidades subjetivas – mais do que isso, induzindo sempre e cada vez mais a criação interminável de novas necessidades.

A abundância de informações não significa que todas as pessoas e as sociedades globais tenham consciência dos fenômenos que ocorrem em diversas áreas: política, economia, tecnologia, meio ambiente, cultura etc. Há um desequilíbrio entre informações práticas imediatas e aquelas que se referem ao funcionamento das estruturas da sociedade e da natureza. Por exemplo: a propaganda fornece diversas informações sobre as qualidades de um produto, mas não revela se a mão de obra que o produziu é mal-remunerada ou se o fabricante despeja poluentes em rios. Por isso, conhecer também implica desconhecer. Uma educação alternativa tem como desafio incorporar essa ambiguidade a um um projeto pedagógico, próximo daquilo que **Edgar Morin** dizia quando enfatizava a necessidade de a educação combater a cegueira do conhecimento.

Leia mais sobre Edgar Morin na seção *Comentários adicionais*.

Conhecimento conjugado com desconhecimento é uma das características da **sociedade de risco**, expressão que designa o momento presente, em que as sociedades convivem com perigos ambientais, conflitos sociais e inseguranças decorrentes do acelerado desenvolvimento tecnológico, da globalização e do estilo de vida. Entre os riscos, podem-se citar obesidade (decorrente do estilo de vida); doenças virais como a gripe aviária e a Aids (propagadas pela facilidade de locomoção e contatos entre pessoas e produtos do mundo todo); desastres nucleares ou químicos, contaminando o solo, a água e os alimentos; crescente automação nas indústrias, gerando desemprego e piora das condições de trabalho, com desregulamentação ou excesso de flexibilização das leis trabalhistas etc.

Roteiro de estudo

As perguntas a seguir referem-se aos principais tópicos deste capítulo. Elas podem ajudá-lo a estudar e rever todo o conteúdo apresentado. Ao respondê-las, você estará analisando e sintetizando as ideias expostas.

1. Que lições podem ser extraídas do mito de Ícaro?
2. Explique as três concepções de desenvolvimento tecnológico.
3. Você considera provável que a intimização da técnica altere os destinos da natureza humana e da sociedade?
4. A tecnologia contemporânea se restringe aos processos produtivos ou atinge outras dimensões do cotidiano? Cite exemplos.
5. Comente os aspectos positivos e negativos da técnica em sua vida.
6. Comente: informação e comunicação são duas peças-chave da civilização tecnológica moderna.
7. Enumere as principais inovações tecnológicas incorporadas hoje pelas sociedades.
8. Por que a televisão e o computador são dois equipamentos que representam a civilização tecnológica atual?
9. Você concorda que a técnica empregada para resolver problemas cria outros tantos? No seu entendimento, sempre será assim?
10. Como você considera o progresso em andamento? Concorda que ele pode ser utilizado para justificar interesses ou impor projetos de desenvolvimento a qualquer custo?
11. Além dos exemplos citados no capítulo, aponte outros casos considerados efeitos inesperados da técnica.
12. Por que informação e comunicação, como componentes fundamentais das novas tecnologias, são entendidas como um novo paradigma tecnológico?
13. A nanotecnologia é um dos dez recursos considerados básicos para a nova tecnologia. Que aplicações a nanotecnologia poderia ter para as várias ciências? Faça um exercício de imaginação e tente vislumbrar algumas inovações futuras.
14. Com a globalização de mercados, você considera que será possível reduzir as desigualdades entre países ricos e países pobres?

15. Estabeleça algumas semelhanças e diferenças entre o capitalismo industrial e o atual processo de globalização.

16. Você considera que o homem moderno está mesmo "condenado" ao progresso? É possível conciliar satisfação material com harmonia espiritual e solidariedade humana?

Para refletir

1. Com sua equipe, discuta esta questão:

   O avanço da engenharia genética tem levantado discussões a respeito da relação entre ética e pesquisa científica. Até que ponto é tolerável a utilização de cobaias (humanas e de outras espécies animais) em nome do progresso da ciência?

   A seguir, cada grupo apresenta seus argumentos, favoráveis ou contrários à utilização de cobaias em experimentos científicos, em forma de notícia, como num jornal falado.

2. Leiam o texto e, em grupo, pensem em duas sugestões para ajudar sua cidade a expandir a inclusão digital. As ideias de cada grupo devem ser apresentadas à classe e discutidas por todos.

   "A expressão inclusão digital é utilizada no sentido mais amplo de acesso às tecnologias da informação e da comunicação. Mas não se resume à disponibilidade de computadores e telefones. Para ser efetivada, é preciso que as pessoas estejam preparadas para utilizar os recursos tecnológicos, tanto do ponto de vista técnico quanto cultural. É preciso também que os telefones e os computadores sejam acessíveis, que tenham preços de acordo com a renda da população.

   Mais ainda: inclusão digital é caminho para o exercício de direitos básicos do cidadão, como o acesso à informação e à liberdade de expressão, bem como para o desenvolvimento econômico de um país.

   Em contraposição, a exclusão digital – como ausência ou impossibilidade de acesso às tecnologias da informação e da comunicação – é vista como uma das faces da exclusão social, que é uma expressão mais ampla e inclui fatores como má distribuição de renda e deficiência de educação."

   SIQUEIRA, Ethevaldo. Construindo a sociedade da informação. In: SIQUEIRA, Ethevaldo (Org.). *Tecnologias que mudam nossa vida.* São Paulo: Saraiva, 2007. p. 44.

3. Pesquise na internet os *sites* de instituições científicas nacionais e internacionais sugeridos a seguir. Neles é possível acompanhar a produção e a divulgação de novos conhecimentos científicos, o estado atual da pesquisa científica e tecnológica no mundo, bem como a realização de eventos nessa área (conferências, congressos, eventos etc.):

- **Programa de Informação para Gestão de Ciência, Tecnologia e Inovação (Prossiga)**, que permite acessar arquivos eletrônicos da produção científica nacional. Disponível em: <http://prossiga.ibict.br/>. Acesso em: 7 maio 2007.
- **Sociedade Brasileira para o Progresso da Ciência (SBPC)**, entidade civil, sem fins lucrativos, voltada para a defesa do avanço científico, tecnológico, educacional e cultural do Brasil. Disponível em: <www.sbpcnet.org.br>. Acesso em: 7 maio 2007.
- **Federação Internacional de Associações para o Avanço da Ciência e da Tecnologia** (sigla em inglês: **IFAAST**), instituição internacional dedicada a divulgar e popularizar os avanços científicos e tecnológicos. Disponível em: <www.science.org.au/ifaast>. Acesso em: 7 maio 2007.
- **Associação Nacional de Programas de Pós-Graduação Ambiente e Sociedade (ANPPAS)** reúne programas e instituições brasileiras que desenvolvem atividades de pesquisa e/ou educação (em nível de pós-graduação) voltadas ao tema ambiente e sociedade. Disponível em: <www.anppas.org.br>. Acesso em: 7 maio 2007.

4. Leia o texto a seguir e reflita sobre as seguintes questões: vivemos numa "sociedade de risco"? Que papel pode desempenhar a educação diante de uma sociedade marcada pela incerteza?

> "A fórmula do poeta grego Eurípedes, que data de vinte e cinco séculos, nunca foi tão atual: 'O esperado não se cumpre, e ao inesperado um deus abre o caminho'. O abandono das concepções deterministas da história humana que acreditavam poder predizer nosso futuro, o estudo dos grandes acontecimentos e desastres de nosso século, todos inesperados, o caráter doravante desconhecido da aventura humana devem-nos incitar a preparar as mentes para esperar o inesperado, para enfrentá-lo. É necessário que todos os que se ocupam da educação constituam a vanguarda ante a incerteza de nossos tempos."

MORIN, Edgar. *Os sete saberes necessários à educação do futuro.* São Paulo: Cortez, 2000. p. 16.

Para ler e debater

Prepare-se para os debates lendo atentamente os textos. Reflita sobre as perguntas e anote seus argumentos para cada uma delas.

1. Comparem os textos de dois autores que analisam a condição da civilização tecnológica atual:

"A humanidade espera com volúpia novas descobertas: substâncias para debelar definitivamente a dor, sistemas para acabar com o lixo radioativo transformado em matérias inócuas, novas fontes de energia, técnicas adequadas para eliminar o barulho e a fome e reabsorver a poluição. Paralelamente, nunca tivemos tantas ferramentas para eliminar as quatro escravidões da escassez, da tradição, do autoritarismo e do cansaço físico.

Aristóteles, citado várias vezes porque é o pai da cultura ocidental, sonhava: se cada ferramenta pudesse, a partir de uma ordem dada, trabalhar por conta própria, se os teares tecessem sozinhos, se o arco tocasse sozinho nas cordas da cítara, então os empreendedores poderiam privar-se dos operários e os proprietários, dos escravos. Nunca, como hoje, estivemos tão perto da realização desse sonho: fábricas inteiramente automatizadas já estão em operação em três dos cinco continentes. O mito de Sísifo pode finalmente ser reescrito.

Como se sabe, o herói grego foi punido pelos deuses por excesso de engenhosidade. Segundo a explicação clássica, tendo ele cometido um pecado intelectual, foi punido em compensação com uma pena material: transportar por toda a eternidade uma rocha até o topo de um monte e, quando ela precipitava de novo até a base, tornar a pegá-la e levá-la outra vez até o alto do monte. Em plena sociedade industrial, o escritor francês Albert Camus reinterpretou esse mito: sendo Sísifo um intelectual, o seu verdadeiro sofrimento não se consumava na subida, quando a sua mente estava toda ocupada pelo esforço sobre-humano de transportar a rocha até o topo. O seu verdadeiro sofrimento era quando, com a pedra mais uma vez no alto do monte, Sísifo tinha que descer a escarpada e, sem nenhum esforço, tinha toda a trágica consciência de ter sido condenado pela crueldade dos deuses a um trabalho inútil e sem esperança.

Para nós, homens pós-industriais, há uma terceira alternativa. Sísifo vai construir um mecanismo eletrônico ao qual delegará a canseira do transporte inútil e banal e se sentará no alto do morro para contemplar o seu robô em função, saboreando enfim a felicidade do ócio prazeroso."

MASI, Domenico de. Em busca do ócio. In: VEJA 25 anos: reflexões para o futuro. São Paulo: Abril, 1993. p. 48-9. Livro integrante de *Veja*, 26 (38), 22 set. 1993.

"Ciência, tecnologia, comunicação, ação a distância, princípio da linha de montagem: tudo isso tornou possível o holocausto. A perseguição racial e o genocídio não foram uma invenção de nosso século e herdamos do passado o hábito de brandir a ameaça de um complô judeu para desviar o descontentamento dos explorados. Mas o que torna tão terrível o genocídio nazista é que foi rápido, tecnologicamente eficaz e buscou o consenso servindo-se das comunicações de massa e do prestígio da ciência.

Foi fácil fazer passar por ciência uma teoria pseudocientífica, porque, num regime de separação dos saberes, o químico que aplicava os gases asfixiantes não julgava necessário ter opiniões sobre a antropologia física. O holocausto foi possível porque se podia aceitá-lo e justificá-lo sem ver seus resultados. Além de um número, afinal restrito, de pessoas responsáveis e de executantes diretos (sádicos e loucos), milhões de outros puderam colaborar a distância, realizando cada qual um gesto que nada tinha de aterrador.

Assim, este século soube fazer do melhor de si o pior de si. Tudo o que aconteceu de terrível a seguir não foi senão repetição, sem grande inovação.

O século do triunfo tecnológico foi também o da descoberta da fragilidade. Um moinho de vento podia ser reparado, mas o sistema do computador não tem defesa diante da má intenção de um garoto precoce. O século está estressado porque não sabe de quem se deve defender nem como: somos demasiado poderosos para poder evitar nossos inimigos. Encontramos o meio de eliminar a sujeira, mas não o de eliminar os resíduos. Porque a sujeira nascia da indigência, que podia ser reduzida, ao passo que os resíduos (inclusive os radioativos) nascem do bem-estar que ninguém quer mais perder. Eis por que nosso século foi o da angústia e da utopia de curá-la. Com um superego mais forte, a humanidade se embaraça num mal que conhece perfeitamente, confessa-o em público, tenta purificações expiatórias às quais se juntam as igrejas e os governos e repete o mal porque ação a distância e linha de montagem impedem identificá-lo no início do processo. Espaço, tempo, informação, crime, castigo, arrependimento, absolvição, indignação, esquecimento, descoberta, crítica; nascimento, longa vida, morte... tudo em altíssima velocidade. A um ritmo de *stress*. Nosso século é o do enfarte."

ECO, Umberto. Rápida utopia. In: VEJA 25 anos*:* reflexões para o futuro. São Paulo: Abril, 1993. p. 114-5. Livro integrante de *Veja*, 26 (38), 22 set. 1993.

1. Quais são as ideias principais de cada texto?
2. Os dois textos são incompatíveis? Um nega o outro? Expliquem.
3. Com qual deles vocês concordam? Por quê?

2. "O mundo – artifício humano – separa a existência do homem de todo ambiente meramente animal; mas a vida, em si, permanece fora desse mundo artificial, e através da vida o homem permanece ligado a todos os outros organismos vivos. Recentemente, a ciência vem se esforçando por tornar 'artificial' a própria vida, por cortar o último laço que faz do próprio homem um filho da natureza. O mesmo desejo de fugir da prisão terrena manifesta-se na tentativa de criar a vida numa proveta, no desejo de misturar, 'sob o microscópio, o plasma seminal congelado de pessoas comprovadamente capazes, a fim de produzir seres humanos superiores' e 'alterar-lhes o tamanho, a forma e a função'; e talvez o desejo de fugir à condição humana esteja presente na esperança de prolongar a duração da vida humana para além do limite dos cem anos.

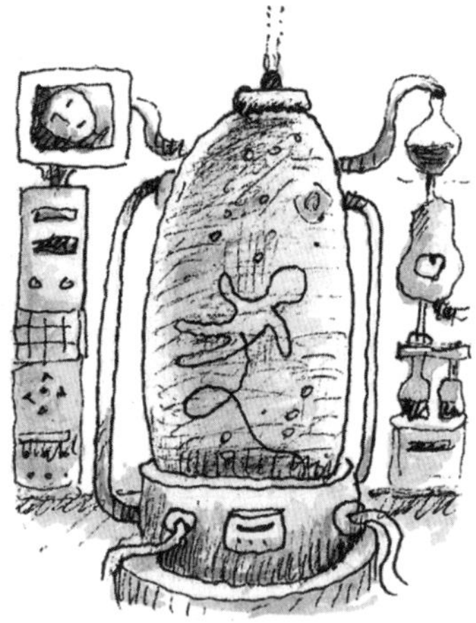

Esse homem futuro, que, segundo os cientistas, será produzido em menos de um século, parece motivado por uma rebelião contra a existência humana tal como nos foi dada – um dom gratuito vindo do nada (secularmente falando), que ele deseja trocar, por assim dizer, por algo produzido por ele mesmo. Não há razão para duvidar de que sejamos capazes de realizar essa troca, tal como não há motivo para duvidar de nossa atual capacidade de destruir toda a vida orgânica da terra.

A questão é apenas se desejamos usar nessa direção nosso novo conhecimento científico e técnico – e esta questão não pode ser resolvida por meios científicos: é uma questão política de primeira grandeza, e portanto não deve ser decidida por cientistas profissionais nem por políticos profissionais."

Arendt, Hannah. *A condição humana*. 7. ed. São Paulo: Forense Universitária, 1995. p. 10-1.

Leia mais sobre Hannah Arendt na seção *Comentários adicionais*.

1. Sintetize as ideias centrais do texto.
2. Como evitar que a manipulação genética e outros experimentos prejudiquem a humanidade?

3. "No dia 20 de julho, a prestigiosa revista semanal *Newsweek*, dos EUA, publicou um surpreendente artigo de capa, intitulado 'A ciência encontra Deus'. A capa mostrava o vitral de uma igreja, com santos substituídos por cientistas em seus jalecos brancos e cruzes substituídas por telescópios e microscópios. Planetas, estrelas e galáxias adornam a imagem central, emoldurada pela estrutura helicoidal de uma molécula de DNA.

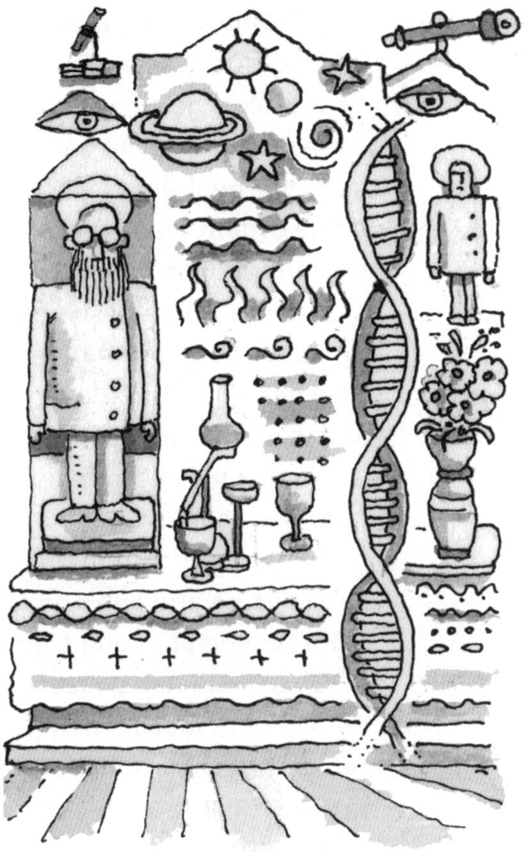

Segundo o texto, um número cada vez maior de cientistas está descobrindo Deus por meio de suas pesquisas. E isso vai contra a ideia que temos da ciência moderna que, desde os tempos de Galileu e Newton, só tem se afastado da religião e da fé. Confesso que fiquei chocado com o artigo e com o perigo e confusão que textos como esse podem gerar.

Sem dúvida, é dever da imprensa buscar notícias interessantes e calcadas em fatos concretos. Apesar disso, jornais, revistas, rádio ou TV são empresas que visam maximizar seu lucro, enfrentando uma competição intensa. Esse é o desafio de um jornalista. A tentação de distorcer os fatos em nome do sensacionalismo fácil e rentável é grande. As empresas respeitáveis são justamente as que não sucumbem a essa tentação.

Quais são, então, os argumentos do artigo? Historicamente, a ciência sempre teve o papel de prover a luz nas trevas e propor explicações racionais para fenômenos que, sem ela, ficariam no terreno da superstição. Mesmo que a origem do questionamento científico tenha suas raízes muito entrelaçadas com a religião e a pseudorreligião, a evolução da ciência é marcada por um afastamento cada vez maior de suas origens. Com Galileu, Newton e o racionalismo que os seguiu, a ciência passou a existir independentemente da religião, em um divórcio marcado por conflitos muitas vezes trágicos.

Ao chegarmos no final do século XX, a ciência progrediu a ponto de poder encarar, com seus próprios métodos, questões que anteriormente eram exclusivas da religião, como a origem do universo ou da vida. É aqui, segundo o artigo, na fronteira do conhecimento e do desconhecido, que vários cientistas encontraram Deus. Exemplos são citados de cientistas que 'desistiram' de entender as questões de forma científica, preferindo optar por uma solução religiosa. Há outros que veem a manifestação de Deus em suas pesquisas ou na organização do mundo natural. O artigo sugere que a ciência precisa de Deus.

Será que essa tendência é assim tão nova? Absolutamente não! Durante a história da ciência encontramos vários cientistas que justificavam sua devoção à pesquisa de forma religiosa, ou que encontravam uma inspiração espiritual em seu trabalho. Desde Platão, a ideia de que a surpreendente ordem da natureza é obra de um arquiteto universal tem sido usada como metáfora para o trabalho científico. Conhecer a natureza e explorar suas leis é, para esses cientistas, aproximar-se de Deus ou da natureza divina do mundo. Kepler, Newton, Einstein e muitos outros responsáveis pelo desenvolvimento de nossa ciência usavam metáforas semelhantes às ideias platônicas ao justificar sua devoção ao trabalho científico.

Não existe nenhum conflito em uma justificativa religiosa ou espiritual para o trabalho científico, contanto que seu produto satisfaça às regras impostas pela comunidade científica. A inspiração para se fazer ciência é subjetiva e varia entre os cientistas. Mas o produto de suas pesquisas tem valor universal, o que separa claramente a ciência da religião.

Quando tantas pessoas se afastam das religiões tradicionais em busca de outras respostas para seus dilemas, é muito perigoso colocar o cientista como o sacerdote da sociedade moderna. A ciência nos dá a luz para muitas trevas sem a necessidade da fé. Para alguns, isso já é o bastante. Para outros, só a fé pode iluminar certas trevas. O importante é que cada indivíduo possa fazer uma escolha consciente do caminho a seguir.

GLEISER, Marcelo. Ciência, fé e o sensacionalismo criado pela imprensa. *Folha de S.Paulo*. São Paulo, 6 set. 1998. Mais!, p. 14.

1. O texto indica que a incessante atividade da ciência aproxima o conhecido do desconhecido. Ao proceder dessa maneira, o cientista estaria se aproximando de Deus. Pode-se considerar essa afirmação como tendo um valor literal ou trata-se de uma linguagem figurada (metáfora)? Por quê?

2. Comente a seguinte passagem do texto, dando sua opinião: "A inspiração para se fazer ciência é subjetiva e varia entre os cientistas. Mas o produto de suas pesquisas tem valor universal, o que separa claramente a ciência da religião".

3. Qual é o "desafio de um jornalista" a que o texto se refere? Que fatores estariam ligados a esse desafio?

4. A fusão das telecomunicações, da informática, da imprensa, da edição, da televisão, do cinema e dos jogos eletrônicos em uma indústria unificada da multimídia é o aspecto da revolução digital que os jornalistas mais enfatizam. Mas não é o único, nem talvez o mais importante. Além de certas repercussões comerciais, parece-nos urgente destacar os grandes *aspectos civilizatórios* ligados ao surgimento da multimídia: novas estruturas de comunicação, de regulação e de cooperação, linguagens e técnicas intelectuais inéditas, modificação das relações de tempo e espaço etc. A forma e o conteúdo do *ciberespaço* (a internet tornou-se hoje o símbolo do grande meio heterogêneo e transfronteiriço que aqui designamos como ciberespaço) ainda são especialmente indeterminados. Não existe nenhum determinismo tecnológico ou econômico simples em relação a esse assunto. Escolhas políticas e culturais fundamentais abrem-se diante dos governos, dos grandes atores econômicos, dos cidadãos. Não se trata apenas de raciocinar em termos de impacto (qual o impacto das "infovias" na vida política, econômica ou cultural?), mas também em termos de projeto (com que objetivo queremos desenvolver as redes digitais de comunicação interativa?). Na verdade, as decisões técnicas, a adoção de normas e regulamentos, as políticas tarifárias contribuirão, queiramos ou não, para modelar os *equipamentos coletivos da sensibilidade, da inteligência e da coordenação* que formarão no futuro a infraestrutura de uma civilização mundializada.

LÉVY, Pierre. *A inteligência coletiva. Por uma antropologia do ciberespaço.* 4. ed. São Paulo: Loyola, 2003. p. 13.

1. Quais são os aspectos civilizatórios mais fundamentais ligados ao surgimento da multimídia, além dos tecnológicos ou econômicos, apontados pelo autor?
2. Por que o autor é levado a afirmar que a forma e o conteúdo do ciberespaço ainda são especialmente indeterminados?

Sugestões

Livros

BOFF, Leonardo. *O despertar da águia: o diabólico e o simbólico na construção da realidade.* 19. ed. Petrópolis: Vozes, 2006.

Traz uma crítica radical da sociedade contemporânea, baseada no uso predatório dos recursos naturais.

LEFF, Enrique. *Saber ambiental.* 3. ed. rev. e aum. Petrópolis: Vozes, 2004.

Apresenta bases teóricas para pensar uma nova racionalidade ambiental.

Lévy, Pierre. *A inteligência coletiva: por uma antropologia do ciberespaço*. 4. ed. São Paulo: Loyola, 2003.
Obra que investiga os possíveis impactos sociais e culturais da emergência de um novo meio de comunicação, de pensamento e de trabalho: o ciberespaço.

Morin, Edgar. *Os sete saberes necessários à educação do futuro*. 11. ed. Tradução de Catarina Eleonora F. da Silva e Jeanne Sawaya. São Paulo: Cortez, 2006.
Obra capital para problematizar um novo conceito de educação, englobando indivíduo, natureza e cultura.

Salgado, Sebastião. *Trabalhadores: uma arqueologia da era industrial*. São Paulo: Companhia das Letras, 1997.
Obra fotográfica primorosa que retrata a condição do trabalhador em escala mundial, mostrando que a tecnologia moderna ainda não conseguiu aliviar do esforço e da exploração dois terços dos trabalhadores.

Santos, Boaventura de Sousa. *Um discurso sobre as ciências*. 3. ed. São Paulo: Cortez, 2005.
Uma crítica radical ao antigo paradigma de ciência. Aborda a passagem de uma ciência "normal" para uma ciência "pós-normal".

Siqueira, Ethevaldo (Org.). *Tecnologias que mudam nossa vida*. São Paulo: Saraiva, 2007.
Um inventário atualizado e didático sobre as tecnologias da comunicação e da informação.

Weber, Max. A ciência como vocação. In: ______. *Ensaios de sociologia*. 5. ed. Rio de Janeiro: LTC, 2002.
Recomenda-se a leitura deste autor clássico da sociologia, num texto sobre a emergência do cientista profissional moderno.

Filmes

2001: Uma odisseia no espaço. Direção de Stanley Kubrick. Estados Unidos/Inglaterra, 1968. (148 min.).
Um computador assume o controle de uma nave espacial e aos poucos vai eliminando a tripulação.

A ilha do Dr. Moreau. Direção de John Frankenheimer. Estados Unidos, 1996. (104 min.)
Baseado em história de H. G. Wells, o filme mostra experiências genéticas de um grupo de cientistas numa ilha do Pacífico. Fornece subsídios para discutir a relação entre ética e pesquisa científica.

Blade runner: o caçador de androides. Direção de Ridley Scott. Estados Unidos, 1982. (116 min. na versão original do diretor).
Mostra uma sociedade do futuro, superpovoada, em que robôs perfeitos, fortíssimos, feitos à imagem e semelhança do ser humano, se rebelam contra seus criadores.

Brincando nos campos do Senhor. Direção de Hector Babenco. Estados Unidos, 1991. (186 min.).
Retrata o choque de civilizações ao contar a história de missionários norte-americanos que tentam catequizar indígenas da Floresta Amazônica.

Click. Direção de Frank Coraci. Estados Unidos, 2006. (107 min.).
Aparentemente neutro e colaborador, o controle remoto que ordena o funcionamento de todos os aparelhos domésticos volta-se contra seu dono e passa a programar e controlar sua vida. Uma alegoria relativa à criatura que se volta contra seu criador.

Kabloonak, o estrangeiro. Direção de Claude Massot. Canadá/França, 1994. (103 min.).
Em 1920, um documentarista norte-americano chega à Baía de Hudson, no Canadá, disposto a registrar o cotidiano dos esquimós. O filme permite uma importante comparação de culturas.

Laranja mecânica. Direção de Stanley Kubrick. Inglaterra, 1971. (137 min.).
Ambientado numa sociedade do futuro, o filme trata da violência da sociedade tecnológica e permite traçar um paralelo com a sociedade atual.

Matrix. Direção de Andy e Larry Wachowski. Estados Unidos, 1999. (136 min.).
No futuro, Thomas Anderson, programador de computadores durante o dia e *hacker* à noite, descobre que o mundo como o conhecemos é uma ilusão gerada por computador.

Medidas extremas. Direção de Michael Apted. Estados Unidos, 1996. (118 min.).
Médico descobre que os registros e o corpo de um paciente desapareceram do hospital em que trabalha. Ao investigar o caso, descobre as experiências secretas realizadas por um conceituado médico. O filme permite discutir a questão da pesquisa científica, especialmente a utilização de cobaias humanas para testar novas drogas.

Metrópolis. Direção de Fritz Lang. Alemanha, 1927. (124 min.).
Em 2026, a classe operária planeja uma revolução para libertar-se da opressão exercida por monstruosas máquinas a serviço da elite. Trata-se de um clássico do cinema mudo.

Mistério na neve. Direção de Bille August. Dinamarca/Alemanha/Suécia, 1997. (121 min.).
Mulher decide investigar a morte de um garoto que era seu vizinho e descobre uma trama que envolve pesquisa científica; choque de culturas e mercantilização das relações humanas.

Muito além do jardim. Direção de Hal Ashby. Estados Unidos, 1979. (130 min.).
Após a morte de seu patrão, um jardineiro que nunca havia deixado a mansão, e cuja única preocupação era sua mania de assistir a TV, é obrigado a enfrentar o mundo exterior.

Reação em cadeia. Direção de Andrew Davis. Estados Unidos, 1998. (107 min.).
Equipe de pesquisadores desenvolve nova e revolucionária fonte de energia. Interesses dominantes impedem que ela tenha aplicação industrial, pois baratearia muito os custos para os consumidores.

Uma breve história do tempo. Direção de Errol Morris. Estados Unidos, 1994. (80 min.).
O cientista Stephen Hawking postula a teoria de que o universo não tem começo, embora tudo indique o contrário.

Referências bibliográficas

Andrade, Thales Novaes de. O futuro da técnica: intimização e imprevisibilidade. III Encontro da ANPPAS (Associação Nacional de Programas de Pós-graduação Ambiente e Sociedade), Brasília: maio 2006. Disponível em: <www.anppas.org.br/encontro_anual/encontro3/GT16.html>. Acesso em: 8 maio 2007.

Arendt, Hannah. *A condição humana*. 7. ed. Rio de Janeiro: Forense Universitária, 1995.

Asimov, Isaac. *Cronologia das ciências e das descobertas*. Rio de Janeiro: Civilização Brasileira, 1995.

BAUMAN, Zygmunt. *Globalização: as consequências humanas*. Rio de Janeiro: Zahar, 1999.

CASTELLS, Manoel. *A sociedade em rede*. Rio de Janeiro: Paz e Terra, 1999. 3v.

CASTRO, Antônio Barros de. O papel da energia da biomassa e a quarta revolução industrial. *O Estado de S. Paulo*, São Paulo, 25 mar. 2007. Economia, p. B5.

CHALMERS, Alan. *A fabricação da ciência*. São Paulo: Ed. da Unesp, 1994.

ELLUL, Jacques. *A técnica e o desafio do século*. São Paulo: Paz e Terra, 1968.

FLORIANI, Dimas. *Conhecimento, meio ambiente e globalização*. Curitiba: Juruá, 2004.

GLEISER, Marcelo. Ciência, fé e o sensacionalismo criado pela imprensa. *Folha de S.Paulo*, São Paulo, 6 set. 1998. Mais!

GODELIER, Maurice. Os fundamentos do pensamento selvagem. In: ASSIS CARVALHO, Edgar (Org.). *Godelier*. São Paulo: Ática, 1981. (Grandes cientistas sociais).

GRANGER, Gilles-Gaston. *A ciência e as ciências*. São Paulo: Ed. da Unesp, 1994.

HABERMAS, Jürgen. *O futuro da natureza humana*. São Paulo: Martins Fontes, 2004.

____. *Técnica e ciência enquanto "ideologia"*. São Paulo: Abril Cultural, 1983. (Os pensadores).

HORGAN, John. *O fim da ciência*. São Paulo: Companhia das Letras, 1999.

KNELLER, George F. *A ciência como atividade humana*. Rio de Janeiro: Zahar/São Paulo: Edusp, 1980.

LATOUR, Bruno. *Políticas da natureza*. Bauru: Edusc, 2004.

MOONEY, Pat Roy. Nanotecnologia, desestruturação produtiva e poder: um alerta para os cientistas sociais. In: MARTINS, Paulo R. (Org.). *Nanotecnologia, sociedade e meio ambiente*. São Paulo: Xamã, 2006.

OMNÈS, Roland. *Filosofia da ciência contemporânea*. São Paulo: Ed. da Unesp, 1994.

PASCAL, Blaise. *Pensamentos*. São Paulo: Nova Cultural, 1988. (Os pensadores).

PÉCHEUX, M.; FICHANT, M. *Sobre a história das ciências*. São Paulo: Mandacaru, 1989.

PELLANDA, Nize Maria Campos; PELLANDA, Eduardo Campos (Orgs.). *Ciberespaço: um hipertexto com Pierre Lévy*. Porto Alegre: Artes e Ofícios, 2000.

PRIGOGINE, Ilya; STENGERS, Isabelle. *A nova aliança*. Brasília: UnB, 1984.

RONAN, Colin A. *História ilustrada da ciência*. São Paulo: Círculo do Livro, 1987. 4 v.

SANTOS, Boaventura de Sousa. *Um discurso sobre as ciências*. São Paulo: Cortez, 2005.

SERRES, Michel. *O contrato natural*. Rio de Janeiro: Nova Fronteira, 1991.

SIMONDON, Gilbert. *Du mode d'existence des objets techniques*. Paris: Aubier-Montaigne, 1969.

SIQUEIRA, Ethevaldo (Org.). *Tecnologias que mudam nossa vida*. São Paulo: Saraiva, 2007.

WEBER, Max. *A ciência como vocação*. 4. ed. Rio de Janeiro: Zahar, 1980. (Ensaios de Sociologia).

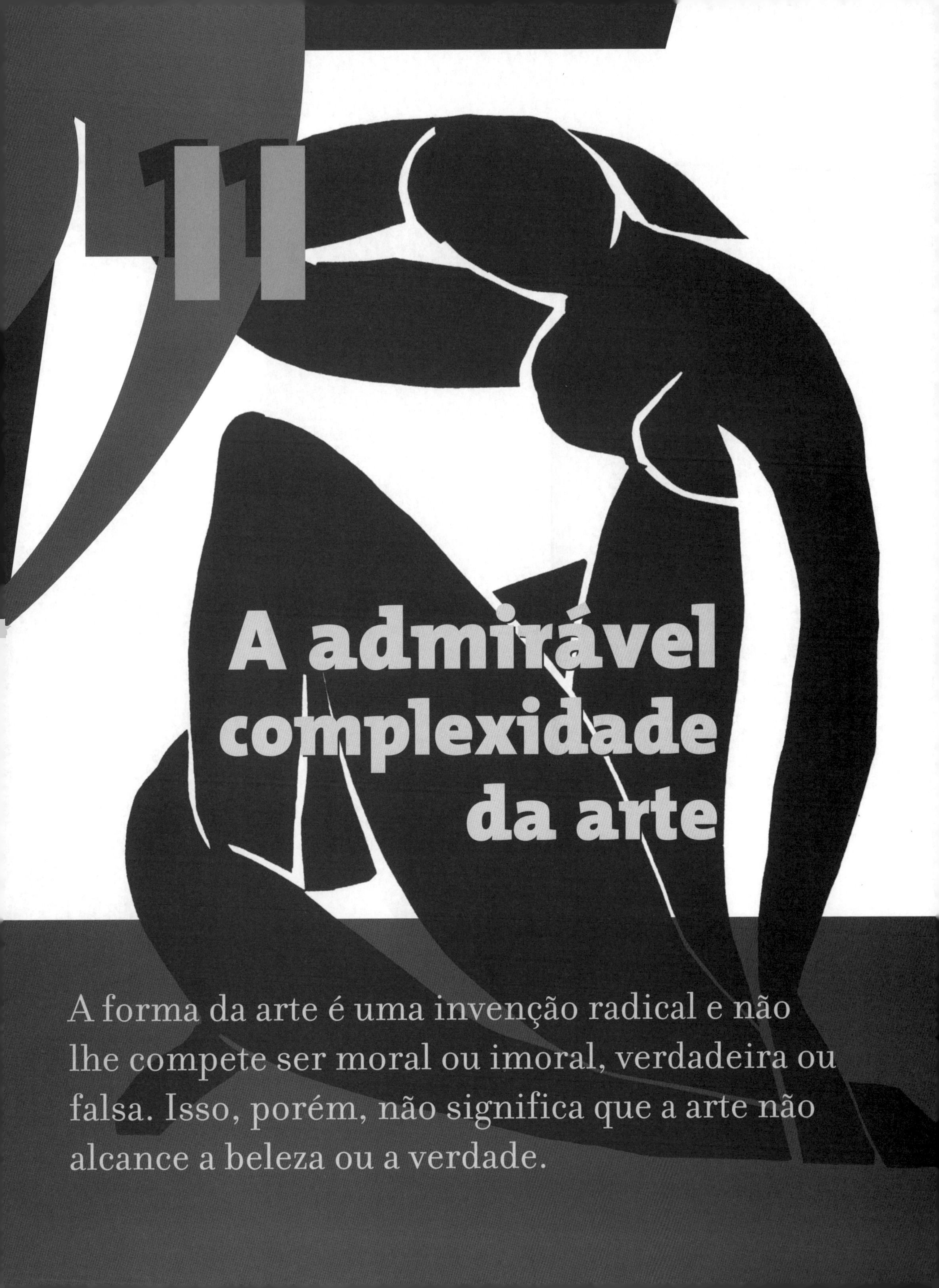

11

A admirável complexidade da arte

A forma da arte é uma invenção radical e não lhe compete ser moral ou imoral, verdadeira ou falsa. Isso, porém, não significa que a arte não alcance a beleza ou a verdade.

O que vamos estudar neste capítulo

O que é arte

A (in)utilidade da arte

As funções da arte

Como ler uma pintura

O capítulo contém encarte no final, com reprodução colorida das ilustrações e comentários.

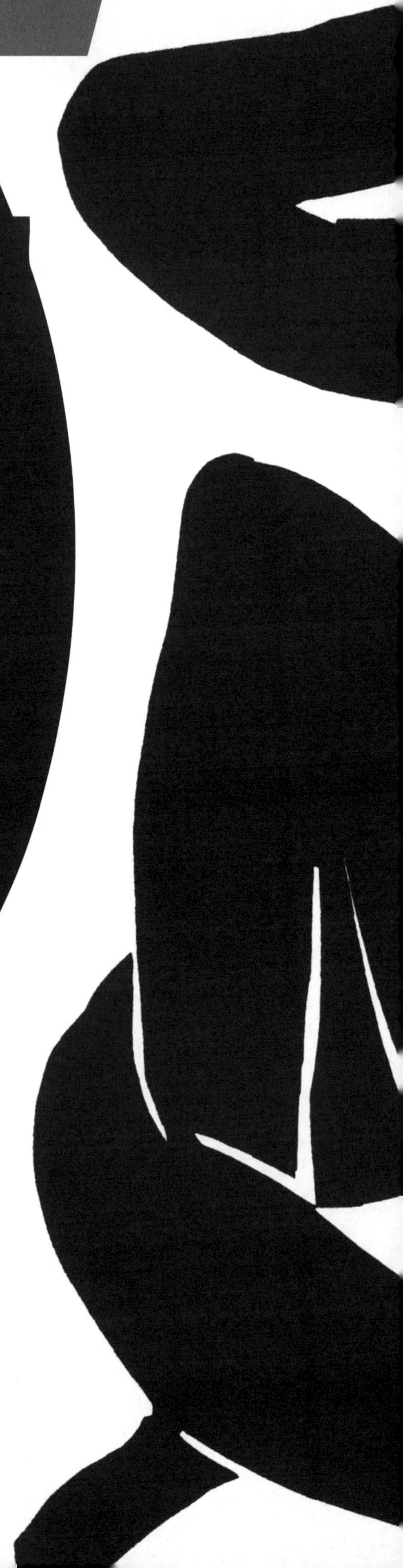

Nu azul III (1952), de Henri Matisse.

O que é arte

Vamos abrir este capítulo com as confissões de dois grandes artistas, um pintor e um poeta. Disse o pintor Maurice Vlaminck: "Nunca vou ao museu. Fujo do seu odor, de sua monotonia e de sua severidade. Reencontro ali as iras do meu avô quando eu cabulava aula. Empenho-me em pintar com o coração e os rins, sem me preocupar com o estilo". Já o poeta Mário Quintana saiu-se com esta: "A Gioconda é uma chata".

São confissões dessa ordem que nos levam a indagar se todo museu tem de ser um lugar desagradável e se precisa haver unanimidade quanto à *Gioconda*, de Leonardo da Vinci, ou qualquer outra obra. Hoje, com o experimentalismo levado aos limites pelos artistas contemporâneos, outras perguntas poderiam vir à tona: sou obrigado a reverenciar a "explosão do feio"? Devo aceitar instalações ou *performances* que não entendo? Admirar uma criação bela é ser retrógrado? A criação tem de ser desagradável para merecer o estatuto de arte? É necessário ser *expert* em arte para apreciá-la?

Experimentalismo: ruptura com os valores e técnicas tradicionais da arte (literária, musical, plástica etc.); emprego de soluções estéticas inovadoras.

Não necessariamente. Todos sabemos o que é arte mesmo sem ter feito uma única pintura, poesia ou canção, ou mesmo sem ter jamais estudado teorias sobre a arte. Cinema, teatro, música experimental e arte *pós-moderna* invadem nosso cotidiano. A televisão e o vídeo os trazem para dentro de nossas casas. Mas é na própria rua, com seus ruídos, seus *outdoors*, suas máquinas maravilhosas ou infernais, que tomamos contato com a arte. Vidros de perfume exibem hoje assinatura de Mondrian ou Salvador Dalí, artistas cujas obras ainda causam mal-estar em alguns. No entanto, consumimos essas formas de arte sem nos dar conta, inconscientemente. O mesmo se diga em relação à música minimalista (leia sobre minimalismo no boxe da página seguinte) e à atonal. Podemos não entendê-las, mas passamos a apreciá-las, sem perceber, em filmes como *O cozinheiro, o ladrão, sua esposa e o amante* (direção de Peter Greenaway e música de Michael Nyman) ou *Contatos imediatos de terceiro grau* (direção de Steven Spielberg e música de John Williams).

Hoje o museu é a própria cidade.

Música atonal: música que faz uso livre das 12 notas da escala cromática, evitando uma tonalidade principal.

Entre os muitos termos relacionados à arte com os quais convivemos hoje, aparecem com certa frequência **pós-moderno** e **minimalismo**.

Pós-moderno é uma expressão utilizada a partir da década de 1970 para designar a ruptura com a modernidade, ou ainda para marcar as mudanças da sociedade com o surgimento da cibernética e da informática. A pós-modernidade é entendida como um ecletismo. É um retorno às formas do passado, à citação (reinterpretação dos padrões clássicos com ênfase nos elementos decorativos), ao cotidiano banalizado. Encontra um campo muito fértil na arquitetura. No Brasil, Eolo Maia é um bom exemplo.

Nas artes plásticas, o **minimalismo**, ou *minimal art*, é um movimento surgido em Nova York na década de 1960. Trata-se de uma reação ao expressionismo espontâneo e emocional, presente nos movimentos artísticos norte-americanos (*pop art e action painting*). Busca incitar a percepção primária (linhas, cores, planos, forma) sem nenhuma interpretação simbólica. Características: clareza, simplicidade, racionalidade da composição, repetição das formas. Entre os artistas mais representativos encontram-se Robert Morris, Donald Judd e Tony Smith.

A música minimalista, por sua vez, consiste num processo de composição de obras longas, estruturadas de forma muito simples (elementos mínimos) e repetitiva. Destacam-se: Sary László, Steve Reich, Robert Ashley e Carlos Santos.

Ecletismo: método filosófico que procura conciliar teses diversas entre si. Na arte, trata-se de um comportamento de artistas que consiste em escolher entre as formas disponíveis na arte, sem necessariamente ater-se a uma escola ou movimento específico. Artistas e, particularmente, arquitetos recorrem a estilos do passado – barroco, gótico, neoclássico. Numa espécie de reciclagem, escolhem com liberdade o que consideram melhor, recriando novas formas.

Expressionismo: movimento artístico que busca retratar, em vez da realidade objetiva, as emoções que objetos e fatos despertam no artista.

Mas, afinal, o que é arte? É difícil encontrar uma definição geral para a arte. Antes de recorrer às muitas definições tradicionais e contemporâneas, comecemos por dizer o que **não** é arte. A arte não pode ser confundida com moral, religião ou ciência. Tampouco pode ser reduzida à ideologia. Do mesmo modo, a arte não é o reflexo do real, da verdade, ou mesmo da vida. É mais do que reflexo. A arte é o real; é uma **forma do ser**: é vida.

Não é possível uma definição geral da arte; aproximar-se dela exige datá-la, situá-la em um tempo histórico, em uma cultura. Ao tratar das definições de arte, é preciso levar em conta que são quase sempre empobrecedoras. As poucas palavras das definições não expressam todas as características e riquezas do objeto definido. Tradicionalmente, a definição de arte oscilou entre afirmar que arte é um fazer, arte é beleza, arte é forma, arte é expressão, arte é representação. Nos dias de hoje, entende-se a arte como uma forma especial de conhecimento ou de crítica.

Museu de Arte Moderna, Nova York

A noite estrelada (óleo sobre tela, 1889), de Van Gogh (reprodução em cores na p. 308). Como definir arte diante desta obra de Van Gogh?

ARTE NÃO É SÓ BELEZA

Leia a opinião do pintor **Jean Dubuffet** a respeito de estética, beleza e feiura:

"A estética me aborrece, não me interessa absolutamente! A mais leve intervenção da estética obstrui, em mim, a eficiência e estraga o tempero. Por isso, procuro afastar de minhas obras tudo o que possa cheirar a estética. Pessoas de visão curta deduziram que gosto de pintar objetos feios. Absolutamente! Não me importo que sejam feios ou belos. Tais palavras não têm significado para mim, e estou convencido de que não têm sentido para ninguém; não creio que essas noções de feiura ou de beleza tenham o menor fundamento: são ilusões."

DUBUFFET, Jean. *L'homme du commun à l'ouvrage.* Paris: Gallimard, 1973. p. 294.

Leia mais sobre Jean Dubuffet na seção *Comentários adicionais*.

O poeta Mário Quintana pensa de modo diferente:

"Dizes que a beleza não é nada? Imagina um hipopótamo com alma de anjo. Sim, ele poderá convencer os outros da sua angelitude – mas que trabalheira!"

QUINTANA, Mário. *Caderno H.* Rio de Janeiro: Globo, 1994, p. 52.

Certamente o ser humano não dispensa a beleza. Mas seria correto reduzir a arte à beleza? A identificação da arte com a beleza, embora defendida por muitos pensadores, não parece consensual entre os artistas e os estudiosos da arte. Beleza, antes de tudo, é aquilo que dá prazer. Não importa que seja arte, natureza ou qualquer outra coisa.

Para **Platão**, a arte está distanciada tanto do bem como do belo. Ela não tem com a beleza uma relação obrigatória. O homem, acreditava o filósofo, alcança a beleza mais pela moral e pela ciência do que pela arte. A arte é vista como uma forma inferior de conhecimento, uma representação imitativa da realidade, distanciada da invenção ou interpretação.

Leia mais sobre Platão na seção *Comentários adicionais*.

Estética é uma palavra originada do grego *aisthesis*, que significa "sensibilidade". O filósofo alemão **Baumgarten** apropriou-se desse termo para batizar a disciplina Estética – a ciência das sensações ou o estudo filosófico sobre a arte e o belo. Atualmente, ela oscila entre ser entendida como ciência e ser entendida como filosofia. O mais usual é considerá-la um ramo autônomo da filosofia, o qual trata da experiência artística e tem a arte como objeto, levando em conta a crise de legitimação da arte contemporânea.

Leia mais sobre Baumgarten na seção *Comentários adicionais*.

Durante a Idade Média e boa parte do Renascimento, a beleza não aparece necessariamente relacionada à arte. Isso só ocorreu num certo período da história, precisamente com os pensadores alemães **Kant** e **Hegel**, no final do século XVIII.

Leia mais sobre Kant e Hegel na seção *Comentários adicionais*.

A partir do Renascimento, houve uma aproximação da arte com a natureza, o que favoreceu a identificação entre arte e beleza. Ao mesmo tempo, surgiu uma disputa, uma rivalidade: qual é superior, a natureza ou a arte?

Segundo Kant, a natureza só é bela quando tem a aparência da arte. Hegel vai além ao dizer que a beleza só cabe à arte, jamais à natureza. O poeta francês Charles Baudelaire (1821-1867) inicia a modernidade quando descreve a ambiguidade da beleza: ser eterna e ao mesmo tempo transitória:

> "Todas as belezas contêm, como todos os fenômenos possíveis, algo de eterno e algo de transitório, de absoluto e de particular. A beleza absoluta e eterna não existe, ou melhor, ela não é mais que uma abstração que desflora na superfície geral de diversas belezas. O elemento particular de cada beleza provém das paixões e, como temos nossas paixões particulares, temos nossa beleza."

BAUDELAIRE, Charles. Do heroísmo da vida moderna. In: COELHO, Teixeira. *A modernidade em Baudelaire*. Rio de Janeiro: Paz e Terra, 1988. p. 24.

Somente no começo do século XX, com os movimentos de vanguarda, particularmente o expressionismo, é que beleza e arte voltam a ser definidas sem redução de uma à outra.

> *O belo pode ser um dos atributos da arte, mas não é o único, tampouco o mais importante. O feio também pode ser arte.*

Assim, a missão do artista é **inventar** (o belo, o feio, o lúdico, o trágico...), e não pregar o bem, a beleza ou a verdade. Não compete à arte ser moral ou imoral, verdadeira ou falsa. Isso, porém, não significa que a arte não alcance a beleza ou a verdade. O bem e o mal, o falso e o verdadeiro dizem respeito ao homem em geral.

O expressionismo é um movimento difícil de enquadrar em uma definição. É mais um clima do que uma escola. São artistas sem preocupações com soluções formais ou mesmo interpretativas. O que lhes interessa é o mundo de sua verdade. É uma arte carregada de subjetivismo e de temas dramáticos: a guerra, a miséria, a angústia, a revolta contra o mundo burguês. São artistas que fazem uso de cores fortes e agressivas para representar seus ódios, seus sonhos, suas esperanças e seus desesperos. Alguns expressionistas: Ernst Kirchner, Lovis Corinth, Oskar Kokoschka, Franz Marc, Otto Dix, Max Beckmann, Georg Grosz e os brasileiros Anita Malfatti, Lasar Segall, Oswaldo Goeldi e Rubens Gerchmann.

Galeria Nacional/Museu Estatal de Berlim

Os pilares da sociedade (detalhe, óleo sobre tela, 1926), de George Grosz. (Encarte, p. 309.)

ARTE NÃO É SÓ VERDADE

Arte e verdade nem sempre andam juntas. Ao contrário dos experimentos científicos, que procuram eliminar as contradições, a arte convive em perfeita harmonia com elas. É o que percebe Mário Quintana quando diz: "Um poeta que nunca se contradiz deve estar mentindo". Narrativas e entidades míticas e lendárias nada têm de verdade científica, mas podem ser expressões da arte. Portanto, arte não é só verdade. Pelo menos, não só a verdade da razão científica. Aliás, o conceito de verdade hoje é tão amplo que chega a abranger o próprio erro: na arte, a verdade não se reduz à exatidão. Essas considerações valem para outras esferas. Merleau-Ponty, filósofo francês, já dizia: "A verdade passa pelos outros", ela é uma construção coletiva.

Leia mais sobre Merleau-Ponty na seção *Comentários adicionais*.

Há verdades que não carregam nenhuma beleza: por exemplo, um crime. O mesmo não ocorre quando o crime é representado na arte, como no teatro de Shakespeare ou no cinema de Hitchcock ou de Emir Kusturica. Suas obras nos proporcionam um profundo prazer, um êxtase, mesmo que descrevam fatos jamais ocorridos "de verdade". Elas nos fazem experimentar outra ordem da verdade, a da arte. Do mesmo modo, um cientista experimenta prazer ao descobrir ou inventar alguma coisa, e considera belo um enunciado científico. Essa experiência pode aproximar-se do prazer da arte.

No entanto, nota-se entre os artistas uma tendência a identificar arte com verdade. A arte teria a função de nos revelar a outra face do mundo; não apenas a beleza, mas também o horror, a revolta. Aquela parte que escapa a nosso olhar habitual. Então, a arte também traz a verdade, mas outra ordem da verdade. A verdade de uma pintura é dada pelas formas. É o que acontece nos trabalhos de Iberê Camargo, por exemplo, em que as formas revelam carretéis

Coleção Regina Bacellar, Rio de Janeiro.

Andamento III (óleo sobre tela, 1973), de Iberê Camargo. (Encarte, p. 310.)

Vincent Van Gogh Foundation/Rijksmuseum, Amsterdã

O par de sapatos (óleo sobre tela, 1886), de Van Gogh. Este par de sapatos revela a pobreza de seu dono e a riqueza de expressão do artista, além de proporcionar uma experiência única da beleza. (Encarte, p. 310.)

O pensamento artístico contemporâneo refere-se à arte, à beleza e à verdade como instâncias independentes, embora possam, certamente, cruzar-se. A arte de hoje recusa qualquer preceito de beleza. Arte é aquilo que o artista acrescenta a qualquer regra estabelecida. *Les demoiselles d'Avignon* (As senhoritas de Avignon), de Picasso, é um exemplo de obra que rompe com o conceito tradicional de arte, inaugurando o **cubismo** (leia mais no boxe da página 274).

Antes de ser bela, exige-se que a arte seja criação; é essa sua verdade. Não buscamos nos artistas apenas a beleza, pois é bem possível encontrarmos mais beleza (harmonia) nos objetos industriais do que naquilo que hoje nomeamos arte. As pinturas cubistas, surrealistas (leia mais sobre surrealismo no boxe da página 274) ou expressionistas não se enquadrariam propriamente naquilo que chamamos beleza. Por exemplo, a obra *Os pilares da sociedade*, de Georg Grosz, que aparece à página 309 (Encarte). No entanto, é uma obra bastante criativa, que nos fala do nazismo e tem qualidade estética: isso a torna arte. A obra da mexicana Frida Kahlo nos apresenta o México da artista, e a beleza reside exatamente nessa singularidade. Em boa parte de suas obras, Kahlo se aproxima dos surrealistas, fazendo uma pintura fantástica na qual deixa fluir um automatismo plástico que privilegia o jogo da imaginação.

Museum of Modern Art, Nova York.

Les demoiselles d'Avignon (óleo sobre tela, 1906-1907), de Pablo Picasso. (Encarte, p. 311.)

Banco de México e INBAL México, Cidade do México

O abraço de amor do universo, a terra (México), eu, Diego e o senhor Xólotl (detalhe, óleo sobre compensado,1949), de Frida Kahlo. (Encarte, p. 312.)

O cubismo é a representação da realidade por meio de formas geométricas. Opõe-se ao impressionismo e ao naturalismo. Trata-se de uma realidade de concepção (Picasso dizia: "Eu pinto as coisas como eu as penso, não como as vejo"), no lugar de uma pintura de ilusão da realidade. O cubismo destrói a figura: a forma ocupa o primeiro lugar, e a cor lhe é subordinada. O espaço se torna tempo: a figura é dada simultaneamente. São artistas que realizam uma decomposição da imagem, para ser reestruturada pelo espectador. *Les demoiselles d'Avignon*, de Picasso, foi uma das primeiras experiências cubistas. Picasso e o pintor francês Georges Braque iniciam essa revolução estética em 1907.

Já o **surrealismo** se caracteriza pela expressão instintiva e sem lógica do pensamento. Os surrealistas trabalhavam com o sonho e com o inconsciente, por meio do automatismo psíquico, ou seja, a manifestação artística comandada apenas pelo fluxo de consciência, sem coerência – uma forma de superar a censura e reencontrar uma maneira espontânea de se exprimir. Buscavam libertar o inconsciente para que a arte pudesse ser feita por todos, não apenas pelos considerados gênios. A beleza, para os surrealistas, é algo convulsivo: o maravilhoso. Breton, um dos maiores teóricos do movimento, dizia: "O que há de admirável no fantástico é que já não existe fantástico; só existe o real". Trata-se de saber ver essa sobrerrealidade. Como boa parte dos vanguardistas, esses artistas tiveram uma vida mundana, antiburguesa. Surrealistas de destaque: André Breton, Max Ernst, René Magritte, Paul Delvaux, De Chirico, Salvador Dalí e, no Brasil, Ismael Nery.

ARTE NÃO É SÓ EXPRESSÃO

O amplo conceito de arte também abrange a expressão. Mas nem toda expressão é artística. **Benedetto Croce**, no início do século XX, defendia que "o espírito não intui senão fazendo, expressando". Para o pensador italiano, a vontade de expressar denota a vontade de ser compreendido, remetendo, desse modo, ao desejo de comunicação. Não existe expressão sem linguagem, sem forma. Não obstante, há aqui um cuidado a ser tomado: nem sempre a qualidade da expressão pode ser medida pelo grau de comunicação. Van Gogh ilustra bem essa situação. Em vida, não conseguiu com sua pintura comunicar seus sentimentos e ideias, salvo a poucas pessoas, só alcançando um público maior após a morte, decorrido o tempo que permitiu a compreensão de sua arte pelas pessoas. No entanto, a expressão já estava lá, na execução da pintura. A dificuldade era do público.

Leia mais sobre Benedetto Croce na seção *Comentários adicionais*.

Um compositor, diferentemente de Croce, desafia a compreensão da arte como expressão: Igor Stravinsky. Leia a seguir o que ele afirma categoricamente.

> "Eu considero a música, pela sua essência, incapaz de expressar o que quer que seja: um sentimento, uma atitude, um estado psicológico, um fenômeno da natureza etc. A expressão nunca foi propriedade imanente da música. A razão de ser desta não está de forma alguma condicionada àquela. Se, como quase sempre acontece, a música parece expressar algo, é apenas uma ilusão e não uma realidade."
>
> STRAVINSKY, Igor. In: COLLECTION génies et réalités. Paris: Hachette, s.d. p. 222.

Para Stravinsky, a música é apenas som.

E agora? A quem dar crédito, ao filósofo Croce ou ao artista Stravinsky? Acreditamos que o músico não joga por terra a reflexão croceana, embora acrescente uma inquietação muito importante. O que Stravinsky acaba afirmando é que a música, como som (e a pintura, como relação de formas e cores, ou qualquer outra forma artística tomada em seu sentido puro), tem sua singularidade; portanto, não surge a mando de outra coisa senão de si mesma. Ela é autorreferente. Não está a serviço da emoção ou dos sentimentos. Desse modo, Stravinsky afasta qualquer tentativa de transformar a arte em consultório sentimental ou professoral. No entanto, a expressão, na concepção de Croce, é um conceito mais abrangente, enquanto Stravinsky a identifica com comunicação. Mas, apesar da opinião do compositor, arte também é **expressão**. O importante é entender que não é qualquer expressão que se torna artística. A expressão só é artística quando carrega consigo uma realidade nova.

Não obstante, a música em seu sentido puro, ao não expressar nada, presta-se a muitas funções: é certo que pode servir a senhores diferentes, dependendo do uso que se faça dela. Por exemplo, uma marcha militar, como música, pode ser usada para glorificar tanto ditaduras como democracias; basta mudar a letra. Ora, se a música se presta a vários significados, por que não poderia, do mesmo modo, ser usada como um modo de se expressar?

Mas, assim como a beleza, nem toda expressão é artística. Só o é quando o artista alcança o nível da criação, o nível do simbólico. A expressão pode ser de emoções, de sensações ou de ideias. No entanto, qualquer que seja, requer aparecer como forma artística, reclama ser posta em linguagem de arte que exige o novo. Nem sempre o artista experimenta a emoção que sua obra é capaz de despertar no espectador, mesmo porque, em determinadas linguagens, como o teatro, se o artista experimentasse toda a dor de um *Rei Lear*, de Shakespeare, quando o interpreta, certamente não sobreviveria à temporada de exibição da peça. Arte é o lugar da emoção representada ou apresentada.

ARTE NÃO É SÓ FORMA

Outra definição toma a arte como **forma**. Nela, a arte é entendida como instituidora de limites, ordenadora do caos. Nessa tendência, a definição mais forte é a que explica arte como **formatividade** (teoria formulada pelo filósofo italiano Luigi Pareyson) – um fazer que inventa o modo de fazer enquanto faz, atividade na qual execução e invenção caminham juntas. Já nos alertava o pintor Paul Klee que a forma nunca é resultado adquirido, acabado, arremate, fim, conclusão, produto. Devemos considerá-la, diz o pintor, como gênese, como movimento. Ao tentar explicar essa riqueza do processo artístico, o artista plástico Francis Bacon (homônimo do filósofo britânico do século XVI) chama a atenção para a ideia de inacabado que acompanha o ato criador:

> "No meu caso – e quanto mais idade eu adquiro, ainda mais isto ocorre – toda pintura é um acidente. Eu a prevejo na mente, mas jamais a realizo conforme eu a figurei. Ela se transforma durante o ato concreto de pintar."

O mesmo é afirmado por inúmeros artistas. A maioria concorda que um quadro nunca é pensado e previsto de antemão. Enquanto o artista o produz, o esforço criativo acompanha a mobilidade do pensamento. No processo, ele se modifica. Picasso dirá: "Depois de terminado, ele [o quadro] continua a mudar, conforme o estado daquele que o contempla".

Do mesmo modo que na questão da beleza, não há, em rigor, uma compreensão única do que seja forma artística. O pintor americano Jackson Pollock inventava a **pintura informal** na década de 1940, espremendo sua bisnaga de tintas sobre a tela, sem nenhuma intenção figurativa, ou mesmo geométrica. Essa sua prática definia a forma exclusivamente pela subjetividade do artista e pelo acaso. Outros artistas, como Vassili Kandinsky ou Yves Klein, inclinam-se para a via espiritual: a forma artística exige um exercício de meditação.

A pintura informal (ou abstracionismo expressionista, nos Estados Unidos) é a pintura lírica, gestual, em oposição à pintura de abstração geométrica. Pela improvisação gestual, o artista abole a linha, o relevo e a modelação, restituindo a superfície à pintura. Seus principais representantes são Jackson Pollock, Antoni Tapies, Wols (pseudônimo de Alfred Otto Wolfgang Schulze), Willem de Kooning, Franz Kline e o brasileiro Antonio Bandeira.

Galeria Nacional Australiana, Camberra

Varetas azuis (óleo sobre tela, 1952), de Jackson Pollock. (Encarte, p. 313.)

Kandinsky, ao analisar a forma artística, considera dois elementos: o interno e o externo. O elemento interno é a emoção do artista (a necessidade imperiosa de expressar sua personalidade, sua época e o artístico), que, por sua vez, estende-se ao espectador. O elemento externo reduz-se ao habitual. Na permuta entre interno e externo, personalidade e cultura, a forma aparece como originalidade. Mas, novamente, como na questão da beleza ou da expressão, enfrentamos dificuldades: há formas criativas que não são artísticas, como certos objetos da natureza ou mesmo fabricados.

"ARTE É TUDO AQUILO A QUE OS HOMENS CHAMAM ARTE"

Sem dúvida, todas as definições de arte envolvendo beleza, verdade, forma e expressão são históricas, uma vez que estão ligadas a um universo de valores culturais. Cada cultura acaba criando sua concepção de arte. Parece-nos impossível uma definição geral e única que dê conta da própria universalidade da arte e de toda a experiência artística em todos os tempos. Toda definição exige uma situação no espaço e no tempo. Definir é indicar limites.

Aquilo a que hoje chamamos arte é algo muito recente. A palavra arte vem do vocábulo latino *ars, artis*. Mas, na língua latina, arte significa apenas o ato de fazer bem objetos utilitários, destinados a fins práticos – uma cadeira ou uma ferramenta, por exemplo. Arte, tal como a entendemos hoje – uma experiência que requer contemplação e que pode estar presente em objetos desprovidos de utilidade prática –, data apenas do século XVIII, ocasião em que aparece o termo **belas-artes** em oposição às artes mecânicas. É bem provável que o homem do Paleolítico não considerasse artísticos seus bisões ou as vênus que esculpia ou pintava no interior das cavernas. É nosso olhar dirigido àqueles bisões e vênus que os vê como arte. Somos nós que emprestamos o estatuto de arte às expressões paleolíticas. E tivemos de esperar pelo século XIX, com o processo de industrialização, para acrescentar alterações mais profundas ao conceito de arte, como a de vê-la transformada em mercadoria.

Vênus: neste contexto se refere às representações femininas da Pré-história, com seios e quadris exagerados, as quais os arqueólogos batizaram com o nome da deusa romana da beleza e do amor.

Não queremos aqui reprovar ou invalidar as definições. Elas são necessárias, particularmente para o estudioso do fenômeno artístico. Cabe-nos apenas afirmar que é uma ilusão acreditar que uma definição particular possa abranger todo o universo da arte.

Qualquer definição de arte estará vinculada à história e ao desenvolvimento de uma sociedade ou cultura. O grande artista deixa-se atravessar por sua época; ele é uma espécie de canal por onde a cultura se revela.

Importa, ainda, escapar aos conceitos eternos, sempre dogmáticos, trocando-os pela compreensão dos significados vivos. É preciso tentar entender a gênese daquilo que nomeamos arte. Assim, cada definição é uma interpretação, uma escolha, consciente ou não, em que há um esforço para explicar um objeto (arte). Ora, se esse objeto se transforma, a linguagem que o representa também deverá sofrer modificações.

Foi tentando fechar o leque das definições de arte que o pensador italiano **Dino Formaggio** propôs uma antidefinição: "Arte é tudo aquilo a que os homens chamam arte". Brilhante! Formaggio nos cobra, com essa simples frase, uma profunda reflexão e a necessidade de repensar toda a história da arte, bem como a estética. Sua afirmação não é tão simples como parece à primeira vista. Ao contrário, ela situa historicamente todas as definições aqui tratadas, trabalhando com suas diferenças.

Leia mais sobre Formaggio na seção *Comentários adicionais*.

Cada cultura tem seu conceito de arte, e, no interior dela, ele é verdadeiro e absoluto. Quando comparado às outras culturas, ele é relativo. Todas as definições são constituintes da verdade da arte. Toda definição de arte está, pois, ligada ao tempo vivido por determinado homem, herdeiro e criador de cultura. Atingimos, assim, um porto seguro, embora sempre mutante.

> *As definições de arte são pontos móveis – oriundos de um tempo e de uma sociedade – e mudam de cultura para cultura. A arte, como o homem, é temporal.*

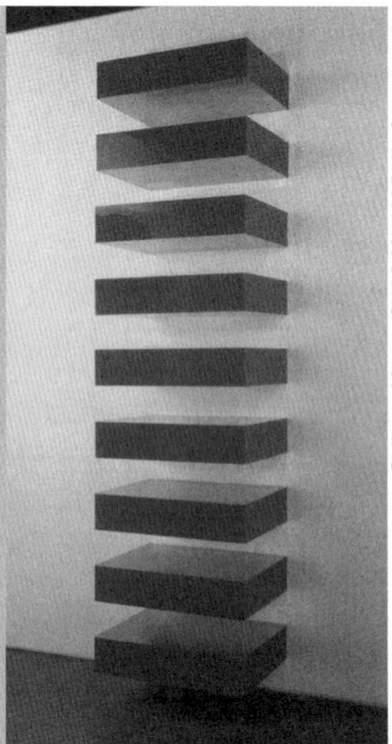

Philippe Migeat/CNAC-MNAM/RMN/Other Images

Pile (escultura-objeto, 1973), de Donald Judd. (Encarte, p. 313.)

Assim, as definições de arte são históricas, pertencentes às culturas. Arte é tudo o que dela foi dito: beleza, verdade, invenção, forma, expressão, produto. Mas é ela, sobretudo, uma linguagem especial, que fala e ao mesmo tempo oculta. Toda arte guarda um caráter enigmático, é autorreferente e ressignificante. O prazer que ela nos proporciona se dá por nosso encontro com a invenção radical.

Mas convém não esquecer que "a arte é uma linguagem de risco e, só depois, história; um jogo de saber e, só depois, conhecimento", conforme diz o crítico de arte Ronaldo Brito. Para apreender a forma artística é preciso encontrá-la nos elementos singulares que a fundam, mas igualmente na relação desses elementos com o universo que atravessa o artista, do qual também faz parte o mundo do espectador.

Com o experimentalismo exacerbado da arte contemporânea, o desafio torna-se maior. Os artistas explodiram as fronteiras da arte tradicional, no exercício da insubmissão absoluta, da estética da impermanência – "a obra de arte como um intervalo na vida tanto do artista quanto do espectador" (**Harold Rosenberg**) – e da ressignificação (desconstrução, citação, apropriação, acumulação, repetição, ironia). Favoreceram, desse modo, a criação efêmera, as manifestações coletivas e o experimentalismo.

A arte, hoje, é um fazer humano, mas fundamentalmente uma atividade intelectual. Enfim, "arte é tudo aquilo a que os homens chamam arte".

Leia mais sobre Harold Rosenberg nos *Comentários adicionais*.

A (in)utilidade da arte

"A poesia pura? coisa tão impossível como a imaginação pura. Ambas se compõem de resíduos, detritos, restos de maré vazante..."

• Mário Quintana •

A COMPREENSÃO DA ARTE

Embora haja aceitação de que todos podem entender de arte, outras perguntas permanecem: para que serve a arte? O homem pode dispensá-la? A arte pode mudar nosso comportamento?

É visível em nossa sociedade o comportamento de recusa ou temor em relação à arte. Poderíamos dizer que esse desprezo está vinculado ao senso comum, embora dele participem até filósofos e cientistas, porque o senso comum não é exclusividade das pessoas simples. Além do mais, nem sempre os mais intelectualizados são os melhores apreciadores da arte. Às vezes, as pessoas mais simples, porque desarmadas do excesso de erudição, são mais generosas na apreciação da arte. Ao mesmo tempo, os preconceitos do público são maiores diante da arte moderna, pelo fato de ela ser hermética, obscura e, com isso, desconcertante. Esse desconcerto tem outras razões, como achar que a arte não é coisa séria ou, ainda, que ela não tem utilidade prática.

Dois são os aspectos que impedem ou dificultam a comunicação entre o artista e o público. Um é o fato de a obra apresentar o novo, o inusitado, que nem sempre é aceito de imediato. Outro é o fato de a arte se expressar numa linguagem especial: a dos sons, a das cores, a da poesia, ou seja, uma linguagem que escapa à camisa de força do racional. A ausência de informações mínimas prejudica a compreensão das obras de arte. Exemplo extremo: como entender a poesia chinesa sem o conhecimento da cultura chinesa e sem a dimensão da poesia e da língua? Arte pressupõe iniciação, sensibilidade e certo domínio técnico.

Relegar a arte ao plano marginal não nos parece correto. Persiste a mentalidade de que a arte é supérflua, não serve para nada, não é coisa séria. Por isso, certos pais se apavoram quando os filhos enveredam pelos caminhos incertos da arte.

Vênus de Milo, de Niki de Saint Phalle (1962). "O que significa este quadro?"; "O que este poema quer dizer?". O estarrecimento é ainda maior diante das experiências contemporâneas, como na *performance Vênus de Milo*, de Niki de Saint Phalle (Nova York, 1962). Essa obra se resume a uma réplica da clássica *Vênus de Milo*, com sacos de tinta grudados (Encarte, p. 322). Niki atira com uma espingarda, furando os sacos e fazendo as tintas implodirem sobre a escultura. Com isso, ela destrói a Vênus idealizada, num gesto semelhante à paródia que o pintor francês Marcel Duchamp fez sobre a *Mona Lisa* de Leonardo da Vinci, acrescentando-lhe um bigode (veja na página 284). Diante desse espetáculo inusitado, o espectador, surpreendido, pode se questionar: isto é arte?

Merleau-Ponty percebeu muito bem que "o homem sério, se existe, é aquele que diz sim a uma única coisa", ou seja, é dogmático. Nessa perspectiva, o artista jamais poderia ser classificado de sério, pois ele é a busca permanente e a insatisfação constante. Nele, o ponto de chegada é sempre a exigência do recomeço, ponto de partida para outra busca, para outra experiência. O homem no sentido pleno é aberto às experiências, ao mundo. A isso chamamos **espírito criativo**, e o indivíduo dotado de tal espírito bem pode ser um artista. Infelizmente, o senso comum costuma confundir homem sério com homem obediente, ou, ainda, considerar homem sério apenas o que trabalha com a ciência, o que produz objetos utilitários etc. Nessa visão, o artista fica prejudicado.

Muitos já endossaram esta ideia: "A arte começa onde a função termina". De fato, ninguém tem necessidade de que uma poltrona seja artística ou bela para que possa nela se acomodar. No entanto, por que se escolhe um entre dois tipos de poltrona igualmente confortáveis? Dessa incompreensão costuma-se deduzir a inutilidade da arte. Nessa linha, cometem-se dois equívocos: um, reduzir a arte à beleza; outro, entender por função uma determinação imediatista e prática. Entre a função de uma faca (cortar alimentos) e a de uma pintura certamente há grande distância, mas ambas têm funções, ambas desempenham papéis dentro de uma cultura. Se são funções práticas, emotivas ou simbólicas, pouco importa. Enfrentando esses problemas, artistas modernos – como Marcel Duchamp, Joseph Beuys e Hélio Oiticica – optaram por uma arte crítica, que carrega como propósito resgatar a sensibilidade perdida na sociedade materialista, ou instituir a arte como sensibilidade e ato intelectual.

> *A arte contemporânea teve de recusar a beleza e assumir o feio, negar a sociedade utilitarista para afirmar sua autonomia. Assim, enveredou para a abstração. Esse direcionamento tornou a arte hermética e distante do grande público, o que fortaleceu a divisão entre arte erudita e popular – divisão insustentável na arte do passado.*

A presença da arte parece indicar a insistência do homem em não abrir mão da **inutilidade**, o princípio do prazer superando o princípio utilitarista. É uma forma de afirmar a capacidade do devaneio e da imaginação e de romper com a relação doméstica ("desfuncionalização da arte", como diria o arquiteto e crítico de arte Agnaldo Farias). Dessa maneira, a arte "sem função" e inútil pode tornar-se uma atividade necessária. De fato, se o homem fosse reduzido a suas necessidades primárias ou à dimensão utilitária, ele seria apenas um animal ou um monstro. Para responder sobre a função da pintura de Alfredo Volpi ou da música de Arnold Schönberg, teríamos de admitir que, do ponto de vista prático, não servem para nada, são **objetos** inúteis (embora dessa inutilidade muitos se sirvam para retirar lucros quando tomam a arte como mercadoria); de outro ponto, situado acima dessa praticidade imediatista, a arte é a própria humanização e a nossa sensibilidade. Solicitamos da arte algo além do princípio prático, mas não apenas a beleza: queremos dela algo mais vital, mais próximo à emoção e ao prazer; buscamos por meio dela um conhecimento do mundo, uma comunhão com os outros, com as outras culturas, mas com acréscimo, transgressão, risco.

MAC-USP, São Paulo/Cedido por Tarsila Educação/www.tarsiladoamaral.com.br

A negra (óleo sobre tela, 1923), de Tarsila do Amaral. (Encarte, p. 314.)

A ARTE E A MÁQUINA

A cisão entre arte e grande público coincide com a industrialização e a ascensão da burguesia, classe que acabou se apropriando de conquistas que pertenciam a todos. Desligando a arte de qualquer relação com a história e com o cotidiano, alimentando uma pretensa neutralidade, a burguesia instituiu seu conceito particular de arte, impondo-o como universal. Assim, desligou-a da vida real. No entanto, esse distanciamento também ocorreu com as chamadas vanguardas, que se pretendiam aliadas do povo e críticas daquela alienação.

Mas o desconcerto do público diante da aventura chamada arte contemporânea também é gerado pela variedade e hermetismo de sua linguagem. Vejamos: entre um carro da Fórmula 1 e a *Pintura*, de Francis Bacon, com qual o povo ficaria? Suspeitamos que escolheria a máquina, sobretudo diante dessa pintura que provoca tanto horror. Mas é um equívoco pensar que se é obrigado a escolher. Trata-se de conquistas diferentes do homem; portanto, ele pode usufruir de ambas, da máquina e da arte, sem necessidade de fazer escolhas ou renúncias.

Museum of Modern Art, Nova York

Pintura (segunda versão, óleo sobre tela, 1971), de Francis Bacon. (Encarte, p. 315.)

A arte é útil ou necessária? É possível imaginar coisas ou situações que não sejam diretamente práticas ou úteis, mas das quais se tenha necessidade. Exemplo: a paixão não é prática, mas a vida não a dispensa; logo, ela é necessária. Desse modo, entendamos a arte como necessária e tenhamos claro que ela desempenha funções essenciais à vida humana, embora muitas vezes não tenha uma utilidade direta.

Cabe prestar atenção às mudanças provocadas pela industrialização da sociedade. De certo modo, a invenção da máquina aposentou a mão, mas a aposentou de determinadas funções, dirigindo-a a outras. Certamente, o artesão, com o avanço da tecnologia, foi desvalorizado, desprestigiado. Hoje, ele se distancia da automação, podendo ser substituído pelo intelectual, pelo técnico ou pela máquina. Pode mesmo? Na verdade, sem ele, nem o intelectual nem a máquina funcionam. O que é o digitador senão um artesão moderno? É o fazer que se modifica.

Afetando o universo da arte, surge o *design*, consequência direta da industrialização. Utopia para alguns artistas, que viam nele a forma de resolver o conflito **arte × sociedade**, o *design* visa harmonizar o meio ambiente humano, abrangendo desde a concepção dos objetos do cotidiano até a urbanização. O *design* funda-se no princípio antigo de que a beleza não resulta de ornamentos, mas de uma relação estreita entre a forma e a função do objeto. O *designer*, profissional contemporâneo, tentou resolver a dicotomia **mão/máquina**, **artesão/inventor**, ao aliar a boa forma à produção em larga escala, a qualidade artística do objeto aos padrões do grande público. Embora essa experiência tenha chegado a bom termo, não substituiu a arte.

A chamada "arte culinária" (arte de fácil entendimento ou "degustação"), idealizada para atender às massas, não solucionou a necessidade que o homem tem da arte. Nem o *design* nem a arte massificada absorvem todo o imaginário da arte. A arte continua sendo uma região primordial.

> *Nosso mundo tem necessidade do artesão, do técnico, do* designer, *e não pode dispensar o artista. Do mesmo modo, o artista precisa de competência técnica – que não dispensa o domínio artesanal. Sem ela não há ideia criativa que dê frutos. Com mais sofisticação, mão e cérebro continuam trabalhando juntos.*

Indiferentes ao *design*, o cinema, o teatro, a poesia e a pintura, para nomear apenas algumas formas artísticas, continuam seduzindo. Nosso "homem sério" continua a frequentar cinemas, teatros e exposições de arte – o que leva ao entendimento de que todas essas esferas, diferentes entre si, são indispensáveis, por razões diferentes. A opção de alguns artistas pela via do *design*, esforço extremado de guardar o bom gosto, foi uma resposta ao radicalismo dos artistas dadás, no começo do século XX, que propunham a antiarte: um fazer que negasse a própria arte como contemplação e como mercadoria.

O movimento dadaísta, ou dadá, como é irreverentemente chamado, surgiu em 1916, em Zurique, fundado por artistas contrários à guerra (Primeira Guerra Mundial), refugiados na Suíça. O termo *dada* (cavalo de brinquedo em francês) teria sido encontrado "por acaso" numa consulta a um dicionário, sinalizando uma escolha aleatória e sem lógica. O movimento não tem características especiais, uma vez que, mais que um movimento artístico, é uma ética artística, é um comportamento. Irônicos e anarquistas, os dadás realizam uma crítica corrosiva ao sistema da arte e à sociedade burguesa. É uma bofetada no bom gosto. Marcel Duchamp é um dos principais nomes do dadaísmo, com sua *L.H.O.O.Q.* (uma paródia da *Mona Lisa* com bigodes) e os *ready-made*, objetos "já prontos" que sofrem interferências no estado de uso. Outros artistas representativos: Tristan Tzara, Francis Picabia, Curt Schwitters e Man Ray.

AKG Images/LatinStock

L.H.O.O.Q. (lápis sobre reprodução da *Mona Lisa*, de Leonardo da Vinci, 1930), de Marcel Duchamp. (Encarte, p. 314.)

Para os artistas dadás, assumir o acaso, o aleatório, era um modo de subtrair-se aos condicionamentos estéticos normativos, sociais e políticos. Era uma técnica de recusa de qualquer imposição – pela revolta ou pela paródia –, de poder descartar uma situação indesejada, uma cultura vazia. Semelhante aos dadás, um artista como Frans Krajcberg, ao apropriar-se da natureza e transportá-la para dentro de museus, realizando as chamadas **instalações** (leia mais no boxe da próxima página), defende mudamente o meio ambiente, opondo-se à ideia de lucro a qualquer preço, que compromete toda a vida humana. Nos dadás e em Krajcberg, arte significa crítica aos valores de uma sociedade. A utilidade da arte de Krajcberg está em outra ordem. O discurso mudo de suas instalações foi mais eficiente que boa parte dos discursos proferidos pelos presidentes de muitos países, por ocasião da Eco 92 ou Rio-92, nomes pelos quais é mais conhecida a Conferência das Nações Unidas para o Meio Ambiente e o Desenvolvimento, realizada em 1992 no Rio de Janeiro. A arte de Krajcberg incomoda.

Instalação é o nome que se dá à disposição de objetos-ideias inusitados em determinado ambiente, explorando os sentidos (odor, tato, visão) e permitindo várias leituras. O espectador, ao penetrar nesse espaço, acrescenta suas impressões, ampliando a percepção. Esse tipo de obra tem origem na década de 1960, e o brasileiro Hélio Oiticica, com sua arte ambiental, é um de seus precursores. Ele realiza ambientações com materiais insólitos, procurando criar uma comunicação desses objetos com o espaço e com o espectador. As instalações são muito comuns em bienais e exposições contemporâneas. Alguns dos artistas conhecidos por suas instalações são, além de Hélio Oiticica, Joseph Beuys (veja obra desse artista na página seguinte), Ann Hamilton, Nuno Ramos e Frans Krajcberg.

Conjunto de esculturas – Seul (instalação, 1988), de Frans Krajcberg. (Encarte, p. 316.)

Wilson Melo/AE

111 (primeira versão, instalação, 1994), de Nuno Ramos. (Encarte, p. 322.)

O BOM GOSTO E O *KITSCH*

Não é porque nem todos podem ter acesso à arte que devemos considerá-la dispensável. A arte é uma conquista do homem, e as injustiças sociais não serão resolvidas com sua negação. Por que abrir mão da pintura, do teatro, da música de câmara e, hoje, das instalações e *performances*, mesmo sabendo que poucos podem prestigiá-los? Devemos, isso sim, estender esse território a todos. A opção razoável é democratizar a riqueza, e não empobrecer o homem. Mesmo sendo feita para públicos determinados, não faz sentido abrir mão da arte.

Essas considerações não impedem o reconhecimento de que a arte contemporânea está distanciada do grande público. Há um divórcio entre a coletividade e determinadas formas de arte (por exemplo, a arte conceitual e as instalações), o que requer uma reconciliação urgente entre arte e sociedade.

A arte não pode ignorar as massas, mas o caminho da arte fácil – a "arte culinária", que já mencionamos – não soluciona o impasse. Ao contrário, a opção nos remeteria a uma armadilha: o embrutecimento do homem. Temos, então, um duplo problema: de um lado, o hermetismo da arte contemporânea; de outro, a mídia. A partir do século XVII, a arte deixou de representar os valores universais, esferas que diziam respeito a todos. Ao contrário, passou a retratar a intimidade de uma classe social – a burguesia em ascensão. Esse afunilamento somou-se, mais tarde, ao hermetismo das vanguardas, que abandonaram as referências à natureza e mergulharam na abstração.

Infiltração homogênea para piano de cauda (instalação, 1966), de Joseph Beuys. (Encarte, p. 315.)

Adam Rzepka/CNAC-MINAM/RMN/Other Images

O conteúdo social da arte ficou comprometido. A burguesia acabou impondo seu conceito particular de arte e, do mesmo modo, seu critério de beleza e seu padrão de gosto. O público, acostumado a reconhecer-se nas representações artísticas que falavam de sua fé, de seus valores, de um mundo que repartia com outros, de repente não sabe mais de que se trata, pois surge uma arte específica, que fala dos valores de alguns, e não do que é comum a todos. As cenas de festas galantes pintadas por Antoine Watteau, Jean-Honoré Fragonard, Nicolas Lancret ou François Boucher ilustram bem essa mudança. São obras que retratam cenas particulares da aristocracia e da burguesia. Com as vanguardas não foi diferente. Aos poucos, o conteúdo vai-se reduzindo a um estreito círculo, dificultando a compreensão de quem está fora dele. Desse modo, o bom gosto corresponde a determinada classe.

A oposição ao bom gosto é representada pelo *kitsch*, considerado o terreno minado da arte, o pseudoartístico. É um termo criado para designar a produção destinada à mídia. É utilizado pelos guardiães da chamada arte autêntica para se referir à "arte" de má qualidade, sem elaboração, sentimentalista, destinada ao gosto popular. As novelas de tevê, por exemplo, podem ser consideradas *kitsch*. Não se deve confundir *kitsch* com arte popular.

Vale lembrar aqui o pinguim em cima da geladeira, que costumava ser comum nas casas de pessoas simples e que a dita classe superior considerava *kitsch*, de mau gosto. O *kitsch* foi definido como o supérfluo, o decorativo, o inútil, o que sobrava na "boa forma". Perguntamos: e aquele amontoado de objetos de prata, acrílico – enfim, de materiais nobres –, poluindo a mesinha da sala do novo-rico, não redundaria na mesma coisa? Quem tem o direito – e com que fundamentos – de dizer onde começa ou termina o bom gosto? Meramente a posição de quem tem poder.

> *O chamado bom gosto sempre esteve ligado a uma classe. Toda cultura que se acredita detentora do bom gosto vê as outras como barbárie. O artista contemporâneo, de mãos dadas com o antropólogo, reage a esse bom gosto, deixando de lado a beleza ou a "boa forma" em favor do maravilhoso, do inusitado e do bárbaro como a verdadeira dimensão da arte. O gosto é fruto de uma educação e está entranhado numa cultura.*

A burguesia protegeu a arte em uma redoma asfixiante. Pretendendo envolvê-la numa intemporalidade, sacralizá-la, separou-a da esfera política, da ética, do mito – enfim, do cotidiano e da vida –, dando origem à **arte pela arte**. A resposta dos artistas experimentais tem sido uma arte mergulhada em todas as esferas da vida.

Negando a arte pela arte e afirmando a mortalidade da arte (uma forma artística pode nascer em determinada sociedade e desaparecer em outra), os artistas modernos – da **Bauhaus** aos abstratos – reforçaram a autonomia da arte e combateram o individualismo, procurando alcançar a arte total, a arte coletiva.

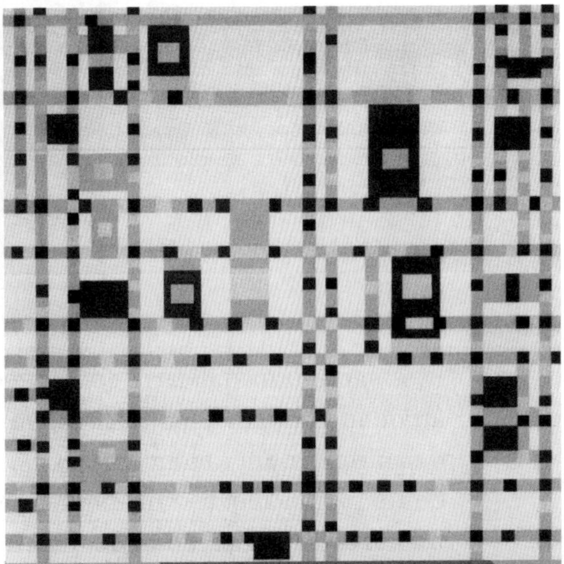

Museu de Arte Moderna, Nova York

Broadway Boogie-Woogie (óleo sobre tela, 1942-1943), de Piet Mondrian. (Encarte, p. 317.)

No entanto, quando esses artistas sonhavam com o paraíso da arte total, sem dicotomia entre popular e erudito, é porque ele estava ameaçado ou já não existia na realidade. O século XX trouxe a sacralização da arte e sua mercantilização, favorecendo o individualismo.

Bauhaus (em alemão a palavra significa "casa de construção") é o nome de uma escola instalada em Weimar, Alemanha, em 1919, que propunha o ensino da arte integrada ao coletivo. Pautava-se pelo ensino sem dogmas, pela sagacidade, pelo experimental e por tudo o que fosse novo. A Bauhaus procurava a arte total: a integração das artes com a indústria, o artesanato e a ciência. O **saber-fazer** era indispensável ao artista. Pretendia resolver aquela dicotomia instaurada pela burguesia, isto é, sair do individualismo para o coletivo. Alguns de seus professores foram Walter Gropius, Paul Klee e Vassili Kandinsky. Essa escola acabou afirmando um procedimento – simplificação das ideias e pureza das formas – válido tanto na arquitetura como na pintura, no *design* e em outros campos da arte. A Bauhaus foi fechada em 1933, por ordem do governo nazista.

Michael Nicholson/Corbis/LatinStock

A foto recente mostra o prédio da escola de arte da Bauhaus em Dessau, para onde se mudou em 1926. Em 1996, o prédio foi declarado Patrimônio Histórico da Humanidade pela Unesco.

A sacralização da arte consiste em entendê-la como superior a qualquer outra atividade humana, ou mesmo ao próprio homem. Essa postura acaba nos fazendo desembocar em um mundo irreal, abstrato, distante do cotidiano e da vida. Vista desse modo, a arte é incapaz de desempenhar qualquer papel essencial. O mecanismo da sacralização pode, no entanto, ser bastante lucrativo: por ser considerada superior a todas as outras coisas, a arte transforma-se numa **mercadoria** rara e lucrativa. O mercado de arte se sustenta dentro de tal lógica.

Lembremo-nos de que, em 1990, o *Dr. Gachet*, de Van Gogh, alcançou o mais alto do mercado de arte de todos os tempos, atingindo quase 100 milhões de dólares. Ironicamente, em vida Van Gogh vendeu apenas duas obras, por alguns insignificantes francos. Foi um artista que viveu sua curta vida às expensas do irmão.

A arte pode ser transformada em mercadoria, embora não seja essa sua razão de ser. Então, nosso "homem sério" pode tirar partido dela, caso queira, e a arte pode vir a ser um investimento seguro, do ponto de vista do capital. Atualmente, algumas obras impressionistas têm atingido valores altíssimos no mercado de arte. O **impressionismo** é hoje o movimento mais apreciado, porém nem sempre foi assim.

O impressionismo foi um movimento do final do século XIX, tipicamente francês. Os impressionistas rompem com a pintura de ateliê, saindo ao encontro com a natureza. Procuram restituir a espontaneidade subjetiva da visão do artista. É uma pintura elaborada ao ar livre. O impressionista pinta a sensação óptica, o instante, a atmosfera, a impressão imediata que o mundo imprime em seus sentidos. A cor é reduzida à luminosidade. Além de Claude Monet, destacam-se Pierre-Auguste Renoir, Alfred Sisley, Camille Pissarro e, no Brasil, Eliseu Visconti.

Los Angeles County Museum of Art

Ninfeias (detalhe, óleo sobre tela, c. 1897-1898), de Claude Monet. No Encarte, é possível ver outra pintura de Monet sobre o mesmo tema (p. 319).

O homem do século XIX teve dificuldades em entender e aceitar os movimentos novos. Quando falamos do "homem do século XIX", não nos referimos ao público em geral, ao leigo, mas a artistas e críticos. Foram eles que rejeitaram Gustave Courbet, Édouard Manet, Henri Matisse, Pablo Picasso e Marcel Duchamp e outros grandes artistas de vanguarda. Paul Signac, um artista arrojado, chocou-se com *A alegria de viver*, de Matisse (Encarte, p. 321). Por seu turno, Matisse rejeitou *Les demoiselles d'Avignon*, de Picasso. Mais tarde foi a vez de Duchamp ser incompreendido com seu *Nu descendo a escada* (Encarte, p. 319).

Fundação Barnes, Merion

A alegria de viver (óleo sobre tela, 1905-1906), de Henri Matisse. (Encarte, p. 321.)

> *O novo pode chocar até os artistas mais avançados, que dirá o público em geral. Ocorre o mesmo na ciência, na filosofia e em qualquer campo do conhecimento. Lembremo-nos de Galileu Galilei, astrônomo italiano obrigado a renunciar publicamente à teoria heliocêntrica para não arder na fogueira da Santa Inquisição, que pregava o sistema geocêntrico.*

É preciso recuperar aquele terreno comum ao artista e ao leigo, em que a arte também fala ao não especialista. A arte necessita reencontrar o público. Só assim o artista deixa de ser marginal e o público, desinformado. Lembremo-nos de que a noção de público implica uma situação de apreciação, de experiência com a arte. Do público podem fazer parte os próprios artistas e estudiosos da arte. O desejo desse reencontro exige a conquista de uma sociedade equilibrada e justa.

As funções da arte

Com a compreensão de que a arte cria ou revela o homem ou a cultura, institui regras novas, e de que a sua necessidade está vinculada à esfera do imaginário, à capacidade de sonhar, de afirmar ideias e de dizer "não", passemos a tratar de suas funções.

A arte, ou o objeto artístico, tem diferentes funções. A arte pode servir à ética, à política, à religião, à ideologia, pode se transformar em mercadoria ou proporcionar meramente prazer. A arte pode mesmo revelar as contradições da sociedade, prestando-se, desse modo, a uma crítica social. Pode revelar ou representar tanto a vida interior do homem como a cultura. Pode também vir a ser uma forma de conhecimento ou revelação. **Freud** remeteu a arte à esfera do desejo, não da realidade. No entanto, a arte oscila entre desejo e realidade, é sempre a realidade alargada ao imaginário ou a realidade não suavizada.

Leia mais sobre Sigmund Freud na seção *Comentários adicionais*.

> *A arte pode ser crítica, evocadora, ideológica, religiosa ou política, pode ser recusa, crítica ou transgressão da realidade. Mas ela é fundamentalmente constituidora da realidade. Ela é uma forma do ser. Por meio de olhos, tato e ouvidos, ela se dirige ao espírito.*

Quando vemos *O triunfo da morte*, de Peter Brueghel, aproximamo-nos um pouco do drama do homem renascentista, de seus medos, da presença inflexível dos espanhóis em Flandres, da Igreja e da morte, de suas fraquezas e de sua tragédia, do olhar do pintor àquela época. E tudo isso é dito no silêncio da pintura! Mas, nessa visão crítica, o pintor não reproduz a realidade: ele a reconstrói e cria. A arte não é espelho, mas contemplação, interpretação e criação. Ela é autorreferente. E como é extraordinário o poder do pintor de construir com tão pouca matéria um mundo tão vasto!

Museu do Prado, Madri.

O triunfo da morte (óleo sobre madeira, cerca de 1562), de Peter Brueghel. (Encarte, p. 318.)

A arte tem objetivos diferentes: pode ser crítica ou reforçadora, terapêutica, e pode até representar a história inconsciente de uma época. Embora a arte revele a cultura, não é lícito reduzir o artista ao simples papel de canal, mesmo que se dê a ele a função nobre de refletir a sociedade. Seu papel é outro. Ao reelaborar as relações de sua existência, ele gera realidade. A arte pode ainda ser transgressão, como o foi o teatro de Antonin Artaud e de Nélson Rodrigues, ou o cinema de Pier Paolo Pasolini, de Gláuber Rocha e de Emir Kusturica. Ela tanto pode funcionar como um bálsamo de vida, como pode ser um soco no estômago.

Por fim, todo esse trajeto nos levou a abandonar a pretensão de encontrar uma única função ou significado para a arte. Uma pintura, uma música ou um poema podem significar coisas diferentes para épocas diferentes, para espectadores diferentes, e todas esses significados podem não alcançar aquele que o autor perseguiu. Uma obra artística nunca é pensada de antemão, planejada. Ela tem a mesma mobilidade da vida. Depois de concluída, continua a mudar conforme o espectador ou a cultura. E a obra será tanto maior quanto mais generoso for esse universo de significações.

PRAZER E ARTE

De todas as funções da arte, a mais importante é a mais simples: a função lúdica. Arte é essencialmente prazer. É claro que o prazer artístico difere do prazer de saciar a fome e a sede, difere do prazer do sexo. Algumas pessoas podem experimentar mais prazer no sexo; outras, à mesa; outras, na literatura; outras, na política. Não é o propósito aqui afirmar a superioridade de um prazer sobre outro, mas tão somente dizer que o prazer da arte tem sua ordem própria. Nele, como de resto nos outros, o corpo não exclui o espírito. O prazer da arte pode ser experimentado em sua capacidade de revelar um ser novo, um jogo em que o artista cria as novas regras.

O prazer da arte aproxima-se mais do erotismo e do jogo. O cinema favoreceu uma mudança no comportamento do espectador, recuperando o prazer da arte: ao ver um filme, o espectador se diverte sem deixar de ser crítico. O cinema é uma forma artística que conjuga divertimento e pensamento. Como bem percebeu **Walter Benjamin**, no cinema o público pensa com a imagem. Enquanto pensa, diverte-se, sente prazer. A divisão que se faz entre cinema comercial e cinema de arte é insustentável. Todo cinema é comercial, é fruto da industrialização. O que importa é a qualidade; e é a qualidade que lhe outorga o estatuto de arte. Por que escolher entre diretores de cinema – Jean Renoir ou Federico Fellini, Woody Allen ou Steven Spielberg – se podemos ficar com todos?

Leia mais sobre Walter Benjamin na seção *Comentários adicionais*.

Como no jogo, a arte faz uso de metáforas, do humor; incentiva o prazer da busca (o espectador, buscando significações, repete o gesto do jogo de adivinhação) e é uma forma de não levar a vida demasiadamente a sério. Como no jogo, a arte resiste às análises lógicas, mas, igualmente, exige suas próprias regras, sua própria ordem. É nessa direção que se inclina o artista contemporâneo, preferindo a deformação, o inacabado, o imaginário, às amarras dos dogmas. É desse modo que dá asas à imaginação, desconstruindo e construindo. A região poética (ou artística) não se molda a um padrão, não se presta a reduções, por isso mesmo é uma região que convida a explorar e inventar. O papel do artista, disse o pintor Dubuffet, "é justamente embaralhar as categorias habituais, deslocá-las, e, desse modo, restituir à visão e ao espírito sua ingenuidade, seu frescor".

O mundo da arte possibilita a imaginação e o sonho. Infelizmente, o homem contemporâneo cada vez sonha menos. A arte, diferentemente dos conhecimentos que só revelam o que já está no objeto, nos ensina a ver e a criar. O ser da arte vive quando ela possibilita uma experiência única, quando nos abre uma chave para um mundo novo. O prazer da arte é também o prazer da reflexão. Por isso mesmo, há exigências para se aproximar da arte: no mínimo, a empatia e a inteligência.

Em um mundo voltado para a ciência, para a tecnologia e para o consumo, em que o homem, habituado a pensar por meio de categorias estanques, orgulha-se em exibir um tipo de racionalidade, a sabedoria da arte pode conflitar. É no interior dessa civilização oprimida que a arte alarga os pulmões do homem, libertando-o do espartilho utilitarista. A sociedade tem necessidade de seus artistas e poetas. É com eles que respira. Permitir-se o prazer não deixa de ser uma forma de transgressão; permitir-se o ócio é recuperar o sentido humano, porque, em um mundo como o nosso, o trabalho é mais castigo do que redenção, mais aliena do que liberta. A arte é um fazer agradável, é conhecimento e comunicação, é a linguagem do espírito. Os quadros de Monet ou de Gustav Klimt encantam os olhos. Os de Rubens Gerchman ou Iberê Camargo provocam nossa sensibilidade. Não é preciso que expliquem nada, que representem nada. Basta vê-los, mergulhar em suas cores e em seu mundo, permitir que eles nos falem. O silêncio pleno de sentido.

> "Só o artista inventa a humanidade. Porque sendo *out-law* (marginal), extraeconômico por natureza, sem povo por natureza, sem nação, o artista não deixa por menos: o que ele exige é a humanidade."
>
> Mário de Andrade

O artista vem contrapondo sua arte à desumanização galopante deste mundo chamado pós-moderno. Incapaz de realizar a síntese entre a formação técnica e a formação artística, ambicionada pelos artistas da Bauhaus, ele opta por uma ocupação nada modesta: modificar a realidade e reinventar o humano. Desse modo, procura justificar a existência.

Não é demais cultivar a utopia de que a arte pode fazer recuar a violência – a vontade de criação sobrepondo-se ao instinto de morte.

Como ler uma pintura

Museu Nacional Centro de Arte Rainha Sofia, Madri

Guernica (óleo sobre tela,1937), de Pablo Picasso. (Encarte, p. 320.)

Não devemos querer perceber numa tela os discursos prontos ou toda a erudição da história da arte. Dessa forma a veríamos com olhos alheios, que poderiam induzir-nos a enxergar coisas de que a obra não fala e deixar de ver a própria obra. É preciso ver com olhos inocentes, de maneira desarmada. Contudo, inocência não significa ignorância, mas ausência de preconceitos. Aprender a ver é despir a alma.

Cada arte tem sua linguagem. A música fala por meio do som e do silêncio; a pintura, por cores, linhas e formas; o cinema, pela imagem-pensamento no tempo. A essa **materialidade** o artista – usando metáforas, paródias, alegorias – empresta uma transcendência. O resultado é o que chamamos forma artística. No entanto, não existem regras para ver um quadro. É claro que, diante de uma obra que narra um mito ou um fato – por exemplo, *Guernica*, de Picasso –, a leitura fica mais fácil, embora suponha um domínio da história. É mais difícil quando nos detemos nas obras abstratas ou conceituais.

Em qualquer das situações, a linguagem da pintura não se presta a argumentações. A pintura não é um enunciado científico, nem ideologia, nem moral. Isso não impede, como vimos, que se preste a tudo isso, mas essas são funções secundárias.

Não se deve buscar uma mensagem única na pintura, pois a grande obra pode conter várias ou nenhuma. Mais que denotativos (de conteúdo meramente informativo), os signos da pintura tendem à conotação (ideias associadas, sugestão ao leitor de uma visão de mundo, instauração de sentido). É preciso entender que uma pintura pode revelar o inconsciente, seja do artista, seja de uma cultura, e que ela brota no limite entre o real e o imaginário. Do mesmo modo, é necessário considerar que uma pintura só alcança o universal se estiver entranhada no particular. O universal sem o particular é vazio. As bandeirinhas de Alfredo Volpi revelam tanto a alma provinciana do habitante de uma cidadezinha do interior como a de qualquer indivíduo sensível. Partindo da expressão popular das formas naturais, alcança a sofisticada abstração de formas dos artistas de vanguarda. Por último, é imperativo ter em mente que arte não é tradução, não é espelho do artista ou da realidade. É construção e criação de signos novos, doadora de sentido. É autorreferente e uma forma de revelação do ser.

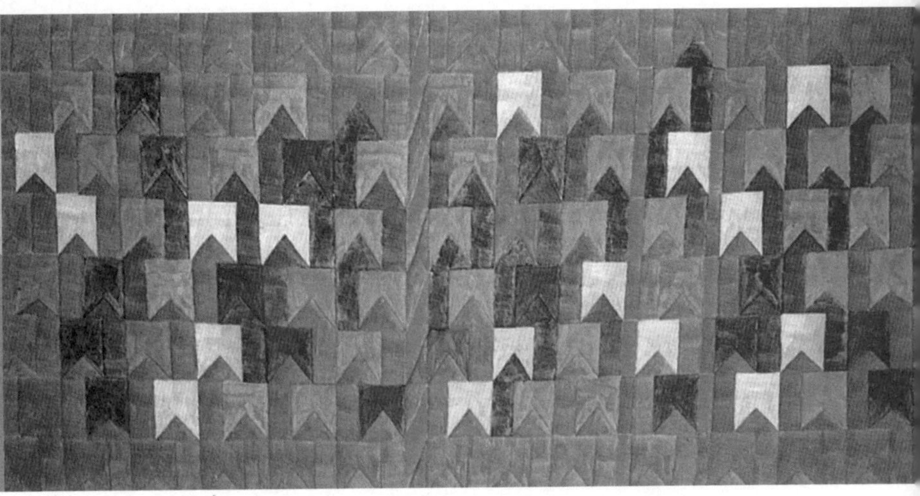

VOLPI©Imaginação

Bandeirinhas com um mastro (têmpera sobre tela, meados da década de 1960), de Alfredo Volpi. (Encarte, p. 320.)

Tomando esses cuidados, podemos procurar informações com os estudiosos da arte, críticos, estetas e historiadores, compreendendo o que disseram da obra, ampliando nossa percepção dela. Entretanto, essas informações, embora valiosas, são sempre complementares. Importa, antes, ver a obra com empatia e com o espírito desarmado. Evidentemente, um espírito mais rico aprecia mais e experimenta um prazer mais profundo.

AKG Images/LatinStock

Venus aux chiffons (instalação, 1967), de Michelangelo Pistoletto. (Encarte, p. 321.)

Roteiro de estudo

As perguntas a seguir referem-se aos principais tópicos deste capítulo. Elas podem ajudá-lo a estudar e rever todo o conteúdo apresentado. Ao respondê-las, você estará analisando e sintetizando as ideias expostas.

1. Por que não é possível estabelecer uma definição única de arte?
2. Analise: "Arte é tudo aquilo a que os homens chamam arte".
3. Como o feio pode ser artístico?
4. O que é essencial na arte: a beleza ou a criação? Explique.
5. É possível alcançar a beleza pela moral e pela ciência, ou apenas pela arte?
6. A arte é uma forma de conhecimento?
7. A arte pode expressar uma cultura?
8. A arte pode ser uma forma de comunicação? Quais ciências recorrem ao auxílio da arte?
9. É possível ensinar arte? Existem regras ou receitas para fazer arte?
10. Analise a afirmação de Dubuffet de que o papel da arte "é justamente embaralhar as categorias habituais, deslocá-las, e, desse modo, restituir à visão e ao espírito sua ingenuidade, seu frescor".
11. Qual é a importância do museu?
12. Na sua opinião, qual é o espaço do museu? A cidade pode ser considerada um museu?
13. É possível ser escritor, pensador e artista ao mesmo tempo? A informação atrapalha a criação?
14. A industrialização atingiu a arte? Explique.
15. O que é *design*? Dê um exemplo.
16. Como você definiria o prazer na arte?
17. Por que a emergência da burguesia e do capitalismo favoreceu a postura da "arte pela arte"? Por que essa postura deve ser condenada?
18. A arte pode ser reduzida a mercadoria?
19. Qual é o caminho indicado pela Bauhaus?
20. A arte ajuda o homem a ser livre? Qual é sua contribuição na formação da cidadania?

21. Fazer ou gostar de arte é "coisa séria"?
22. Existem diferenças entre utilidade e necessidade? Como fica esse debate na sociedade de consumo?
23. A arte pode ser um bom investimento? É essa sua função social?
24. Você considera a arte contemporânea difícil de entender? Por quê?
25. Faz sentido separar arte erudita de arte popular?
26. Com um bom domínio da técnica, é possível chegar à criação?
27. O que você conhece da arte brasileira?
28. Que modalidade artística (pintura, desenho, escultura, música, cinema, literatura, dança, teatro, fotografia etc.) você prefere? Fale sobre ela.
29. O que significa definir a arte como *autorreferente*?

Para refletir

1. Analise a reprodução da obra *Nu descendo uma escada n.º 2* (1912), de Marcel Duchamp, na página 319, e comente a importância da fotografia para esse pintor. Procure estabelecer as diferenças entre fotografia e pintura.
2. Visite um museu de sua cidade e verifique as diferenças entre ver obras por meio de fotografias e a experiência estética diante de uma obra real. Discuta com seus colegas essa experiência.
3. Faça um passeio pela cidade, identificando o estilo arquitetônico das principais construções e sua relação com a época de sua criação ou a cultura da cidade.
4. Procure em bibliotecas (ou na internet) a reprodução da obra *Mona Lisa*, de Leonardo da Vinci, e compare-a com a paródia feita por Marcel Duchamp intitulada *L.H.O.O.Q.* (1930), reproduzida na página 314. Faça uma reflexão sobre o valor estético e histórico de cada uma. Pense também sobre a experiência de choque vivida pelo público na época em que Duchamp apresentou essa obra.
5. Escute um chorinho e um pagode. Em grupo, discuta a linguagem de cada um, procurando descobrir o que torna um deles mais rico. Procure estabelecer a diferença entre gosto pessoal e a objetividade na qualidade artística.

6. A destruição de que fala Pablo Picasso em sua pintura *Guernica* poderia ser identificada nos conflitos de hoje? Pesquise e cite outras formas artísticas (filmes, poemas, fotografias) que falem da violência no mundo contemporâneo.

7. Analise a simbologia do touro e do cavalo em *Guernica* e sua possível relação com a cultura espanhola.

8. Por que Picasso recorre às imagens da luz elétrica e da lamparina?

9. As grandes mudanças da arte contemporânea têm sido perturbadoras. O visitante entra em um museu de arte e pode deparar tanto com pinturas e esculturas como com instalações de objetos insólitos (amontoado de máquinas, animais vivos, pneus de carro etc.). Reflita sobre o poder que a arte contemporânea tem de alterar nossos hábitos.

Para ler, ver e debater

Prepare-se para os debates lendo atentamente os textos, observando uma instalação e assistindo aos filmes sugeridos. Reflita sobre as perguntas e anote seus argumentos para cada uma delas.

1. Sobre a beleza

Para esse debate, leia os três textos a seguir.

> "*O belo é sempre extravagante*. Não estou querendo insinuar que seja voluntária e friamente extravagante, pois nesse caso seria um monstro descarrilado dos trilhos da vida. Quero dizer que o belo sempre contém um pouco de extravagância ingênua não deliberada e inconsciente e que essa extravagância é que o leva particularmente a ser belo. É sua marca, sua característica. Invertam a proposição e tentem conceber um belo banal! Ora, como essa extravagância – necessária, incompreensível, infinitamente variada, dependente dos meios, climas, costumes, raça, religião e personalidade do artista – poderá algum dia ser governada, emendada, endireitada pelas regras utópicas concebidas num pequeno templo científico qualquer do planeta, sem perigo de morte para a própria arte? Essa dose de extravagância que constitui e define a individualidade, sem a qual não existe belo, desempenha na arte (que a exatidão dessa comparação perdoe sua trivialidade) o papel do gosto ou do condimento nos pratos, já que estes só diferem uns dos outros – abstração feita de sua utilidade ou da quantidade de substâncias nutritivas que contêm – pela ideia que apresentam à língua."

BAUDELAIRE, Charles. A exposição universal de 1855. In: COELHO, Teixeira. *A modernidade em Baudelaire*. Rio de Janeiro: Paz e Terra, 1988. p. 33-4.

"Felizmente, de vez em quando aparecem justiceiros, críticos, amadores e curiosos que afirmam nem tudo estar em Rafael nem em Racine, que os *poetae minores* possuem algo de bom, de sólido, de delicioso, e, finalmente, que mesmo amando tanto a beleza geral, expressa pelos poetas e artistas clássicos, nem por isso deixa de ser um erro negligenciar a beleza particular, a beleza de circunstância e a pintura de costumes. [...]

O passado é interessante não somente pela beleza que dele souberam extrair os artistas para quem constituía o presente, mas igualmente como passado, por seu valor histórico. O mesmo ocorre com o presente. O prazer que obtemos com a representação do presente deve-se não apenas à beleza de que ele pode estar revestido, mas também à sua qualidade essencial de presente. [...]

Na verdade, esta é uma bela ocasião para estabelecer uma teoria racional e histórica do belo, em oposição à teoria do belo único e absoluto; para mostrar que o belo inevitavelmente sempre tem uma dupla dimensão, embora a impressão que produza seja uma, pois a dificuldade em discernir os elementos variáveis do belo na unidade da impressão não diminui em nada a necessidade da variedade em sua composição. O belo é constituído por um elemento relativo, circunstancial, que será, se quisermos, sucessiva ou combinadamente, a época, a moda, a moral, a paixão. Sem esse segundo elemento, que é como o invólucro aprazível, palpitante, aperitivo do divino manjar, o primeiro elemento seria indigerível, inapreciável, não adaptado e não apropriado à natureza humana. [...]

Não temos o direito de desprezar ou de prescindir desse elemento transitório, fugidio, cujas metamorfoses são tão frequentes. Suprimindo-o, caímos forçosamente no vazio de uma beleza abstrata e indefinível."

BAUDELAIRE, Charles. O pintor da vida moderna. In: COELHO, Teixeira. *A modernidade em Baudelaire*. Rio de Janeiro: Paz e Terra, 1988. p. 160, 162, 174.

"Tratei de situar a imagem humana (da mesma maneira que os demais assuntos abordados nas minhas pinturas) diretamente no terreno da eficiência, sem passar pela estética. A estética me aborrece, não me interessa absolutamente! A mais leve intervenção da estética obstrui, em mim, a eficiência e estraga o tempero. Por isso, procuro afastar de minhas obras tudo o que possa cheirar a estética. Pessoas de visão curta deduziram que gosto de pintar objetos feios. Absolutamente! Não me importo que sejam feios ou belos. Tais palavras não têm significado para mim, e estou convencido que não têm sentido para ninguém; não creio que essas noções de feiura ou de beleza tenham o menor fundamento: são ilusões. Agradou-me situar a imagem humana em uma dimensão austera em que a futilidade estética não tem lugar; num plano de alta cerimônia, de solene ofício de celebração, recorrendo ao que Joseph Conrad denomina mistura de familiar e de terror e na qual assenta-se a devoção que muitos religiosos sentem por seus deuses e que não exclui, às vezes, o uso de injúrias a eles. Onde a conivência é total, o apego e a estima inalteráveis, reina uma nova linguagem: rude, elíptica e atrevida. Espero que nessas breves indicações entenda-se até que ponto o espírito com que pintei essas personagens se distancia do grotesco que tão generosamente me atribuíram. A minha posição é exclusivamente a da celebração, e quem acreditasse ver nela intenções satíricas ou irônicas, amargas ou agressivas, entendeu mal."

DUBUFFET, Jean. *Escritos sobre arte*. Barcelona: Barral, 1975. p. 316. Trecho traduzido por Maria José Justino.

Para o debate, a classe deverá ser dividida em dois grupos: num primeiro momento, um defende as ideias de Baudelaire, e o outro, as de Dubuffet. Depois os grupos invertem os papéis, podendo, assim, avaliar as duas posturas.

1. Qual é a relação da arte com a beleza?
2. Quando Dubuffet afirma sua independência em relação aos valores "belo" e "feio", estará negando a experiência estética?
3. O tempero de que fala Dubuffet o aproxima de Baudelaire?
4. A afirmação da transitoriedade elaborada por Baudelaire permite várias definições de beleza?
5. Fale sobre a dupla dimensão da beleza mencionada por Baudelaire. Tente encontrá-la nas pinturas, esculturas e outros objetos reproduzidos no capítulo.
6. Qual é a relação da beleza com a cultura?
7. Traga para o debate exemplos dessa relação em seu cotidiano: exposições em sua cidade, filmes, músicas etc.

2. *111*

Debate baseado na análise dessa obra de Nuno Ramos (ver reprodução no Encarte, página 322).

1. Qual é o tema da instalação?
2. Qual é a técnica utilizada? Por que a ausência de cores?
3. A linguagem do artista conjuga técnica e ideias. Fale sobre a carga semântica que a obra carrega.
4. Nessa obra, o artista está mais preocupado com a ética ou com a estética? É possível conjugá-las?

5. Debata a frase do historiador e crítico de arte Lorenzo Mammi a respeito de Nuno Ramos:

> "Ser artista de vanguarda, ainda que de vanguarda em crise, significa em primeiro lugar acreditar no conteúdo de verdade da arte. Isto é, acreditar que a arte expressa algo de essencialmente verdadeiro que não pode ser alcançado por outros caminhos. Em segundo lugar, significa acreditar que esse algo, uma vez revelado, possa mudar a relação entre as pessoas e as coisas".
>
> MAMMI, Lorenzo. In: TASSINARI et al. *Nuno Ramos*. São Paulo: Ática, 1977. p. 200-1.

6. Que imagens simbólicas o artista utiliza para mostrar a tragédia do Carandiru?

3. *Underground: mentiras de guerra*

Debate sobre esse filme de 1995, dirigido por Emir Kusturica.

CiBy 2000/Divulgação

Cartaz do filme *Underground: mentiras de guerra* (1995), de Emir Kusturica.

1. Qual é a importância dos acontecimentos políticos para o filme?
2. Comente a música que o diretor utiliza.
3. A escolha dos personagens do cotidiano, humanos, sem retoques, verdadeiros, aproxima o diretor dos pintores expressionistas? Comente.
4. Por que o diretor mostra o teatro de forma tão artificial?
5. O que o personagem Marko representa em nosso mundo?
6. Pesquise a alegoria da caverna no livro *A República*, de Platão (Livro VII), e veja como o diretor transfere essa alegoria para o mundo contemporâneo.
7. Existe utopia no filme? Em que personagens?
8. A crítica maior do diretor se dirige a uma guerra específica ou ao autoritarismo em geral?
9. É possível ver o cruzamento das linguagens expressionista e surrealista no filme. Comente.

4. *O auto da Compadecida*

Debate sobre esse filme de 2000, dirigido por Guel Arraes.

1. Qual é o aspecto da realidade brasileira retratado no filme?
2. O humor dos personagens retira a seriedade da temática abordada?
3. Nossa Senhora (Fernanda Montenegro, no papel da Compadecida) é uma santa que se comporta com sentimentos humanos. Que tipo de religiosidade o diretor defende?
4. No julgamento dos personagens, a Compadecida intercede por eles, especialmente pelo jagunço (Marco Nanini), apesar de todos os seus crimes. Como ficam os valores bem e mal?
5. Ao condenar o bispo e o padre, que tipo de crítica o diretor Arraes faz à Igreja?
6. O diretor consegue dar uma forma artística à riqueza das questões que o filme provoca?

Divulgação

Cartaz do filme *O auto da Compadecida* (2000), de Guel Arraes.

5. É preciso olhar a vida com os olhos de criança

"Criar é próprio do artista; onde não há criação a arte não existe. Enganar-se-ia quem atribuísse o poder criador a um dom inato. Tratando-se de arte, o criador autêntico não é somente um ser dotado, é um homem que soube ordenar todo um feixe de atividades, tendo em vista um fim determinado, do qual a obra é o resultado. Desse modo, para o artista, a criação começa na visão. Ver já é um ato criador que exige esforço. Tudo o que vemos, na vida cotidiana, sofre, mais ou menos, a deformação gerada pelos hábitos adquiridos, e o fato é talvez mais sensível em uma época como a nossa, na qual cinema, publicidade e periódicos nos inundam diariamente com imagens preconcebidas, que são um pouco, na ordem da visão, o que é o preconceito na ordem da inteligência. O esforço necessário para desembaraçar-se disso exige uma espécie de coragem, e essa coragem é indispensável ao artista, que deve ver tudo como se visse pela primeira vez. É preciso ver a vida inteira como quando se era criança, e a perda dessa possibilidade nos retira a de nos expressarmos de modo original, isto é, pessoal.

Creio, por exemplo, que nada é mais difícil para um verdadeiro pintor do que pintar uma rosa, porque para fazê-lo é preciso, antes de mais nada, esquecer todas as rosas pintadas. Aos visitantes que vinham me ver em Vence, costumava perguntar: 'Vocês viram os acantos sobre a orla que beira a estrada?'. Ninguém os havia visto. Todos teriam reconhecido a folha do acanto sobre um capitel coríntio, mas a lembrança do capitel impedia a visão do acanto em estado natural. Ver cada coisa em sua verdade é o primeiro passo para a criação, e isso pressupõe um esforço contínuo.

Roger Viollet/AFP

Henri Matisse em foto de 1947.

Criar é expressar o que se tem dentro de si. Todo esforço autêntico de criação é interior. Ainda assim, é preciso nutrir esse sentimento, com o auxílio de elementos retirados do mundo exterior. Aqui intervém o trabalho, através do qual o artista incorpora e assimila gradativamente o mundo exterior, até que o objeto desenhado tenha se tornado parte dele mesmo, até que o tenha dentro de si e possa projetá-lo na tela como sua própria criação.

Quando pinto um retrato, tomo e retomo o meu estudo, e é a cada vez um novo retrato que faço; não o mesmo corrigido, mas um outro retrato que recomeço; e é, a cada vez, um ser diferente que extraio de uma mesma personalidade. Aconteceu-me, muitas vezes, a fim de esgotar de forma mais completa o meu estudo, inspirar-me nas fotografias de uma mesma pessoa, em diferentes idades: o retrato definitivo poderá representá-la mais jovem, ou sob outro aspecto diferente daquele oferecido quando posava, porque foi este aspecto que me pareceu o mais verdadeiro, o mais revelador de sua personalidade real.

A obra de arte é, assim, o fecho de um longo trabalho de elaboração. O artista absorve tudo o que à sua volta for capaz de alimentar a sua visão interior [...]. Coloca-se assim em estado de criação. Enriquece-se interiormente de todas as formas de que possa tornar-se senhor e que ordenará algum dia conforme um ritmo novo.

É na expressão desse ritmo que a atividade do artista será realmente criadora. Para aí chegar, deverá alcançar o despojamento em lugar de acumular detalhes; escolher, por exemplo, no desenho, entre todas as combinações possíveis, o traço que se revelará plenamente expressivo e portador de vida; procurar essas equivalências pelas quais os dados da natureza são transpostos para o âmbito da arte. Na *Natureza morta com magnólia*, cheguei através do vermelho a uma mesa de mármore verde; em outra ocasião, precisei de uma mancha escura para evocar o reflexo do sol sobre o mar. Todas essas transposições não foram absolutamente o efeito do acaso ou de não se sabe qual fantasia, mas sim a realização de uma série de pesquisas, em virtude das quais esses matizes pareciam-me necessários, tendo em vista sua relação com o resto da composição, a fim de obter a impressão desejada. As cores, os traços são forças, e no jogo dessas forças, no seu equilíbrio, reside o segredo da criação.

O teste do olho inocente (óleo sobre tela, 1981), de Mark Tansey. (Encarte, p. 307.)

Na capela de Vence, que é o coroamento de minhas pesquisas anteriores, tentei realizar o equilíbrio de forças: os azuis, os verdes, os amarelos dos vitrais compõem, no interior, uma luz que não é propriamente nenhuma das cores empregadas, mas o produto vivo de sua harmonia, de suas relações recíprocas. Essa cor-luz deveria trabalhar no campo branco, contornado de preto, da parede que se situa em frente aos vitrais, e na qual os traços são propositadamente bastante espaçados. O contraste permite-me dar à luz todo o seu valor de vida, fazer dela o elemento essencial, aquele que colore, aquece, anima, no sentido próprio, este conjunto no qual importa dar a impressão de espaço ilimitado, a despeito de suas dimensões reduzidas. Em toda a capela, não há uma só linha, um só detalhe que não concorra para essa impressão.

É nesse sentido, parece-me, que se pode dizer que a arte imita a natureza; pelo caráter de vida que um trabalho criador confere à obra de arte. Então, a obra aparecerá igualmente fecunda e dotada do mesmo frêmito interior, da mesma beleza resplandecente que possuem as obras da natureza. É preciso um grande amor, capaz de inspirar e de sustentar o esforço contínuo em direção à verdade, a generosidade conjunta e o despojamento profundo que implica a gênese de toda obra de arte. Mas o amor não está na origem de toda a criação?"

MATISSE, Henri. Il faut regarder toute la vie avec des yeux d'enfants. In: *Écrits et propos sur l'art*. Paris: Hermann, 1972. (Trecho traduzido por Maria José Justino.)

Leia mais sobre Henri Matisse na seção *Comentários adicionais*.

1. A visão de arte expressa por Matisse está contida na definição de Dino Formaggio citada no capítulo?
2. Na questão da relação entre arte e expressão, vocês concordam com Matisse ou com Stravinsky? Por quê?
3. O que o pintor chama de "cor-luz"?
4. Quais são as relações da arte com a natureza?
5. A criação artística exige trabalho?
6. Observando a reprodução do quadro *A alegria de viver*, na página 321, qual é a maior qualidade que vocês veem no pintor?
7. Entre as pinturas *A alegria de viver*, de Matisse, na página 321, e *Broadway Boogie-Woogie*, de Mondrian, na página 317, qual vocês escolheriam? Por quê?
8. Comentem o tema "arte e prazer".
9. A simplificação e a deformação usadas pelo artista moderno auxiliam ou prejudicam a expressão?
10. É possível aproximar a pintura da música e da poesia?

Sugestões

Livros

ANDRADE, Mário de. *O baile das quatro artes*. 4. ed. Belo Horizonte : Itatiaia, 2005. (Excelsior).

______. *O banquete*. São Paulo: Duas Cidades, 1977.

BATTCOCK, Gregory. *A nova arte*. 2. ed. São Paulo: Perspectiva, 2004.

DAIX, Pierre. *Crítica nova e arte moderna*. Rio de Janeiro: Civilização Brasileira, 1971.

Gombrich, Ernst H. *A história da arte*. 16. ed. Rio de Janeiro: LTC, 2000. (Debates).

Pedrosa, Mário. *Mundo, homem, arte em crise*. 2. ed. São Paulo: Perspectiva, 1986.

Filmes

Arquitetura da destruição. Direção de Peter Cohen. Suécia, 1994. (121 min.)

Este filme permite debater a importância do cinema para a ideologia nazista. Explora a figura do Hitler amante da arte e sua tentativa de embelezar o mundo, tornando-se o grande arquiteto da destruição.

Dogville. Direção de Lars Von Trier. França, 2003. (171 min.)

Nos anos 1930, uma mulher perseguida pela Máfia é acolhida pelos moradores da pequena Dogville, nas Montanhas Rochosas (Estados Unidos). Em troca, ela deve trabalhar para eles, mas aos poucos esse gesto de bondade ganha contornos de exploração. *Dogville* foi filmado num galpão praticamente vazio, com marcações no chão indicando as casas dos moradores – a criação dos cenários acaba ficando a cargo da imaginação dos espectadores. Dessa forma original, o diretor Lars Von Trier discute o poder e a natureza humana. Ele desenha os espaços, os atores habitam esse espaço e o expectador cria o cenário. O final do filme é magnífico: devolve para o público a conclusão de toda a narrativa.

Referências bibliográficas

Andrade, Mário de. *O banquete*. São Paulo: Duas Cidades, 1977.

Baudelaire, Charles. Do heroísmo da vida moderna. In: Coelho, Teixeira. *A modernidade em Baudelaire*. Rio de Janeiro: Paz e Terra, 1988.

Benjamin, Walter. *A obra de arte na época de suas técnicas de reprodução*. São Paulo: Abril Cultural, 1975. (Os pensadores).

Brenson, Michel. A presença da natureza. *O Estado de S. Paulo*, São Paulo, 28 jul. 1990. Cultura, n. 521, ano VII (do *Le Point*).

Breton, André. *Manifestos do surrealismo*. Lisboa: Moraes, 1969.

Brito, Ronaldo. *Definições e redefinições do conceito de contemporaneidade na arte*. Festival de Inverno da UFPR, Antonina, julho, 1999. Palestra.

Dubuffet, Jean. *L'homme du commun à l'ouvrage*. Paris: Gallimard, 1973.

Formaggio, Dino. *Arte*. Lisboa: Presença, 1985.

Merleau-Ponty, Maurice. *Elogio da filosofia*. Lisboa: Guimarães, 1962.

Quintana, Mário. *Baú de espantos*. Rio de Janeiro: Globo, 1989.

______. *Caderno H*. São Paulo: Globo, 1994.

______. *Da preguiça como método de trabalho*. Rio de Janeiro: Globo, 1987.

Rosenberg, Harold. *Objeto ansioso*. São Paulo: Cosac & Naify, 2004.

Stravinsky, Igor. In: Collection génies et réalités. Paris: Hachette, s.d.

Tassinari, Alberto. *111*, de Nuno Ramos. In: Basbaum, Ricardo (Org.). *Arte contemporânea brasileira*. Rio de Janeiro: Rios Ambiciosos, 2001.

A admirável complexidade da arte

Metropolitan Museum of Art, Nova York

O teste do olho inocente (óleo sobre tela, 1981), de Mark Tansey.

"No coração da adormecida aldeia de *A noite estrelada,* há uma igreja holandesa, que Van Gogh transpôs para o sul da França. Seu interior é negro, a flecha da torre protetora é como uma lança; a igreja é intocada pelo mar de energia e de luz que jorra em espiral pela noite cósmica [...] os ciprestes fazem parte do céu. As estrelas estão em fogo e as árvores em chamas. Duas estrelas parecem oferecer-se à árvore como rodas ou olhos; uma terceira estrela rodopia sobre a ponta de uma árvore menor como se fosse uma bola na ponta de um dedo. Em *A noite estrelada*, a natureza, e não a igreja, é que foi tocada por Deus."

BRENSON, Michel. A presença da natureza. *O Estado de S. Paulo*, São Paulo, 28 jul. 1990. Caderno Cultura, n. 521, ano VII (do *Le Point*).

A noite estrelada (óleo sobre tela, 1889), de Van Gogh.

Museu de Arte Moderna, Nova York

Grosz é um artista que registra, de forma passional e dramática, a crise da sociedade alemã: denuncia a antinatureza da cidade grande, sua corrupção e anonimato, descreve a morbidez do nazismo. A dimensão ético-política é fundamental em sua poética voltada para a percepção da miséria, da guerra e da angústia. Sua pintura é mordaz, carregada de um individualismo exasperado sensível à experiência destruidora do nazismo.

Galeria Nacional/Museu Estatal de Berlim

Os pilares da sociedade (óleo sobre tela, 1926), de Georg Grosz.

Coleção Regina Bacelar, Rio de Janeiro

Andamento III (óleo sobre tela, 1973), de Iberê Camargo.

Há em Iberê Camargo um gosto pelo excesso, pela sujidade da vida, pelo vazio da existência. Confessa o artista: "Acho que sou um Dom Quixote. A gente perde muitas batalhas mas não desiste. Na prática, destruo mais do que faço. Já cheguei a retalhar telas que não me agradavam. Concluído o quadro, vejo-me desamparado e só como um anjo caído, que ronda o paraíso sem lembrar a entrada secreta de um mundo invisível".

Vincent Van Gogh Foundation/Rijksmuseum, Amsterdã

O par de sapatos (óleo sobre tela, 1886), de Van Gogh.

Prestemos atenção ao rosto das mulheres. Duas delas (as da direita) lembram máscaras africanas primitivas. A mulher sentada, ao lado das frutas, tem o rosto representado de frente, enquanto o corpo está de costas. Não corresponde à realidade, mas podemos imaginar o corpo inteiro da mulher e reapresentá-lo nesse novo modo de visão, sem dúvida mais cerebral. O artista pintou um dos narizes de azul. Estranho? Trata-se apenas do artista moderno libertando forma e cor do atrelamento ao assunto.

Les demoiselles d'Avignon (óleo sobre tela, 1906-1907), de Pablo Picasso.

Museu de Arte Moderna, Nova York

A arte de Kahlo situa-se entre duas grandes culturas: a mexicana, fundamentalmente a arte popular, primitiva e religiosa, e a alemã, introspectiva e meditativa. Recorre deliberadamente à iconografia, ao mito e à cultura *tehuantepec* (a mais matriarcal do México). Filha de pai alemão, aprendeu com ele a ler Goethe e a conviver com a literatura. Diego Rivera, seu marido, ensinou-a a amar as raízes mexicanas. Bebe com uma sensibilidade apurada nesses dois mundos que, no fundo, alimentam toda a sua arte.

O abraço de amor do universo, a terra (México), eu, Diego e o senhor Xólotl (óleo sobre compensado, 1949), de Frida Kahlo.

Banco de México e INBAL México, Cidade do México

Pollock é o primeiro americano a romper com a tradição da pintura europeia. Sua pintura dá prioridade ao ato de pintar; revelando um temperamento selvagem e dramático, abstrai de seu trabalho qualquer preocupação moral. Diz o artista: "Quando estou dentro de meu quadro, não estou consciente do que faço. É somente após um lapso de tempo de 'tomada de conhecimento' que vejo o que eu queria fazer. Não tenho medo de efetuar mudanças, de destruir a imagem etc., porque um quadro tem sua vida própria. Eu experimento deixá-la emergir".

Varetas azuis (óleo sobre tela, 1952), de Jackson Pollock.

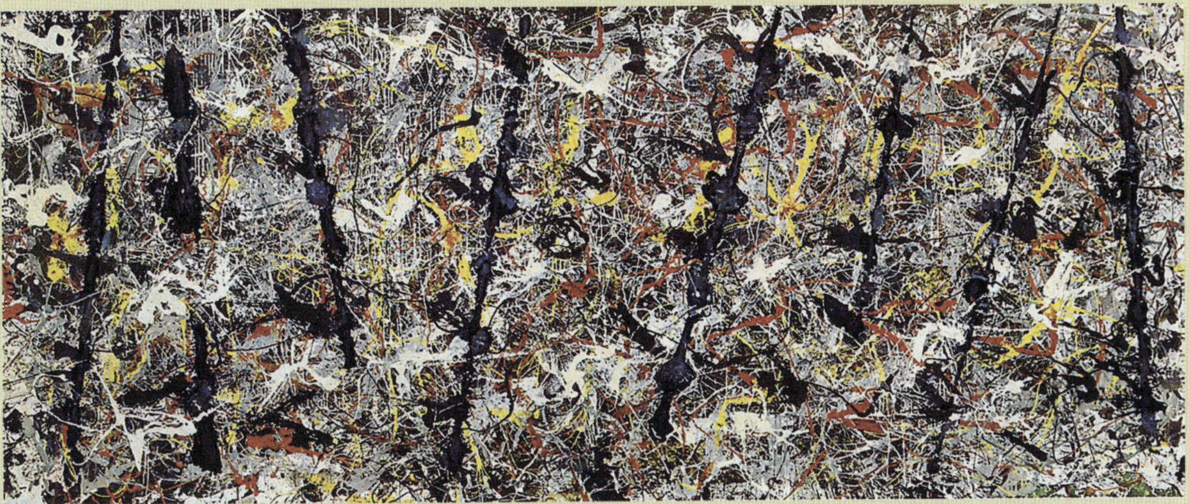

Galeria Nacional Australiana, Camberra

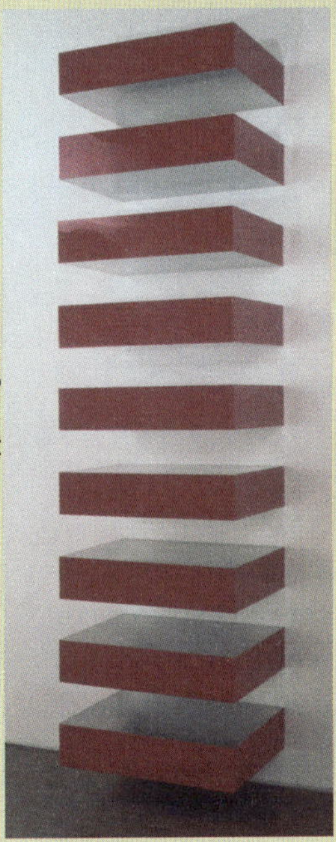

Philippe Migeat/CNAC-MNAM/RMN/Other Images

Judd é adepto da *minimal art,* movimento da arte contemporânea em que nada é feito pela mão do artista, que se utiliza da industrialização. Cabe ao artista elaborar o projeto e mandar executar. Em vez da interiorização da arte moderna (de Matisse a Pollock), os minimalistas buscam uma produção regida por uma exteriorização das relações. O trabalho de Judd não demanda questionamento sobre o autor. Trata-se de uma obra estruturada de maneira simplificada, que busca o mínimo e a forma serial. Mas o resultado é um tanto asséptico, obra limpa do sujeito, das emoções, dos símbolos, do mundo.

Pile (escultura-objeto, 1973), de Donald Judd.

MAC-USP, São Paulo/Cedido por Tarsila Educação/www.tarsiladoamaral.com.br

A negra (óleo sobre tela, 1923), de Tarsila do Amaral.

Nesta pintura, Tarsila revive a negritude da realidade cotidiana da fazenda, lugar onde a pintora cresceu, estabelecendo um diálogo entre a natureza brasileira e a poética construtiva europeia. Ao mesmo tempo, é impossível não pensar na monumentalidade picassiana aí presente. Tarsila pintou essa tela em Paris e era amiga de Picasso.

AKG Images/LatinStock

L.H.O.O.Q. (lápis sobre reprodução da *Mona Lisa* de Leonardo da Vinci, 1930), de Marcel Duchamp.

Museu de Arte Moderna, Nova York

Com as pinturas de Bacon, sentimo-nos diante de um açougue, particularmente ao observar esta espécie de crucificação. Nenhum elogio à beleza; apenas a solidão da carne, sem ascensão ou queda, somente a expressão da matéria em deterioração. "Sempre fui tocado pelas imagens relativas ao abate das carnes, para mim elas estão estreitamente ligadas a tudo o que é Crucificação. É certo, nós somos carne, nós somos carcaças em potencial. Se vou ao açougue, sempre me surpreendo em não estar lá, no lugar do animal", confessa o artista.

Pintura (segunda versão, óleo sobre tela, 1971), de Francis Bacon.

Beuys procura reencontrar funções para a arte, gerando novos sentidos. Em seus trabalhos, o material adquire uma dimensão simbólica muito forte: a própria matéria é portadora de mistério – fogo, cera, feltro etc. A presença do material é marcante; ele adquire um sentido que vai além de si, transcende a fisicalidade, instituindo sentidos.

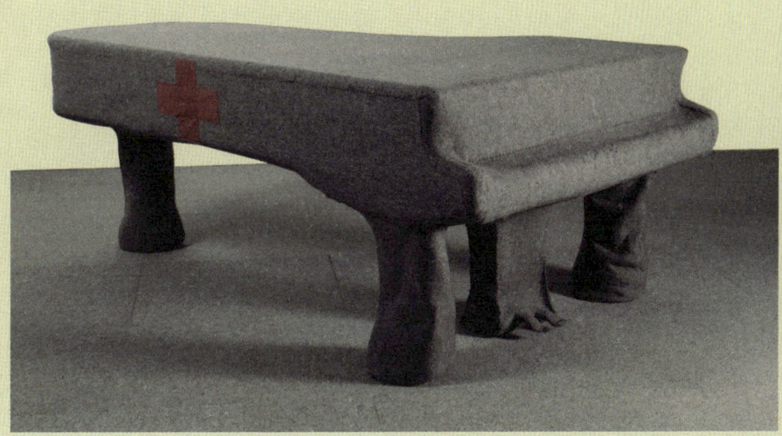

Infiltração homogênea para piano de cauda (instalação, 1966), de Joseph Beuys.

Adam Rzepka/CNAC-MINAM/RMN/Other Images

O engajamento de Krajcberg com a preservação do meio ambiente encontra seu momento áureo em Seul (1988), quando o artista nos oferece uma instalação gigantesca com 46 troncos de carvalho queimados, vivenciando o trágico da natureza morta ou torturada. A obra fala da simbologia da árvore como sobrevivência do homem na terra, ou seja, torna-o consciente de que a extinção dela equivale ao suicídio dele. O homem também é natureza. Krajcberg é um artista profundamente engajado na defesa do planeta.

Conjunto de esculturas – Seul (instalação, 1988), de Frans Krajcberg.

Mondrian descobre a música e a dança moderna (tango, *fox-trot, charleston* e *jazz*) e as transporta para a pintura. A dança, para Mondrian, era aquilo que mais constituía o equilíbrio arte-vida ou o ritmo neoplástico. O *jazz* passa a ser a paixão de sua vida, sua intuição (lembremo-nos da afirmação do filósofo **Le Roy**: "A intuição é um momento colorido do cogito"). Do *jazz*, Mondrian extrai a improvisação e por meio da linha transporta o ritmo, mais clara e mais aberta como o próprio *jazz*. A proibição do *jazz* na Holanda, por ser considerado sensual, expulsou Mondrian de seu país, transferindo-o para Nova York, onde foi atingido pela exuberância da cidade e descobriu a improvisação dinâmica do ritmo *boogie-woogie*, uma derivação do *jazz*. *Broadway* é uma pintura que explode em cores no espaço, vibração sem amarras, atingindo a forma pura. Talvez um encontro feliz da música com a pintura.

Leia mais sobre Le Roy na seção *Comentários adicionais*.

Broadway Boogie-Woogie (óleo sobre tela, 1942-1943), de Piet Mondrian.

Museu de Arte Moderna, Nova York.

O triunfo da morte (óleo sobre madeira, cerca de 1562), de Peter Brueghel.

Museu do Prado, Madri

Monet pinta a realidade inconsistente na qual o efeito óptico é o que importa. Busca a sensação cromática, a cor como luminosidade, em que o assunto se dissolve nas vibrações das manchas. É preciso "pintar como o pássaro canta", dizia. Trabalha com a justaposição das cores para que o espectador recomponha por meio do olho a cor desejada pelo artista.

Ninfeias (óleo sobre tela, 1919), de Claude Monet.

Coleção particular

Museu de Arte da Filadélfia

Nu descendo uma escada n.º 2 (óleo sobre tela, 1912-1916), de Marcel Duchamp.

Nesta pintura, Picasso trocou seus temas prediletos – sexo, paixão, erotismo e vida – pela morte. É uma espécie de instalação do inferno na modernidade. Nesse diálogo com a morte, perpassa a liberdade. Nesta obra, Picasso não está preocupado em inovar a linguagem estética. Procura, com estruturas já dominadas em sua própria pesquisa, construir um retrato verdadeiro da guerra. Ao mesmo tempo, resgata o valor da ética e a necessidade da luta pela liberdade. Relata-se uma passagem curiosa: um oficial alemão, encantado diante do quadro *Guernica*, questionou Picasso: "O senhor fez isso?". De pronto, respondeu o artista: "Não, foi o senhor!".

Guernica (óleo sobre tela, 1937), de Pablo Picasso.

Museu Nacional Centro de Arte Rainha Sofia, Madri

Oriundo de classe social menos favorecida, Volpi cria uma arte profundamente moderna. Autodidata, fortemente empírico, distanciado das elucubrações teóricas, atinge o nível de simplificação das cores de um Matisse e a estrutura criativa dos concretistas brasileiros.

VOLPI©Imaginação

Bandeirinhas com um mastro (têmpera sobre tela, meados da década de 1960), de Alfredo Volpi.

Matisse era fiel a uma visão anti-intelectualista na arte, afirmando que é preciso partir sempre da sensação. Dizia que o "pintor deve se encontrar sem ideias preconcebidas ante seu modelo... isto permite [...] dar asas às faculdades de observação".

A alegria de viver (óleo sobre tela, 1905-1906), de Henri Matisse.

Fundação Barnes, Merion

Com um gosto acentuado pela cenografia e teatro, Pistoletto elabora neste trabalho uma clara e refinada referência à estatuária grega, contrastando com o clima rude da arte *povera*, na utilização de material precário: cimento, mica e *chiffon*. Passado e presente dialogam.

AKG Images/LatinStock

Venus aux chiffons (instalação, 1967), de Michelangelo Pistoletto.

Um mês após o massacre de 111 presidiários na Casa de Detenção conhecida como Carandiru, na cidade de São Paulo (2 de outubro de 1992), o artista Nuno Ramos montou sua primeira versão desta instalação, que nomeou *111*. Apresentou depois mais duas versões. Essa instalação é construída com diversos materiais: asfalto, breu, chumbo, vidro, textos do autor e da Bíblia, fotografias de imagens obtidas por satélite na hora exata da chacina, barro cru, múmias, palavras e 111 paralelepípedos.

Wilson Melo/AE

111 (terceira versão, instalação, 1994), de Nuno Ramos. Essa versão foi apresentada na Bienal Internacional de São Paulo.

Niki é uma artista que ganhou notoriedade na década de 1960. Esta obra, *Vênus de Milo*, integra a experiência com a série que nomeou "Disparos". São sacos de tinta presos a objetos para receberem tiros da artista. Nessa ação, a tinta explode e esparrama-se pelo objeto.

Vênus de Milo (1962), de Niki de Saint Phalle.

Comentários adicionais

- **Arendt, Hannah** (1906-1975): filósofa alemã de origem judaica, famosa por suas reflexões sobre a situação do mundo atual e sobre as crises que marcaram nossa época. Obras principais: *As origens do totalitarismo*, *A condição humana* e *Entre o passado e o futuro*.

- **Aristóteles** (384-322 a.C.): Com Sócrates e Platão, marcou a filosofia e a civilização ocidental. Ler "Visão panorâmica do início da filosofia", capítulo 1, p. 19.

- **Baumgarten, Alexander Gottlieb** (1714-1762): filósofo alemão, considerado o criador da estética moderna. Suas obras principais são *Metafísica* e *Estética acromática* (inacabada).

- **Beauvoir, Simone** (1908-1986): filósofa francesa. Seus livros abordam questões existenciais, sobretudo após a Segunda Guerra Mundial. É notável sua análise sobre a questão da mulher na obra *O segundo sexo*, volumes I e II.

- **Benjamin, Walter** (1892-1940): filósofo alemão, ensaísta crítico da cultura contemporânea. Um dos intelectuais mais brilhantes e instigantes do século XX. Entre suas obras principais estão *Rua de mão única*; *Documento de cultura*; *Documento de barbárie*; *Magia e técnica*; *Arte política* e *Origem do drama barroco alemão*.

- **Berkeley, George** (1685-1753): importante pensador, vinculado ao empirismo inglês, como Locke e Hobbes. De espírito profundamente religioso, tentou refutar o materialismo que tomou conta do racionalismo nascente no período. É dele a famosa frase *Esse est percipi* ("Existir é ser conhecido").

- **Bourdieu, Pierre** (1930-2002): filósofo francês com formação em antropologia e sociologia. A contribuição de sua obra se revela em *A reprodução*; *Distinction*; *Razões práticas*; *O poder simbólico* e *Contrafogos*.

- **Callon, Michel**: professor na Escola de Minas de Paris e pesquisador do Centro de Sociologia da Inovação. Autor de importantes contribuições para a sociologia das ciências e das técnicas, é um dos criadores, com Bruno Latour, da teoria do autor-rede, ou da sociologia da tradução.

- **Chaui, Marilena** (1941-): filósofa brasileira. Professora da Universidade de São Paulo. Entre suas principais obras estão *Da realidade sem mistérios ao mistério do mundo: Espinosa, Voltaire, Merleau-Ponty*; *O discurso competente e outras falas*; *O que é ideologia* e *A nervura real: imanência e liberdade em Espinosa*.

- **Comte, Auguste** (1798-1857): filósofo francês. Foi o fundador do positivismo e da sociologia. Sua obra principal é *Curso de filosofia positiva*.

- **Croce, Benedetto** (1866-1952): filósofo, historiador e crítico literário italiano. É considerado um dos mais importantes filósofos da atualidade. Escreveu *Estética como ciência da expressão e linguística geral*; *Estética* e *O que está vivo e o que está morto na filosofia de Hegel*.

- **Descartes, René** (1596-1650): filósofo, físico e matemático francês. Criador da geometria analítica, introdutor do uso de expoentes e do símbolo da raiz quadrada. O seu método de raciocínio influenciou todo o pensamento moderno. Busca na razão a certeza científica, a verdade. Seu método é denominado cartesiano por causa da forma latina de seu nome: Renatus Cartesius. *Discurso do método* é sua obra principal.

- **Dubuffet, Jean** (1901-1985): artista francês que se consagrou pela criação da Companhia de Arte Bruta (Art Brut, 1948), movimento artístico que despreza normas e valores estabelecidos na chamada arte erudita. Dubuffet busca uma arte espontânea, verdadeira, nascida do interior do artista, como uma revolução permanente. Explora a experimentação de materiais diversos, valorizando acima de tudo a invenção, seja do assunto, seja das técnicas. Além de pintor, é autor das obras *Prospectus et tous écrits suivants* e *L'homme du commun à l'ouvrage*.

- **Durkheim, Émile** (1858-1917): sociólogo francês. Fundador da escola sociológica francesa, estabeleceu a investigação social segundo métodos científicos. Suas principais obras são *Da divisão do trabalho social*; *As regras do método sociológico* e *Sociologia da filosofia*.

- **Einstein, Albert** (1879-1955): físico alemão que descobriu a teoria da relatividade.

- **Engels, Friedrich** (1820-1895): teórico socialista alemão. Foi colaborador de Marx em várias obras, entre as quais *A ideologia alemã* e *A sagrada família*.

- **Espinosa, Baruch** (1632-1677): filósofo holandês de origem judaica. Como sua filosofia divergia das ortodoxias judaicas e cristãs, foi banido de sua comunidade, perdendo o direito à herança familiar. Embora descendente de família ilustre, passou a vida polindo lentes e morando em pensões modestas, ao mesmo tempo que filosofava. Faleceu de tuberculose, certamente causada pelo pó das lentes. Quase todas as suas obras são póstumas por causa da censura. As principais são: *Tratado teológico-político*; *Tratado político* (inacabada) e *Ética*.

- **Ford, Henry** (1863-1947): empresário norte-americano fundador da Ford-Ford Motor Company. O primeiro a aplicar o sistema de montagem em série do automóvel, de modo a aumentar a produtividade e baixar o preço do produto.

- **Formaggio, Dino** (1914-): esteta e crítico de arte, exerceu o magistério como professor de Estética na Universidade de Pádua. Impulsionado pela exigência de reavaliação da técnica artística, escreveu vários ensaios de crítica de arte, como *Tintoretto*; *Michelangelo*; *Dizionario della Pittura Moderna*; *Raffaello* e *Il Barocco in Italia*. Publicou várias obras de estética, dentre as quais *Fenomenologia della tecnica artistica* e *L'idea di artisticità*.

- **Freud, Sigmund** (1856-1939): pensador e psiquiatra austríaco. É considerado o pai da psicanálise, linha da psicologia que se dedica ao estudo do inconsciente e suas manifestações. Entre suas principais obras podem-se citar *A interpretação dos sonhos*; *Psicopatologia da vida cotidiana*; *Totem e tabu* e *Psicologia coletiva e análise do ego*.

- **Fromm, Erich** (1900-1980): pensador norte-americano de origem alemã. Pertenceu à Escola de Frankfurt. Escreveu *O medo à liberdade*; *Psicanálise da sociedade contemporânea*; *Conceito marxista do homem* e *A arte de amar*.

- **Gramsci, Antonio** (1891-1937): pensador, político e teórico marxista italiano. Foi um dos fundadores do Partido Comunista Italiano. Viveu mais de dez anos nos cárceres fascistas. Entre suas principais obras estão *Cartas do cárcere*; *Concepção dialética da história*; *Os intelectuais e a organização da cultura* e *Maquiavel, a política e o Estado moderno*.

- **Gusdorf, Jorges** (1912-1991): filósofo francês, autor de uma obra monumental sobre a história dos saberes no Ocidente moderno: *As ciências humanas e o pensamento ocidental*. Outras obras: *Da história das ciências à história do pensamento*; *As origens das ciências humanas*; *A revolução galileana*; *Mito e metafísica* e *Tratado de metafísica*.

- **Habermas, Jürgen** (1929-): sociólogo e filósofo alemão. Considerado o mais renomado representante da segunda geração do Instituto de Pesquisa Social de Frankfurt, escreveu: *Mudança estrutural da esfera pública*; *Técnica e ciência como ideologia* e *Conhecimento e interesse*.

- **Hegel, Friedrich** (1770-1831): filósofo alemão. Com Schelling e Fichte, compõe a nata do idealismo alemão do século XIX. É considerado o marco da filosofia pós-moderna e teve grande influência sobre o desenvolvimento dos socialismos dos séculos XIX e XX. Escreveu *A fenomenologia do espírito*; *Enciclopédia das ciências da lógica* e *Introdução à história da filosofia*.

- **Hobbes, Thomas** (1588-1679): matemático, teórico político e filósofo inglês. Escreveu o famoso *Leviatã*. Leviatã é um monstro bíblico que, para Hobbes, simboliza o Estado absoluto. Segundo o filósofo, os bens da Terra são escassos, daí a guerra de todos contra todos. Mas como a guerra é um mal maior, procura-se evitá-la por acordos nem sempre cumpridos. Para Hobbes, qualquer governo é melhor que a ausência de governo.

- **Husserl, Edmund** (1859-1938): filósofo alemão criador da corrente filosófica chamada fenomenologia, é um dos grandes vultos da filosofia contemporânea. Escreveu *Filosofia da aritmética*; *Investigações lógicas*; *A filosofia como ciência rigorosa*; *Ideias para uma fenomenologia pura e uma filosofia fenomenológica*; *Lógica formal e transcendental* e *A crise das ciências europeias e a fenomenologia transcendental*.

- **Jaspers, Karl** (1883-1969): psiquiatra e filósofo alemão. Destacou-se como um dos principais representantes do existencialismo. Sua obra principal é *Filosofia* (em três volumes: I. Orientação filosófica no mundo; II. Esclarecimento da existência; III. Metafísica).

- **Kant, Immanuel** (1724-1804): filósofo alemão considerado um dos mais importantes pensadores modernos. Foi o primeiro a dar expressão filosófica à visão de mundo do povo alemão, caracterizada por uma profunda consciência do dever, pelo culto à lei e à disciplina, pelo amor a tudo o que é belo, instintivo e irracional, pela exaltação da força e do poder e pela obsessão pelo mistério. Por escrever em linguagem de difícil compreensão, foi cognominado "O chinês de Königsberg". Escreveu *Crítica da razão pura*; *Fundamentos da metafísica dos costumes*; *Crítica da razão prática*; *A religião nos limites da simples razão* e *Lógica*.

- **Keynes, John Maynard** (1883-1946): economista e financista britânico. Em oposição ao pensamento liberal hegemônico dos séculos XVIII e XIX, defendia, na década de 1930, a maior presença do Estado no investimento e no planejamento do desenvolvimento. Seus estudos embasaram o "Estado do bem-estar social", do pós-Segunda Guerra Mundial. Suas principais obras são *Tratado sobre a moeda* e *Teoria geral do emprego, do juro e do dinheiro*.

- **Lacroix, Jean** (1900-1986): nascido na França, Lacroix é considerado um filósofo personalista. Para ele, o centro de tudo é a pessoa humana, espiritual e encarnada. O indivíduo só encontra liberdade interior na relação com o outro. Só pode ser ele mesmo pelo engajamento social, seja no seio da família, seja na humanidade inteira. Suas principais obras são *Marxismo, existencialismo, personalismo* e *O personalismo como anti-ideologia*.

- **Latours, Bruno** (1947-): nasceu em Beaune, França. Sociólogo, etnólogo e filósofo da ciência. É conhecido por seus trabalhos em sociologia das ciências, baseados em pesquisas e estudos de caso. Observa os cientistas nos laboratórios e descreve o processo de pesquisa científica como uma construção social. Atualmente, é professor no Instituto de Estudos Políticos de Paris.
- **Lefort, Claude** (1924-): filósofo e teórico político francês, faz a análise da burocracia e do totalitarismo e a crítica da ideologia nas sociedades modernas. Escreveu *As formas da história* e *A invenção democrática.*
- **Leontino, Górgias de** (485-375 a.C.): filósofo grego. Ler "Visão panorâmica do início da filosofia", capítulo 1, p. 19.
- **Levinas, Emmanuel** (1906-1995): nasceu em Kovno, na Lituânia, e faleceu em Paris. Rompeu com a filosofia egoísta do ser, que vem dos pré-socráticos a Heidegger, e instituiu a ética como filosofia primeira. Substituiu a ênfase na relação homem/objeto, priorizando a relação homem/homem.
- **Lévy, Pierre** (1956-): nascido na Tunísia, é filósofo e dedica-se a estudar o impacto da internet sobre a sociedade. Antigo professor da Universidade Paris-8, atualmente leciona na Universidade de Ottawa, Canadá. Sustenta que o objetivo maior da internet é o desenvolvimento da inteligência coletiva.
- **Locke, John** (1632-1704): filósofo inglês e teórico da revolução liberal inglesa. Sistematizou o empirismo, que prioriza a experiência na teoria do conhecimento. Escreveu *Ensaio sobre o entendimento humano* e *Dois tratados sobre o governo civil.*
- **Lukác, Georg** (1885-1971): escritor e filósofo húngaro. É considerado um dos mais originais pensadores marxistas. Escreveu *História e consciência de classe* e *A destruição da razão.*
- **Lutero, Martinho** (1483-1546): teólogo alemão e um dos principais líderes do movimento religioso do início da Idade Moderna (século XVI), denominado Reforma Protestante.
- **Maquiavel** (1469-1527): filósofo político italiano, considerado o fundador do pensamento político moderno. Sua obra principal é *O príncipe*.
- **Marcuse, Herbert** (1898-1979): filósofo alemão, fez a crítica da civilização industrial. Escreveu *Ideologia da sociedade industrial* e *Eros e civilização.*
- **Marx, Karl** (1818-1883): filósofo e economista alemão. Um dos maiores pensadores da civilização ocidental, sua doutrina está na origem de revoluções políticas e desencadeia ainda hoje incontáveis e polêmicos estudos no campo da filosofia, política, economia e sociologia. Entre suas principais obras estão *O capital*; *Crítica da filosofia do Direito de Hegel*; *Miséria da filosofia* e *Crítica da economia política*.
- **Matisse, Henri** (1869-1954): artista francês que se destacou pela originalidade. Pintor, escultor, vitralista e ilustrador, colorista vibrante e excelente desenhista. Rejeitou o academicismo, afirmando-se como pós-impressionista. Além de ser um dos maiores pintores do século XX, executou afrescos e vitrais na Capela do Rosário, em Vence, Igreja d'Assy, Hotel Régina, todos na França, e o imenso mural *A dança na Fundação Barnes* (Baltimore, Estados Unidos). É autor do livro *Écrits et propos sur l'art*. Suas pinturas mais famosas são *A alegria de viver* e *A dança*.

- **Merleau-Ponty, Maurice** (1908-1961): filósofo francês. Destacou-se pelo estudo da fenomenologia, do marxismo e da psicologia. Obras principais: *Fenomenologia da percepção* e *As aventuras da dialética*. Para a estética, são essenciais: *O olho e o espírito*; *A dúvida de Cézanne* e *A linguagem direta e as vozes do silêncio*.

- **Morin, Edgar** (1921-): nascido em Paris, seu verdadeiro nome é Edgar Nahoum. Sociólogo e filósofo de origem judaicoespanhola, é considerado um dos pensadores mais importantes do século XX. É autor de mais de trinta livros, entre eles: *O método*; *Introdução ao pensamento complexo*; *Ciência com consciência* e *Os sete saberes necessários à educação do futuro*.

- **Nietzsche, Friedrich** (1844-1900): filósofo alemão. Sua obra, genial, polêmica e incompreendida, continua exercendo profunda influência na filosofia contemporânea. Entre suas obras podem-se citar *Assim falava Zaratustra*; *Para além do bem e do mal*; *Humano, demasiado humano*; *O anticristo* e *Sobre o niilismo e o eterno retorno*.

- **Ockham, Guilherme de** (1290-1349): franciscano inglês, ligado à Universidade de Oxford, é chamado de "o último dos medievais e o primeiro dos modernos" e considerado por muitos o demolidor da metafísica medieval. Forneceu as bases intelectuais do racionalismo moderno ao provar a possibilidade da singularidade do conhecimento.

- **Pareyson, Luigi** (1918-1991): professor de Filosofia na Universidade de Turim, publicou obras sobre filosofia existencial, como *Esistenza e persona*. Mas foi sobretudo no campo da estética que deixou sua marca na história da filosofia. Deve-se a ele uma abordagem ampla e sistemática dos problemas de estética no período do pós-guerra na Itália. Foi diretor da *Rivista di Estetica* e esteve à frente da Escola de Estética de Turim. Sua obra mais importante é *Estética: teoria da formatividad*.

- **Pascal, Blaise** (1623-1662): filósofo, físico, matemático e escritor francês. Sua obra principal é *Pensamentos*.

- **Paz, Octavio** (1914-1998): poeta e ensaísta mexicano, ganhador do Prêmio Nobel de Literatura de 1990. Suas obras principais são *O labirinto da solidão*; *O arco e a lira*; *Signos em rotação* (ensaios); *Pedras de sol*; *Transblanco* e *Poemas: 1935-1975*.

- **Piaget, Jean** (1896-1980): psicólogo e pedagogo suíço, conhecido por seus estudos sobre o desenvolvimento do pensamento e da linguagem na criança e sobre a epistemologia genética. Escreveu *A linguagem e o pensamento na criança*; *O nascimento da inteligência na criança*; *A psicologia da inteligência*; *Tratado de lógica*; *Introdução à epistemologia genética*; *O estruturalismo*; *A epistemologia genética*; *A epistemologia das ciências do homem* e *Psicologia e epistemologia*.

- **Platão** (427-347a.C.): filósofo grego, nasceu em Atenas, durante o período de maior desenvolvimento da filosofia grega. Notabilizou-se pela doutrina das ideias e escreveu a maior parte de sua obra em forma de diálogos, entre elas *O banquete*, na qual discorre sobre o amor. Seu pensamento sociopolítico apresenta-se como uma das primeiras sistematizações da organização social ocidental. O conteúdo essencial de seu pensamento está na famosa obra *A República*. Ler "Visão panorâmica do início da filosofia", capítulo 1, p. 19.

- **Ponge, Francis** (1899-1988): poeta francês. Seus poemas buscam a revelação plena dos objetos por meio da linguagem. Escreveu *Doze pequenos escritos*; *Prêmios* e *A grande coleção*.

- **Rosenberg, Harold** (1906-1978): escritor e crítico de arte norte-americano, o maior entusiasta da abstração, em particular do movimento *action-painting* (pintura de ação). Estudou a condição da arte moderna e contemporânea e suas implicações com o destino do homem. Escreveu monografias sobre os artistas De Kooning, Saul Steinberg, Pollock, Hans Hofmann e Barnett Newman, bem como as obras *A tradução do novo* e *Objeto ansioso*.

- **Rousseau, Jean-Jacques** (1712-1778): escritor e filósofo francês. Suas ideias influenciaram a política e a educação, preparando as mudanças que viriam com a Revolução Francesa. Segundo sua doutrina, o homem é naturalmente bom, a sociedade é que o corrompe. Escreveu *Sobre as ciências e as artes*; *Sobre a origem e os fundamentos da desigualdade entre os homens* e *O contrato social*.

- **Sánches Vásquez, Adolfo** (1915-): nasceu em Cádiz (Espanha), mas vive no México desde os 14 anos. Publicou muitas obras sobre ética, marxismo e estética, entre elas *Ciencia y revolución: el marxismo de Althusser* (1978); *Ensayos marxistas sobre historia y política* (1985) e *Filosofía y circunstancias* (1997).

- **Sartre, Jean-Paul** (1905-1980): filósofo, romancista, ensaísta e dramaturgo francês. Representante máximo do existencialismo após a Segunda Guerra Mundial. Obras principais: *O ser e o nada*; *O existencialismo é um humanismo* e *A imaginação e o esboço de uma teoria das emoções*.

- **Schaff, Adam** (1913-2006): filósofo marxista polonês. Profundo crítico do capitalismo, em especial do impacto das novas tecnologias na educação e na vida moderna. Suas obras principais são: *A sociedade informática* e *História e verdade*.

- **Simondon, Gilbert** (1924-1989): filósofo francês, foi professor universitário em Poitiers e Paris. Os principais conceitos de sua obra são os de "individuação" e "transdução". Foi seguidor de outro filósofo francês, Jacques Lafitte, que preconizava o desenvolvimento de uma ciência das máquinas, a mecanologia.

- **Smith, Adam** (1723-1790): economista e filósofo escocês. É considerado o pai da ciência econômica. Sua obra principal é *Da riqueza das nações*.

- **Sócrates** (470-399 a.C.): filósofo grego. Ler "Visão panorâmica do início da filosofia", capítulo 1, p. 19.

- **Taylor, Frederick W.** (1856-1915): engenheiro mecânico norte-americano considerado o fundador da administração científica empresarial contemporânea. Propôs a utilização de métodos racionalizadores da produção, economizando tempo mediante a eliminação máxima de gestos e atitudes consideradas improdutivas.

- **Tolstói, Léon** (1828-1910): escritor russo muito influente na literatura e política de seu país. Com Fiódor Dostoiévski, Tolstói foi um dos grandes da literatura russa do século XIX. Membro da nobreza, serviu no exército durante as guerras do Cáucaso e a Guerra da Crimeia. Essa experiência o teria tornado pacifista. Suas obras mais famosas são *Guerra e paz* e *Anna Karenina*.

- **Weber, Max** (1864-1920): sociólogo alemão, importante para o entendimento da burocracia moderna. Destacou-se ainda por seus estudos sobre ciência política, religião e economia. *Economia e sociedade* é sua obra principal.